● 本著作为2016年国家社科基金一般项目《"一带一路"战略下地方政府经济外交研究》（批准号：16BGJ020）成果。

● 本著作为厦门理工学院"'一带一路'与厦门发展"智库成果、厦门市人文社科研究基地"21世纪海上丝绸之路与厦门发展"研究中心成果。

高质量共建"一带一路"丛书

# 共建"一带一路"与中国特色地方政府对外交往

何军明 ◎ 著

厦门大学出版社　国家一级出版社
XIAMEN UNIVERSITY PRESS　全国百佳图书出版单位

**图书在版编目（CIP）数据**

共建"一带一路"与中国特色地方政府对外交往 /
何军明著. -- 厦门：厦门大学出版社，2024.4
（高质量共建"一带一路"丛书）
ISBN 978-7-5615-9370-7

Ⅰ. ①共… Ⅱ. ①何… Ⅲ. ①"一带一路"-国际合
作-研究 Ⅳ. ①F125

中国版本图书馆CIP数据核字(2024)第089953号

责任编辑　潘　瑛
美术编辑　蒋卓群
技术编辑　朱　楷

出版发行　厦门大学出版社
社　　址　厦门市软件园二期望海路39号
邮政编码　361008
总　　机　0592-2181111　0592-2181406(传真)
营销中心　0592-2184458　0592-2181365
网　　址　http://www.xmupress.com
邮　　箱　xmup@xmupress.com
印　　刷　厦门市明亮彩印有限公司

开本　787 mm×1 092 mm　1/16
印张　15
插页　2
字数　260 千字
版次　2024 年 4 月第 1 版
印次　2024 年 4 月第 1 次印刷
定价　88.00 元

本书如有印装质量问题请直接寄承印厂调换

厦门大学出版社
微信二维码

厦门大学出版社
微博二维码

# 前 言

党的十八大以来,地方政府对外交往逐渐成为中国外交体系中的重要组成部分。"全方位、多层次、多元化"已成为中国构建对外开放合作新格局的重要目标。2013年9月和10月,习近平主席先后提出"丝绸之路经济带"和"21世纪海上丝绸之路",形成了共建"一带一路"倡议,创造性地传承、弘扬了古丝绸之路这一人类历史文明发展成果,并赋予其新的时代精神和人文内涵,为构建人类命运共同体提供了实践平台。十年来,共建"一带一路"从中国倡议走向国际实践,从理念转化为行动,从愿景转变为现实,从谋篇布局的"大写意"到精耕细作的"工笔画",取得了实打实、沉甸甸的成就,成为深受欢迎的国际公共产品和国际合作平台。地方政府对外交往合作是共建"一带一路"的重要内容之一。2014年5月,习近平主席出席中国国际友好大会暨中国人民对外友好协会成立60周年纪念活动并发表重要讲话,指出要"更好推进民间外交、城市外交、公共外交""大力开展中国国际友好城市工作,促进中外地方政府交流"[①]。党的十九大、二十大报告均提出要推进人大、政协、军队、地方等各方面的对外交往。2020年8月,习近平总书记讲话表示:"凡是愿意同我们合作的国家、地区和企业,包括美国的州、地方和企业,我们都要积极开展合作,形成全方位、多层次、多元化的开放合作格局。"[②]习近平总书记任浙江省委书记期间就非常重视地方政府的对外交往合作。

---

① 《习近平出席中国国际友好大会暨中国人民对外友好协会成立60周年纪念活动并发表重要讲话》,《人民日报》2014年5月16日,第1版。

② 习近平:《在经济社会领域专家座谈会上的讲话》,人民出版社2020年版。

他开创了"浙江周"这样一个地方政府对外交往合作载体,推动浙江在境外举办大型外事活动,主动向世界展现浙江形象。习近平总书记指出:"要做到地方外事工作服从服务于国家总体外交和地方经济社会发展""形成政治与经济、政府与民间、中央与地方的立体交叉外交"[①]。

当前,百年未有之大变局加速演进,共建"一带一路"过程中我国地方政府对外交往面临不少挑战。例如:2019—2020年,由于捷克布拉格市政当局在台湾问题上屡次采取错误行动,北京市、上海市先后与捷克布拉格市解除友好城市关系并暂停一切官方往来[②];2020年10月,时任美国国务卿蓬佩奥发表声明,称将停止执行中美在2011年签署的《关于建立中美省州长论坛以促进地方合作的谅解备忘录》[③];2021年4月,澳大利亚联邦政府宣布否决维多利亚州同中国方面签署的"一带一路"合作协议[④]等。但是,无论国内还是国际学术界,"地方政府对外交往"一直是一个有重要价值却被忽视的主题,相关理论研究较为薄弱且滞后于实践的发展。

本研究从共建"一带一路"角度出发,提出"中国特色地方政府对外交往"的命题,进行一个初步的探索,具体可以分为三个层面:一是全球层面。考察世界地方政府对外交往的发展趋势、全球各主要国家地方政府对外交往实践,从理论角度对其背景、动因、机制、特点等进行解释。二是"一带一路"层面。探讨共建"一带一路"框架下地方政府对外交往合作在深化"一带一路"国际合作中可能起到的作用,分析推进"一带一路"地方政府对外交往合作的方向和创新路径。三是中国层面。梳理总结中国地方政府对外交往合作的创新发展经验,研究中国通过创新加强地方政府对外交往合作来推进共建"一带一路"合作深化务实的具

---

① 人民网:习书记把外事工作当作浙江对外开放的重要抓手——习近平在浙江(十九),2021年3月26日,http://cpc.people.com.cn/n1/2021/0326/c64387-32061343.html,引用日期:2024年1月2日。

② 人民网:上海市解除与捷克布拉格市友城关系,http://world.people.com.cn/n1/2020/0115/c1002-31548572.html,引用日期:2023年3月21日。

③ 人民网:中国人民对外友好协会对美国国务卿蓬佩奥终止《关于建立中美省州长论坛以促进地方合作的谅解备忘录》做出回应,http://hb.people.com.cn/n2/2020/1031/c194063-34385516.html,引用日期:2022年11月28日。

④ 外交部:对澳大利亚否决与中方"一带一路"协议表示坚决反对,http://world.people.com.cn/n1/2021/0422/c1002-32085268.html,引用日期:2023年1月15日。

体对策,进而从制度创新视角研究如何更好将地方政府对外交往纳入国家总体外交大局,构建中国特色地方政府对外交往的制度体系。

## 一、研究背景与目的

在百年未有之大变局加速演进的背景下,共建"一带一路"与我国地方政府对外交往正面临新的形势,地方政府对外交往在国际关系中的作用越来越重要的同时,逆全球化浪潮不断涌现,国家中心主义有所回归,这些在全球国际关系实践和我国外交领域中地方政府对外交往的新现象非常值得关注并进行学术层面和对策层面的研究。地方政府对外交往的现象和趋势,对国际关系理论和中国外交实践提出了一系列有待研究和探索的问题:地方政府对外交往与国家总体外交的关系如何? 全球地方政府对外交往发展的趋势如何? 这种趋势对中国意味着什么? 共建"一带一路"背景下我国的地方政府进行了哪些对外交往的实践? 如何总结这些实践并提出相应的对策? 在中国特色社会主义进入新时代、百年未有之大变局背景下,上述问题的研究对共建"一带一路"高质量发展和中国外交外事转型与创新发展具有重要的现实意义。

## 二、研究的主要内容和重要观点

### (一)主要内容

本研究的主要内容包括:第一,梳理了地方政府对外交往的既有文献,对平行外交论、多层外交论、地区国家论等相关理论进行了述评。在此基础上对"地方政府对外交往"的概念进行界定,并将其与"城市外交"概念进行比较。第二,对全球范围地方政府对外交往的发展趋势进行一个分析研判,对美国、欧盟、日本、印度等世界主要国家和国际组织的地方政府对外交往情况进行了研究,分析了这些国家和国际组织地方政府对外交往的发展情况、特点、模式等,为中国提供参考与借鉴。第三,对共建"一带一路"背景下我国地方政府对外交往开展研究。对我国地方政府对外交往的发展过程与基础条件、我国地方政府对外交往与国家总体外交的关系、我国地方政府对外交往的主要方式进行了分析。第四,专门对我国地方政府对外交往进行案例研究。以云南省、吉林省、广东省、宁波市、厦门市等为案例,在大量调研的基础上,对我国地方政府对外交往进行具体案例分析,对我国地方政府对外交往的丰富实践进行更深入的把握。第五,从制度视角出发,为中国特色地方政府对外交往创新发展提出对策建议。论述了中国特色的地方政府对外交往的整体框架,提出中国特色地方政府对外交往是中国特色社会主义制度优势的体现,是中国外交转型创新的重要基层主体,认为共建"一带一路"为我国地方政府对外交往的发展提供了重要机遇,开拓了更大的空间,地方政府对外交往也为共建"一带一路"提供了重要的基础支撑,丰富了"一带一路"国际合作的层次。第六,提出了未来进一步研究的方向。

### (二)重要观点

第一,通过对美国、欧盟、日本、印度等世界主要国家和国际组织地方政府对外交往的发展情况、特点、模式的研究,笔者认为从常态化到制度化发展是当今世界地方政府对外交往的主流。世界范围内地方政府对外交往发展经历了从"偶然自发阶段—常态化阶段—制度化阶段"的过程,尽管很少引人注目,地方政府对外交往正在世界各国迅速发展,谨慎地改变着传统的外交惯例和外交政策机制。全球化下地方政府对外交往、介入国际事务已经是明确的事实和必然的趋势。世界主要国家和国际组织地方政府对外交往都逐步向制度化迈进,这是应对全球化时代国际关系结构性转变和全球外交复杂局面的一种国家调适,也是一个自下而上再自上而下的制度变迁和制度创新过程。我国可积极去把握这一趋势过程,从国家治理体系和治理能力现代化的角度出发,构建中国特色地方政府对外交往的制度体系,形成新时代在对外交往领域中国特色社会主义的制度优势。

第二,在专门对云南省、吉林省、广东省、宁波市、厦门市等我国地方政府对外交往进行案例研究的基础上,笔者认为应以积极和开放的态度,从制度优势和制度创新的角度去看待我国的地方政府对外交往,加快制度化进程,推动制度创新,将其纳入我国总体外交大局中并发挥独特作用,主动塑造具有竞争力的制度,形成地方政府对外交往领域的中国特色社会主义制度优势。地方政府是连接中央的制度供给意愿和微观主体制度需求的重要中介,可以作为中国特色外交外事制度创新的重要主体,对我国对外领域制度创新的作用至关重要。中国特色地方政府对外交往是中国特色社会主义制度优势的体现,这种优势来源于中国共产党对国家总体外交的领导、中国特色的央地关系等。中国的地方政府对外交往产生、萌芽、发展于中国特色社会主义的政治经济制度环境中,其基础制度环境、前提条件、经济基础、基本理念、核心理念、发展方向等均具备中国特色,初步形成中国特色的地方政府对外交往的整体框架。共建"一带一路"为我国地方政府对外交往的发展提供了重要机遇,开拓了更大的空间,地方政府对外交往也为共建"一带一路"提供了重要的基础支撑,丰富了"一带一路"国际合作的层次。

第三,提出了"构建中国特色地方政府对外交往体系"的目标和较为具体的对策建议。主要包括:加强全国地方政府对外交往顶层设计;充分考虑将地方政府对外交往纳入国家双边和多边关系框架;提升地方政府外事部门地位,统筹加强地方政府对外交往;加强支持"一带一路"地方政府对外交流合作的半官方机构体系建设;加强"一带一路"框架下的地方政府对外交往合作等。笔者认为,地方政府对外交往为中国推进"一带一路"国际合作和构建中国特色大国外交体系提供了新的视角,地方政府对外交往可以在"一带一路"和国家总体外交中发挥其独特作用,有助于我国在日益复杂的国际环境中推进"一带一路"国际合作。

## 三、研究的主要价值与影响

学术价值方面,本研究对我国地方政府对外交往进行了一个较为完整的探索性研究,包括基本概念、理论、发展趋势、案例、制度分析等,对世界范围的地方政府对外交往进行了趋势分析和研判,对我国地方政府对外交往的研究视角有所拓展,具有一定的学术价值;尤其是在研究视角上具有一定创新,当前国内对相关领域的研究较多集中在外交战略和政策方面,对外交制度机制的研究较少,从制度视角对地方政府对外交往进行的研究则更加缺乏。本研究强调将地方政府对外交往作为实现国家总体外交目标的一种手段,并从中国特色社会主义制度优势和制度创新的视角进行了分析,指出地方政府可以作为中国特色外交外事制度创新的重要主体。

应用价值方面,本研究对我国地方政府对外交往进行了专门的案例研究,通过实地走访、小型视频会议、线上访谈等多种方式对外交部外事管理司、全国友协,以及云南省、广东省、福建省、吉林省、宁波市、厦门市等省市的外事办、发改委、商务厅(局)、社科院等部门进行调研,收集了较为丰富的实践资料,并在此基础上提出"构建中国特色地方政府对外交往的体系"的目标,给出了共建"一带一路"背景下我国地方政府对外交往的具体对策,为中央相关部门在地方政府对外交往领域的制度创新,以及我国对外领域的治理体系现代化提供了新的思路和政策参考。

# 目 录

# 导　论

　　百年未有之大变局加速演进，全球化正在经历深刻调整但仍是大势所趋。国际关系也正在发生深刻的变化，国际关系行为体的多元化趋势日益凸显。一方面，国际组织逐步在国际关系中发挥重要作用，国际关系开始向超国家层面延伸；另一方面，一些非主权国家行为体，如地方政府、跨国公司、非政府组织以及各种利益团体等，也开始越来越多地参与到国际事务当中，并在国际社会中构建不同于传统国家的国际形象。我国的地方政府对外交往在中央的支持下不断进行着中国特色的创新发展实践，如 2003 年云南省成为参与大湄公河次区域合作的重要主体、地方省市承办国家主场外交活动、外交部举办"外交搭台、地方唱戏"推介活动等，但在中美关系发生重大变化、逆全球化浪潮涌现的背景下，我国地方政府对外交往也面临不少挑战。这些在全球国际关系实践和我国外交领域的新现象非常值得去关注，并进行学术层面和对策层面的研究。

## 一、问题的提出

　　地方政府对外交往并参与国际事务的现象和趋势，对国际关系理论和中国外交实践提出了一系列有待研究和探索的问题：

　　如何看待地方政府作为一种国际行为体？它在国际关系中所起到的作用如何？地方政府对外交往是否能够对当前的国际关系结构产生重大影响？

　　地方政府对外交往与国家总体外交的关系如何？在中国特色大国外交的实践中如何看待二者之间的关系？

　　全球地方政府对外交往发展的趋势如何？这种趋势对中国意味着什么？当前世

界主要国家地方政府对外交往发展的情况如何？各有什么特点和优势？中国可以从中得到什么样的启示，如何借鉴？

"一带一路"背景下我国的地方政府进行了哪些对外交往的实践？如何总结这些实践并从构建中国特色地方政府对外交往体系出发提出相应的对策？

## 二、研究的意义

首先，对上述问题的研究对中国外交政策与外交创新具有重要的现实意义。党的十八大以来，民间外交、城市外交、公共外交等逐渐成为中国外交体系中的重要组成部分，"全方位、多层次、多元化"[1]已经成为中国构建对外开放合作新格局的重要目标。2014年5月，习近平总书记在讲话中指出要"更好推进民间外交、城市外交、公共外交""促进中外地方政府交流，推动实现资源共享、优势互补、合作共赢"[2]。党的十九大报告提出，要"推进人大、政协、军队、地方、人民团体等的对外交往""积极促进'一带一路'国际合作，努力实现政策沟通、设施联通、贸易畅通、资金融通、民心相通，打造国际合作新平台，增添共同发展新动力"[3]。党的二十大报告提出，要"积极推进人大、政协、军队、地方、民间等各方面对外交往""推动共建'一带一路'高质量发展"[4]。近年来，随着逆全球化浪潮涌现、新冠疫情全球蔓延、中美关系发生重大变化、俄乌冲突等地缘政治风险加剧，中国外交面临转型，共建"一带一路"也面临更多不稳定和不确定性因素。地方政府作为兼具政府与民间利益代表属性的行为体，如何在国家总体外交和共建"一带一路"中发挥作用，是摆在我们面前的重要现实课题。深化对上述问题的研究有助于发展具有中国特色的地方政府对外交往战略体系，有

---

[1] 习近平：《在经济社会领域专家座谈会上的讲话》，2020年8月24日，http://www.xinhuanet.com/2020-08/24/c_1126407772.htm，引用日期：2020年12月5日。

[2] 《习近平出席中国国际友大会暨中国人民对外友好协会成立60周年纪念活动并发表重要讲话》，《人民日报》2014年5月16日，第1版。

[3] 习近平：《决胜全面建成小康社会 夺取新时代中国特色社会主义伟大胜利——在中国共产党第十九次全国代表大会上的报告》，2017年10月18日，http://www.12371.cn/2017/10/27/ARTI1509103656574313.shtml，引用日期：2020年10月11日。

[4] 习近平：《高举中国特色社会主义伟大旗帜 为全面建设社会主义现代化国家而团结奋斗——在中国共产党第二十次全国代表大会上的报告》，2022年10月25日，http://www.gov.cn/xinwen/2022-10/25/content_5721685.htm，引用日期：2022年12月29日。

助于充分利用地方政府对外交往的独特作用实现国家总体外交的目标。

其次,关于地方政府对外交往的研究还较为薄弱,尤其是落后于我国地方政府对外交往的实践,这些实践根植于中国特色社会主义的制度环境中,是国际关系理论研究的宝贵财富。西方学术界的研究视野主要局限于加拿大、美国等西方联邦制国家的政治实践,未能将视野扩展到全球各个不同政治制度的国家,完全忽视了单一制国家也存在地方政府对外交往的现实。西方学术界的研究未能在一国总体外交框架内考察地方政府对外交往的独特作用;未能将地方政府对外交往作为丰富国家外交政策的一种手段来进行分析;未能在更广阔的视野范围内寻求地方政府对外交往可能在未来的国际关系中承担的重要角色。本研究则立足于中国地方政府对外交往的实践,努力形成中国特色和中国话语的理论研究。

## 三、研究的方法

作为一项应用对策研究,本研究在理论研究的基础上,重点采用实证调查和案例研究的方法,专门将案例研究作为一章,在其他章节也采用了大量案例。课题组在研究过程中进行了大量的实地调研,先后赴外交部、全国友协,以及云南省、吉林省、广东省、福建省、宁波市、厦门市等地方省市的外事办、友协、发改委、社科院等部门调研,获得了大量一手材料,丰富和充实了研究内容。

## 四、研究的结构

全书总共分为六章。

第一章梳理了地方政府对外交往既有的研究,对平行外交论、多层外交论、地区国家论等相关理论进行了述评,指出基于中国特色、中国理论和中国实践的研究还亟待开展;将地方政府对外交往纳入一国的总体外交框架,从国家治理能力建设、外交制度创新角度展开的研究还比较缺乏;对我国地方政府对外交往的系统性研究明显不足。此外,还对"地方政府对外交往"的概念进行了界定,并将其与"城市外交"概念进行比较。

第二章对世界主要国家、国际组织的地方政府对外交往情况进行了研究分析,对美国、欧盟、日本、印度等国家的地方政府对外交往的发展情况、特点、模式等进行了研究,并提出了对中国的参考与借鉴。

第三章研究了"一带一路"背景下我国的地方政府对外交往,对我国地方政府对外交往的发展过程与基础条件、我国地方政府对外交往与国家总体外交的关系、我国地方政府对外交往的主要方式进行了分析。

第四章专门对中国地方政府对外交往的案例进行研究。对云南省、吉林省、广东省、宁波市、厦门市等地方政府对外交往进行了案例分析。

第五章主要是从制度视角出发,提出中国特色地方政府对外交往创新发展的对策,指出中国的地方政府对外交往产生、萌芽、发展于中国特色社会主义的政治经济制度环境,其基础制度环境、前提条件、经济基础、基本理念、核心理念、发展方向等方面均具备了中国特色,初步形成了中国特色的地方政府对外交往的整体框架。中国特色地方政府对外交往是中国特色社会主义制度优势的体现,是中国外交创新的重要基层主体。同时,提出了"构建中国特色地方政府对外交往体系"的目标和较为具体的对策建议。

第六章为结论,总结并提出未来研究的方向。

# 第一章 地方政府对外交往的
# 理论与相关概念

## 第一节 地方政府对外交往的概念

### 一、地方政府对外交往的概念厘定

#### （一）地方政府对外交往的概念

国际和国内学术界对地方政府对外交往的概念仍存在分歧。国际学术界使用的名词主要包括"平行外交"（paradiplomacy）、"成员外交"（constituent diplomacy）、"次国家外交"（sub-state diplomacy）、"原外交"（protodiplomacy）、"微观外交"（microdiplomacy）等等，这些概念名词在创造时往往没有明确的内涵界定，相互之间存在内涵重复、交叉和使用混乱的情况。我国国内学者则主要使用了"城市外交""地方外交"①"次国家政府外交""次国家政府国际行为""地方政府对外事务"等概念，这些概念有不少相似之处，但在研究角度、研究范围、关注重点上各有不同。② 本书使用"地方政府对外交往"的表述主要基于以下几点考虑：

一是本书的"地方政府"主要是指"地域性政府"，范畴更广，不仅包括单一制国家

---

① 陈翔、韦红：《"一带一路"建设视野下的中国地方外交》，《国际观察》2016年第6期，第31～43页。

② 由于主题与篇幅所限，本书未对这些概念表述进一步分析论述。

中央政府层面以下的各级政府机构、联邦制国家联邦成员的下属机构,还包括联邦成员政府(如美国的州政府)。总的来说,本书所指的"地方政府"是指为实现一国的内部局部地域的社会公共事务治理而设置的、由行政机关和地方代议机关组成的政府机构。[①] 不同国家类型的政府如表 1-1 所示。

表 1-1 不同国家类型的政府

| 国家类型 | 全国性政府 | 地域性政府 |
| --- | --- | --- |
| 联邦制 | 联邦政府 | 联邦成员政府、联邦成员以下地方政府 |
| 单一制 | 中央政府 | 地方政府 |

资料来源:徐勇、高秉雄:《地方政府学》,高等教育出版社 2019 年版,第 3 页。

二是当前学术界对地方政府参与国际事务能否使用"外交"一词还存在争议。如果从狭义的外交界定出发,除了代表主权国家的中央政府之外,其他主体都不能作为外交的主体,地方政府等行为体无权涉及国家主权外交,都不应当使用"外交"一词。广义的外交定义则认为,随着全球化的发展,各国中央政府和其他国际行为体之间的相互依赖更加密切和复杂,国家中央政府之外的诸多主体越来越深入地参与到国际关系当中,国际组织、地方政府、非政府组织、跨国公司等在国际关系和外交中的影响日益加强,外交的外延和内涵也在不断拓展与丰富。改革开放以来,我国存在着国家外交领域向地方分权的过程,[②]在服务于国家外交大局的基础上,我国地方政府也更加主动地参与对外事务,进行了丰富的地方政府对外交往实践。由于本书重点不在于概念的界定和辨析,因此采用了"对外交往"的表述,与"对外事务"的表述相比更能体现当前地方政府作为国际行为体的主动性、策略性,而不仅仅局限于"事务"层面。

综上,本书所说的"地方政府对外交往"是指中央政府以外各级各类行政区域的政府单位,包括联邦制国家的州一级政府和其他以下级别政府机构,在中央政府的授权范围内、在国家总体外交的规范下、作为国家总体外交政策框架的一部分而开展的,旨在实现或推动国家总体目标、实现地方利益而进行的对外交往、参与国际事务的行为、过程与相关制度的总称。地方政府对外交往的范围主要包括国际贸易合作

---

① 徐勇、高秉雄:《地方政府学》,高等教育出版社 2019 年版,第 2 页。
② 苏长和:《中国地方政府与次区域合作:动力、行为及机制》,《世界经济与政治》2010 年第 5 期,第 4～24 页。

促进、吸引外国投资、推动企业"走出去"、旅游营销、地方国际形象营造、文化教育交流合作、对外援助、科技交流合作、互学互鉴、医疗卫生合作、边境事务等。从近年来各个国家的实践看，地方政府对外交往主要涉及本地方的经济、社会、文化、环保等"低级政治"事务，基本不涉及政治和安全等"高级政治"领域。

### （二）"地方政府对外交往"概念与"城市外交"概念的区别与联系

目前，国内学者使用较多的是"城市外交"、"地方政府对外交往"和"次国家政府对外事务"的概念。"次国家政府对外事务"用词严谨，涵盖了国家（中央）政府之外的次级政府，与"地方政府对外交往"的概念和内涵是相同的，但是"次国家政府对外事务"主要侧重学术描述，更多在国外语境下使用，不大符合中国语境和中国的语言习惯。此外，"事务"一词难以体现出地方政府对外交往的主动性与策略性，容易将地方政府对外工作仅理解为"事务"层面而忽视其重要性。而"城市外交"与"地方政府对外交往"的概念十分相近，但是对应概念、研究视角、行为主体、强调重点等方面有所不同。

第一，从对应概念看，城市外交起源于西欧国家战后的姐妹城市运动，其初衷是避免冲突与和平建设，广义的城市外交一般是指城市或地方与外国相关行为体开展交流合作的行为、过程与相关体系，[①]城市外交与政党外交、议会外交等概念平行对应，均作为一种以非主权国家（中央政府）行为体为主体的"外交"；地方政府对外交往纵向对应的概念是中央（国家）政府外交，强调的重点是"非中央"的"政府"对外交往。

第二，从研究视角看，城市外交的研究视角主要是基于全球化过程中城市与国际体系的互动、城市作为国际体系网络节点的作用等；地方政府对外交往研究的视角主要是地方政府与中央政府在对外工作中的关系，强调以地方政府对外交往作为丰富与促进国家总体外交的手段。

第三，从行为主体看，城市外交的主体强调的是城市，包括城市的政府和民间机构等[②]，城市外交从字面上理解容易忽视省（自治区）、县等城市以外的地方主体；地方政府对外交往强调的是各级地方政府作为主体所发挥的作用，包括省（自治区）、市、

---

① Rogier van der Pluijm，Jan Melissen，City Diplomacy：The Expanding Role of Cities in International Politics，*Clingendael Diplomacy Papers*，No.10.

② 李小林：《城市外交：理论与实践》，社会科学文献出版社 2016 年版，第 31 页。

县等各级地方政府。

第四,从交往对象看,城市外交的对象一般是同一级别的外国城市或地区,侧重于缔结国际友好城市,合作层次相对较浅,地方政府对外交往的对象范围更广,包括国际组织、外国的地方政府和中央政府、企业、非政府组织等各类主体。

第五,从性质上看,城市外交是一种混合型的外交,具有官方、半官方与民间结合的属性,政府官员、地方企业、民间组织等都可以参与城市外交;[1]地方政府对外交往一般认为是地方政府在国家总体外交的规范下参与国际事务的行为、过程与相关制度,地方政府对外交往也是一种半官方外交,相对于中央(国家)政府外交具有地方性,相对于民间外交又具有官方性。[2]"地方政府对外交往"与"城市外交"概念的比较如表1-2所示。

表1-2 "地方政府对外交往"与"城市外交"概念的比较

| | 对应概念 | 研究视角 | 行为主体 | 交往对象 | 性质 |
|---|---|---|---|---|---|
| 城市外交 | 政党外交、议会外交(横向对应) | 城市与国际体系的互动 | 地方政府、民间机构(强调城市) | 外国同级别城市或地方 | 官方、半官方与民间三者结合 |
| 地方政府对外交往 | 中央(国家)政府外交(纵向对应) | 地方政府对外交往作为丰富与促进国家总体外交的手段 | 省(自治区)、市、县等各级地方政府 | 国际组织、外国的地方政府和中央政府、企业、非政府组织等各类主体 | 半官方 |

资料来源:作者整理。

从研究的出发点来看,目前国际国内学术界对地方政府对外交往的研究大多是将其作为一种国际政治经济现象来看待,研究的目的主要是解释其内在发生发展的原因、背景、动力机制、未来趋势等,将其作为一种手段、从一国的治理能力建设或者应用对策出发的研究较少。而本书主要是从能力建设的角度出发,结合中国具体国情和现实需要,进行合理的制度设计和治理能力建设,将地方政府对外交往作为实现国家外交目标的一种手段和战略来进行研究。因此,从这个角度出发,本研究使用"地方政府对外交往"的概念更为合适。

———

① 李小林:《城市外交:理论与实践》,社会科学文献出版社2016年版,第31页。
② 何军明、丁梦:《日本地方政府对外交往的实践及启示——基于"一带一路"的视角》,《日本学刊》2021年第3期,第54~76页。

# 第二节 地方政府对外交往的既有研究

## 一、国际关系行为体多元化的理论

长期以来,国际关系理论中传统的现实主义观点强调权力政治和现实政治的视角,认为国家是代表主权的单一的实体,一国的外交政策必须由代表国家的中央政府专门执行和控制,代表国家的中央政府是国际关系领域中唯一的真正主体。[1] 在传统的外交观念看来,唯有中央政府才有权开展外交活动,唯有中央政府开展的对外事务才能称之为外交,职业外交官垄断外交事务,地方政府和其他的非国家行为体均不能开展外交活动。[2] 一战之后,美国开始摒弃欧洲的外交传统,外交中高度集中的权力开始有所分散,美式外交体系开始形成。[3] 二战之后,联合国等国际组织在国际关系中的影响力越来越大,国际关系开始向超国家层面延伸,同时,国际关系也逐步向次国家层面扩散。20 世纪 80 年代以来,全球化快速推进并不断深化,全球化与地方化交织在一起,交通运输、互联网与信息、人工智能等各类新技术革命迅猛地改变着人类社会的运作方式,各种生产要素和资源以各种形式跨越国界充分流动,遍布每个角落,推动全球成为一个复杂的相互依赖的世界。全球各国中央政府和其他国际行为体之间的相互依赖变得更加密切和复杂,国家的边界开始变得模糊,各国中央政府通过单一力量来实现外交目标的能力被大大削弱。主权国家外交在全球化的影响下呈现"去中心化"的趋势,其外交权力逐步向横向不同部门和纵向各级地方政府分散,地方政府、跨国公司、各种利益团体等国家之下层面的行为体越来越多地参与到国际

---

① Michael Smith, Richard Little, Michael Shackleton, *Perspectives on World Politics*, London: Croom Helm, 1981, pp.25-115; Kenneth N. Waltz, *Theory of International Politics*, Reading, Massachusetts: Addison-Wesley Publishing Company, 1979, p.95.

② 赵可金:《非传统外交导论》,北京大学出版社 2015 年版,第 9 页。

③ Harold Nicolson, *The Evolution of Diplomatic Method*, Leicester: University of Leicester, 2001, pp.92-93.

事务中。国际关系行为体多元化的趋势在全球国际关系实践中越来越明显,全球国际关系逐步形成一个"超国家—国家—次国家"的多层主体结构,但仍然以主权国家为主导。

许多学者提出了国际关系主体多元化的观点。20 世纪 80 年代末,James N. Rosenau 提出了"两枝世界理论",认为国家不再是唯一重要的国际关系行为体,除了主权国家之外,国际关系中还存在着发挥作用的各种行为体,形成了以国家为中心和多中心的两个领域,构成了世界政治的"两枝结构"(bifurcated structure of world politics),主权国家行为体与多中心世界中的地方政府行为体共存。① Joseph S. Nye 和 Robert O. Keohane 提出了"复杂依存"理论,认为国际关系行为体日益呈现多元化趋势,国际组织、跨国企业、地方政府等也逐步成为国际关系中的重要主体,这些行为体之间相互依存,关系错综复杂。Jessica T. Mathews 认为,由于不同类型的权力和能力分散在一系列非国家以及次国家行为者身上,主权国家可能不再是解决外交问题的唯一主体。② Joseph Camilleri 和 Jim Falk 认为,次国家政府、跨国公司等国际关系新兴行为体的作用日益增长,使传统由国家垄断的国际关系领域不断被侵蚀。Susan Strange 提出,市场力量、公司力量等新兴行为体在全球化背景下日益兴起,主权国家在国际关系中的作用逐步减退,超国家层面、国家层面和次国家层面的权威在后威斯特伐利亚时代同时并存。③ Mathew Horsman 和 Andrew Marshall 认为,国家的组成单位(constituent units)对外交政策的影响力越来越大,这些单位需要更大的自治权。④

从全球政治经济的实践来看,外交主体的一元化已经逐步被多元化取代,联合国、世界银行等国际组织与跨国公司、非政府组织、地方政府等越来越多地活跃在国际关系舞台上,由中央政府代表主权国家完全垄断外交的局面已经出现松动。全球

---

① Rosenau James N. *Global Change and Theoretical Challenges*：*Toward a Post-international Politics for* 1990，Maryland：Lexington Books，1989；James N. Rosenau，*Distant Proximities*，*Dynamics beyond Globalization*，Princeton：Princeton University Press，2003，p.78.

② Jessica T. Mathews，Power Shift，*Foreign Affairs*，Vol.76，No.1，1997，pp.50-66.

③ Susan Strange，*The Retreat of the State*：*The Diffusion of Power in the World Economy*，Cambridge：Cambridge University Press，1996，p.138，196.

④ Andrew Marshall，Mathew Horsman，*After the Nation-State*：*Citizens*，*Tribalism and the New World Disorder*，London：Harper Collins Publishers，1995，p.118.

化时代的国际关系日益成为一种多元化的关系,外交也日益成为一种多元化的外交,超国家、次国家、非国家等行为体已经不可阻挡地参与到国际关系和外交事务中来。[①] 国际关系行为体多元化的趋势已经成为学术界的共识,但是对于主权国家以外行为体的作用、影响及其与国家之间的关系,学术界仍存在不同的观点。

## 二、地方政府对外交往的理论研究

全球化快速推进并深入发展,世界各个层面和各个领域的一体化使得国际政治逐步向世界政治演化,民族国家不再是唯一的国际关系行为体,地方政府、非政府组织以及跨国企业等行为体也不断参与到国际活动中来。[②] 地方政府不是国际关系中的国家行为体,又不是完全的民间行为体,这种独特性为地方政府在国际关系中发挥重要作用并推动国际关系格局演变与重塑提供了可能性。对地方政府参与国际事务的研究一直以来并未受到太多关注,可以说是国际关系研究中远远落后于实践的一个领域。纵观关于地方政府对外交往的相关研究,我们发现既有文献的角度和范围虽然各有不同,但都涉及一个根本的问题,即地方政府对外交往与中央政府外交的关系问题。不同的理论观点主要是围绕这个问题展开的。

### (一)平行外交论

平行外交(paradiplomacy)论由 Ivo Duchacek 和 Panayotis Soldatos 提出。平行外交论认为,地方政府对外交往行为具备了与中央政府外交相似的各个要素,包括相应的目标、战略策略、机制、决策程序等,地方政府对外交往与中央政府外交在绝大多数领域的质和量方面差别不大,因此地方政府对外交往与中央政府外交相互平行,二

---

① 赵可金:《非传统外交导论》,北京大学出版社 2015 年版,第 9～10 页。

② James N. Rosenau, Patterned Chaos in Global Life: Structure and Process in the Two Worlds of World Politics, *International Political Science Review*, Vol.9, Issue 4, 1988, pp.327-364.

者之间可以是一致、重复、竞争乃至是摩擦冲突的关系。[①] Duchacek 还使用了"原外交"(protodiplomacy)的概念来解释联邦成员政府为争取国际支持以实现其分离主义或独立目标而采取的国际活动。[②] André Lecours 和 Luis Moreno 分析了联邦成员的民族主义,并认为平行外交可以是这些联邦成员政府寻求更大自主权或者寻求其文化独特性在国际上获得承认的有目的的活动,从而具有与中央政府外交政策冲突的性质。[③] John Kincaid 则使用了"成员外交"(constituent diplomacy)的概念,认为在联邦制国家中,地方政府对外交往在层次上要低于中央政府外交,或者对中央政府外交形成补充,地方政府对外交往将挑战传统的单一制国家的对外事务,可能会产生摩擦或者冲突,但是对民族国家不能形成本质的挑战。[④]

平行外交论对地方政府对外交往的分类、范围、方式和动力等进行了多方面的深入研究,强调地方政府对外交往与中央政府外交的"平行存在"关系。平行外交论指出,全球化推动了一国外交事务的分散化(segmentation),这种分散化包括平行方向的功能性分散化(functional segmentation)和垂直方向的地域性分散化(territorial segmentation),功能性分散化主要是指中央政府外交职权逐步向外交部之外的其他中央部门机构横向扩散,地域性分散化则是外交职权逐步向地方政府纵向分散。[⑤] 平行外交论认为,地方政府在对外关系方面具有相当高的自主性,能够在国际上发出

---

① Ivo D. Duchacek, Perforated Sovereignties: Towards a Typology of New Actors in International Relations, In: Hans J. Michelmann, Panayotis Soldatos (eds.), *Federalism and International Relations: The Role of Subnational Units*, Oxford: Clarendon Press, 1990, pp.1-33; Panayotis Soldatos and E. Fry, Cascading Subnational Paradiplomacy in an Interdependent and Transnational World, In Douglas M. Brown, Earl H. Fry (eds.), *States and Provinces in the International Political Economy*, Berkeley: Institute of Governmental Studies Press, 1993, pp.45-60.

② Ivo D. Duchacek, Perforated Sovereignties: Towards a Typology of New Actors in International Relations, In: Hans J. Michelmann, Panayotis Soldatos (eds.), *Federalism and International Relations: The Role of Subnational Units*. Oxford: Clarendon Press, 1990, pp.15-16.

③ André Lecours, Luis Moreno, Paradiplomacy and Stateless Nations: A Reference to the Basque Country, In: A.G. Gagnon, M. Guibernau, F. Rocher (eds.), *The Conditions of Diversity in Multinational Democracies*, Montreal: The Institute for Research on Public Policy, 2003, pp.267-285.

④ John Kincaid, The International Competence of US States and Their Local Governments, *Regional & Federal Studies*, Vol.9, Issue 1, 1999, pp.111-133.

⑤ Panayotis Soldatos, *An Explanatory Framework for the Study of Federated States as a Foreign-Policy Actors*, In Hans J. Michelmann and Panayotis Soldatos (eds.), *Federalism and International Relation: The Role of Subnational Units*, Oxford: Clarendon Press, 1990, p.35.

自己的声音,并使得民族国家成为一个"多声音行为体"。[①] 地方政府对外交往与中央政府外交产生重复、竞争甚至是矛盾的情况都是正常现象,只是需要建立一种协调机制来消除其负面影响。[②] 平行外交论主要由一些美国学者提出,他们从研究联邦制和加拿大魁北克案例出发,过度地抬高了地方政府对外交往的地位,将其视为与国家平行或者接近的一个机构,后来受到不少学者的批评和质疑。

### (二)多层外交论

以 Brain Hocking 为代表的学者对平行外交论进行了批判,并提出了多层外交(multilayered diplomacy)论。多层外交论指出,地方政府是国家政治体制结构内部的局部单位,受中央政府的管辖或约束,必然在国家宏观法律制度框架内行动,不是完全独立的国际关系主体,与跨国公司等非政府行为体完全不同。多层外交论认为,国内政治和国际政治的边界在全球化深入开展背景下变得模糊,国内政治和国际政治正日益融合,国际政治、国内政治和地方政治逐步形成一个多层次结构,在这个多层结构中,完整的外交政策必须在地方、国家和国际层面上全面体现,各个行为体都将发挥不同的作用,外交决策过程也是一个多层博弈过程,这种多层博弈推动了地方政府必然要参与对外政策并开展对外交往。多层外交论强调了中央政府和地方政府在对外政策领域的博弈,并认为地方政府与中央政府的交涉博弈是一种"国内外交"。[③]另外一些学者基于欧盟一体化的研究提出了多层治理(multilevel governance)的概念,认为欧盟一体化的形成过程中既存在国家权力向上让渡的现象,也存在国家权力向下扩散的过程,这两种趋势共同构造了欧盟一体化的政治生态,形成了"多层治理"

---

① Panayotis Soldatos, *An Explanatory Framework for the Study of Federated States as a Foreign-policy Actors*, In: Hans J. Michelmann, Panayotis Soldatos (eds.), *Federalism and International Relation: The Role of Subnational Units*, Oxford: Clarendon Press, 1990, pp.44-47.

② Ivo D. Duchacek, Perforated Sovereignties, Towards a Typology of New Actors in International Relations, In: Hans J. Michelmann, Panayotis Soldatos (eds.), *Federalism and International Relations: The Role of Subnational Units*, Oxford: Clarendon Press, 1990, pp.1-33; Panayotis Soldatos, E. Fry, Cascading Subnational Paradiplomacy in an Interdependent and Transnational World, In: Douglas M. Brown and Earl H. Fry (eds.), *States and Provinces in the International Political Economy*, Berkeley: Institute of Governmental Studies Press, 1993, pp.50-58.

③ Brain Hocking, *Foreign Relations and Federal States*, London: Leicester University Press, 1993.

的结构,在这个结构中,国家不再是唯一重要的行为体,地方政府是多层治理体系中重要的行为体之一,可以在国家内部层面和国际层面开展活动并影响决策过程。[①]

### (三)地区国家论

大前研一基于其经济中心主义的观点,提出了地区国家论。他认为,经济全球化的迅速发展和全面渗透将重新塑造世界政治行为体,经济力量将成为决定和塑造世界政治行为体的基本力量。世界的各种资源要素将充分流动并打破一切阻碍资源要素全球配置的边界,走向一个几乎没有主权国家边界的时代。国际行为体的边界和组成单位完全依据经济资源要素配置的需要形成,国家的政治边界将会被以经济效率为标准的边界取代,形成一种"地区国家"经济体,并将在世界格局中成为主导。[②]大前研一认为,地区国家的人口为 500 万～2000 万,且人口将围绕一个区域中心形成,它有可能跨越传统民族主权国家的边界。[③]

### (四)中国学术界的相关研究

中国学术界关于地方政府对外交往的研究始于 1990 年代[④],大多从中国特色社会主义政治和外交的实践出发,在分析梳理国际学术界研究成果的基础上,认为在现行中国国家结构下,配合国家总体外交大局是地方政府对外交往的前提,地方政府对外交往与中央外交是辅助互补的关系,地方政府对外交往对国家总体外交起着辅助、配合的作用。陈志敏对地方政府对外交往进行了较为系统的研究,梳理了国际上地

---

[①] Gary Marks, Liesbet Hooghe, Kermit Blank, European Integration from the 1980s: State-Centric v. Multi-level Governance, *Journal of Common Market Studies*, Vol.34, No.3, 1996, pp.341-378.

[②] Kenichi Ohmae, *The End of the National State: The Rise of Regional Economies*, New York: The Free Press, 1995, p.5.

[③] Kenichi Ohmae, *The End of the National State: The Rise of Regional Economies*, New York: The Free Press, 1995, p.11.

[④] 代表性成果包括:陈志敏:《次国家政府与对外事务》,长征出版社 2001 年版;苏长和:《中国地方政府与次区域合作:动力、行为及机制》,《世界经济与政治》2010 年第 5 期,第 4～24 页;张鹏:《中国对外关系展开中的地方参与研究》,上海世纪出版集团 2015 年版;赵可金:《嵌入式外交:对中国城市外交的一种理论解释》,《世界经济与政治》2014 年第 11 期,第 135～154 页;李小林:《城市外交:理论与实践》,北京:社会科学文献出版社 2016 年版,等等。

方政府对外交往的相关理论并对地方政府对外交往的渠道、议题等进行了分析。陈志敏认为，西方一些学者过于强调地方政府对外交往与中央对外政策冲突的一面，而忽视了相互合作的一面，从整体上来说，地方政府对外交往的基本特征是与中央政府外交互利共赢的。[1] 苏长和认为，我国地方参与国际合作可以配合和补充国家总体外交。[2] 赵可金提出，城市外交与国家总体外交是一种"嵌入"的结构关系，城市通过嵌入各类网络外交体系来满足全球化和城市化对城市功能的要求。[3] 张鹏提出我国地方政府对外交往是一种"有限参与"，认为中国对外关系展开中存在央地协力的现象与政策。[4] 祁怀高研究了山东省政府对中韩建交的影响，指出山东省政府出于吸引韩国投资和发展与韩国贸易以推动地方经济发展的目的，进行了"游说"中央部门的活动，推动了中韩关系正常化；[5]任远喆认为地方政府对外交往可以成为中国特色大国外交推进的重要组成部分；[6]杨毅、贺刚以广西参与泛北部湾经济合作为例，分析了地方政府在参与外交事务中的角色；[7]王子昌以广东省与印度尼西亚经贸为例分析了地方对外交往的结构。[8]

总体来看，基于我国的地方政府对外交往实践以及中国特色社会主义制度基础，我国学者更加强调地方政府对外交往对国家总体外交的补充性和有益性，认为应当充分发挥地方政府在国家总体外交中的积极作用。我国学者一般认为地方政府对外交往与国家总体外交的关系应当包括以下几个方面：一是地方政府对外交往的先决条件是地方政府在中央政府的授权范围内开展和参与国际关系；二是地方政府对外

①　陈志敏：《次国家政府与对外事务》，长征出版社 2001 年版，第 35 页。

②　苏长和：《中国地方政府与次区域合作：动力、行为及机制》，《世界经济与政治》2010 年第 5 期，第 4～24 页。

③　赵可金：《嵌入式外交：对中国城市外交的一种理论解释》，《世界经济与政治》2014 年第 11 期，第 135～154 页。

④　张鹏：《中国对外关系展开中的地方参与研究》，上海世纪出版集团 2015 年版，第 9 页。

⑤　祁怀高：《中国地方政府对中韩建交的影响——以山东省的作用为例》，《当代韩国》2010 年第 4 期，第 65～78 页。

⑥　任远喆：《次国家政府外交的发展及其在中国跨境区域合作中的实践》，《国际观察》2017 年第 3 期，第 101～115 页。

⑦　杨毅：《中国外交决策中的地方政府——以广西推动"泛北部湾区域经济合作"为例》，《理论月刊》2016 年第 5 期，第 110～116 页；贺刚：《叙述、参与实践与地方政府的对外合作——以广西参与泛北部湾经济合作为例》，《教学与研究》2015 年第 4 期，第 72～80 页。

⑧　王子昌：《地方外交的结构性分析：以广东与印度尼西亚经贸为例》，《东南亚研究》2009 年第 2 期，第 11～18 页。

交往服从和服务于国家总体外交战略大局,是国家总体外交的组成部分;三是地方政府对外交往在中央政府授权范围内,在配合国家总体外交的前提下,积极追求地方经济社会发展目标,发挥一定范围的主动性和创造性。

## 三、地方政府对外交往相关研究的评价

进入 21 世纪以来,国际学术界对地方政府对外交往的研究取得了一些新的成果,主要体现在以下几个方面:一是地方政府对外交往的案例研究逐步从美国、加拿大、欧洲等地区扩展到拉丁美洲和亚洲,许多学者分析了发展中国家的具体实践,为地方政府对外交往研究提供了更加丰富多样的案例。如 Saraiva J.、Vigevani T.等研究了巴西地方政府对外交往,[①] Sridharan K.研究了印度地方政府对外交往,[②] Purnendra Jain 则出版了研究日本地方政府对外交往的专著。[③] 二是进一步拓展了地方政府对外交往研究的方法和维度,Alexander S. Kuznetsov 提出了地方政府对外交往研究的十一个维度,构建了一个较为全面的分析框架。[④] 三是少数学者开始探索对地方政府对外交往的定量研究,如 Michael Tatham 等试图通过人口、经济规模等建立一个衡量地方自主权(regional authority)和地方政府对外交往之间关系的模型。[⑤] 总之,地方政府对外交往的相关研究在国际国内都逐渐开始引起重视,但是仍存在一些不足。

---

① Saraiva J., From Centralist Federalism to the Cooperative Federalists Paradigm: Brazil's International Relations and Foreign Trade Policy, *Integration and Trade*, Vol.8, No.21, 2004, pp. 81-102; Vigevani T, The Legal and Institutional Framework for the International Management of Subnational Government Players in Brazil, *Integration and Trade*, Vol. 8, No. 21, 2004, pp. 25-44.

② Sridharan K., Federalism and Foreign Relations: The Nascent Role of the Indian States, *Asian Studies Review*, Vol.27, Issue 4, 2003, pp.463-489.

③ Prunendra J., *Japan's Subnational Governments in International Affairs*, New York: Routledge, 2005.

④ Kuznetsov A., *Theory and Practice of Paradiplomacy: Subnational Governments in International Affairs*, New York: Routledge, 2014.

⑤ Michael Tatham, Mads Thau. The More the Merrier: Accounting for Regional Paradiplomats in Brussels, *European Union Politics*, Vol.15, Issue 2, 2014, pp.255-276.

## （一）基于中国特色、中国理论和中国实践的研究还亟待开展

平行外交论根源于对加拿大和美国联邦制的研究，持有这种观点的学者大多是扩大联邦成员权力的支持者，他们将地方政府对外交往作为扩大联邦成员权力的重要方向，因此具有明显的地方中心主义倾向。平行外交论割裂了地方政府对外交往与中央政府外交的联系性，过度强调了地方政府对外交往与中央政府外交的竞争性和平行关系，忽视了二者的协调性和一致性。另外，平行外交论研究视野局限于西方联邦制，将平行外交作为联邦制权力平衡和民主创新的象征，忽视了世界上许多单一制国家也存在地方政府对外交往的事实。多层外交论则较为准确地把握了国内政治和国际政治融合的现实，指出了地方政府对外交往为国家对外政策提供了更多可能性，但是对国内政治和国际政治不加区分，夸大了地方政府在国际事务中的作用，将地方政府与中央政府的关系与国家间外交关系类比。地区国家论则过度强调了全球化中的经济力量而相对忽视了政治和军事力量，是典型的经济中心主义，但是其从经济角度来重新审视国际行为体的观点具有一定的理论价值，丰富了对次国家行为体的理解。总之，无论平行外交论、多层外交论或是地区国家论，从深层次看均体现了西方"竞争论""个体论"思想，是一种"西方中心论"思维，已有的文献大多是基于西方政治发展的实践，主要是西方中心主义的理论范式，未能将研究视野扩展到全球各个不同政治制度的国家，未能正确认识地方政府对外交往与国家总体外交的关系。也正是由于这些原因，导致未能从应然的角度开展更有价值的研究。

西方的相关理论研究根本无法解释当前中国特色社会主义发展实践中的地方政府对外交往现象。中国各个地方政府在改革开放以来开展的对外交往实践非常丰富。党的十八大以来，共建"一带一路"提出后，我国地方政府对外交往发展进入一个新的阶段，各方面各领域的创新进一步开展，在国家总体外交大局中的作用也越来越重要。然而，针对这些精彩实践开展的相关理论研究却较为缺乏，导致当前中国地方政府对外交往的理论研究远远落后于实践的发展。

## (二)将地方政府对外交往纳入一国的总体外交框架中，从国家治理能力建设、外交制度创新角度出发的研究还比较缺乏

西方学者既有的研究主要是对联邦制国家地方政府对外交往现象的观察描述、分类、解释等，仅仅基于部分联邦制国家的情况将一国的地方政府作为与主权国家类比的主体放在全球国际关系中来观察，未能结合其他政治制度的国家的实践，在一国总体外交框架内考察地方政府对外交往的独特作用，未能将地方政府对外交往作为丰富国家外交政策的一种手段来进行分析，未能在更广的视野范围内寻求地方政府对外交往可能在未来的国际合作中所承担的重要角色。尤其是从制度视角出发，将地方政府对外交往纳入一国的总体外交框架中，把地方政府对外交往作为推进国家治理能力的一个方面而开展的研究非常缺乏。

## (三)对我国地方政府对外交往的系统性研究明显不足

目前，国内对地方政府对外交往的基础理论、性质特点、历史发展、国别比较、制度创新等各个方面进行系统性、整体性研究的成果明显不足[1]，大多数研究主要关注某一个领域或者某一个角度，而当前我国构建多层次、全方位的外交格局和外交能力建设至关重要，地方政府对外交往是其中重要一环，迫切需要系统性、整体性的研究。[2]

---

① 系统性的研究成果主要包括陈志敏所著的《次国家政府与对外事务》、张鹏所著的《中国对外关系展开中的地方参与研究》、李小林主编的《城市外交：理论与实践》等。

② 何军明：《中国特色地方政府对外交往的理论与实践》，《厦门理工学院学报》2020 年第 6 期，第 28～35 页。

# 第二章　地方政府对外交往的国际趋势与经验借鉴

## 第一节　地方政府对外交往发展的时代背景

近 10 年来,逆全球化、民粹主义、保护主义等有所回潮,党的十九大报告指出,"世界正处于大发展大变革大调整时期"[①]。2018 年 6 月,习近平总书记在中央外事工作会议上指出,当前中国处于近代以来最好的发展时期,世界处于百年未有之大变局,两者同步交织、相互激荡。[②]当今世界国际体系和国际秩序正经历深度调整,不确定、不稳定性突出,2019 年底暴发的新冠疫情进一步加速了百年未有之大变局的进程,但全球化仍是历史发展的大趋势,国际上地方政府对外交往的发展也是在全球化日益深入的时代背景下进行的,其发展的动力机制与全球化有着密不可分的联系。

### 一、经济、政治和文化全球化不断深入使地方走向世界

多数学者在研究中指出,全球化是地方政府对外交往发生发展的重要原因和背景之一。地方政府对外交往是全球化进程的结果,同时又进一步推动和加速了全球

---

[①]　习近平:《决胜全面建成小康社会 夺取新时代中国特色社会主义伟大胜利——在中国共产党第十九次全国代表大会上的报告》,2017 年 10 月 27 日,http://www.xinhuanet.com/politics/19cpcnc/2017-10/27/c_1121867529.htm,引用日期:2022 年 10 月 16 日。

[②]　习近平:《习近平谈治国理政》(第三卷),外文出版社 2020 年版,第 428 页。

化进程。尽管近年来出现了一股"逆全球化"的浪潮,但是这并不能改变世界全球化持续深入发展的大趋势。全球化是一种现象,它在不同程度上决定了世界政治以及特定国家国内事务中的所有进程,全球化概念具有多维性,其含义框架十分模糊,定义十分复杂,主要可以从以下几个方面理解:

经济全球化推动资本、人员、技术、信息等要素在全球自由流动,正在不断淡化主权国家的边界,跨国公司等非国家行为体在全球经济中发挥的作用越来越重要。交通、互联网和信息技术的飞速发展使得全球的信息交流沟通变得简单和便捷,个人、企业、非政府组织等非主权国家行为体利用先进的互联网和信息技术越来越容易向公众表达意见和关注,并且越来越多地参与到全球事务当中。全球经济中的权力分配发生巨大的变化,经济权力逐步从民族国家手中向超国家机构主体、次国家机构主体(地方政府)和非国家主体转移,地方政府获得部分经济权力并有机会去争取和把握其在全球事务中的经济利益。

政治全球化体现在经济全球化的基础上,世界各国更加密切地相互依赖、相互影响与融合,各国政治交往的范围也越来越大,国际政治逐步向全球政治转变,国内政治与国际政治也逐步交织在一起,互相渗透,国家间的政治联系达到前所未有的紧密。气候变化、恐怖主义、经济贸易规则、互联网治理等全球性问题不断涌现,同时更加具有复杂性和长期性,国际政治内容也随之不断调整。经济发展、缓解贫困、农业、气候以及环境保护等"低级政治"议题的重要性不断增强,原来的军事安全等"高级政治"不再是唯一重要的国际政治议题。政治全球化促进了国际政治行为主体的多元化,地方政府越来越深入地参与到各类国际事务中,并逐步在"低级政治"领域中扮演重要角色。

文化全球化作为全球化的一个重要方面,也是依托互联网和通信领域的新技术革命而发生和发展的,网络传输技术的不断飞跃、移动端接入网络完全打破了传统的文化传播局限,新的文化传播方式跨越了民族和国家的界限。文化全球化是多种发展过程的相互交织状态,文化全球化推动和形成了文化的多样化和多元化。保持文化特色是世界社会健康发展的重要组成部分,不同习俗和传统相互丰富,促进了人类的进步。文化多元与全球文化融合交流推动了各国的地方在国际舞台上积极宣扬自己的文化,文化全球化为地方政府提供了在国际层面宣传和促进自己文化的新机会。

## 二、中央与地方关系的变化赋予地方政府更多对外交往的权力

全球化也进一步推动了各国中央政府和地方政府关系的变化,改变了二者权力分配的情况。全球化带来的国际相互依赖、地方利益国际化、各种国际行为体激增等现象使得中央政府难以高效率地应对不断变化的形势,中央政府单一的治理结构无法面对日益复杂的局面。各国将部分原来由中央政府承担的职能和权力下放给地方政府,推动地方政府承担更多责任并形成多层次的治理结构。美国从 20 世纪 60 年代末开始推行"新联邦主义",一直持续到 80 年代,90 年代后又进行了一轮"权力下放革命"(devolution revolution),克林顿时期美国通过了预算平衡法,将更多财政权力转移到地方。法国、比利时、墨西哥、中国等均出现了中央权力向地方下放的趋势,尽管下放的权力大多是内部事务权力,但是由于外交事务日益扩展到内部事务领域,内部事务不可避免地涉及对外事务领域,地方政府权力的扩大必然增强其国际活动的能力,为地方政府开展对外交往建立了基础。

## 三、区域主义与区域一体化深化了地方政府对国际事务的参与

区域主义是通过某种制度安排或者组织形式,在一些区域推动各领域一体化并形成某种相互依存的关系。区域主义是一个复杂的进程,20 世纪 90 年代以来,区域一体化加快发展,世界各国几乎都不同程度地参与进来。欧盟是区域主义和区域一体化的典型,在欧盟的实践中,区域一体化与区域主义明显增强和凸显了国家以下各级政府在国际关系中发挥作用的趋势。在欧盟区域化过程中,中央政府开始让地方政府参与国家对外战略的设计和实施,从而提高它们在国际关系中的政治和经济地位,同时地方政府也需要更多的政治、经济和文化权威,最终欧盟形成了一个"多层治理"的局面,建构了"欧盟—成员国中央政府—成员国地方政府"治理结构,各个层次之间互相协调、各司其职,共同推进区域一体化,地方政府在区域化的框架下积极开展地方政府对外交往并发挥了不可替代的作用。1994 年欧盟地区委员会的成立是其中重要的代表事件,欧盟地区委员会根据《欧洲联盟条约》第 198 条创建,是欧盟各

国地方政府参与欧盟事务的组织,欧盟成员国有 300 多个地方政府加入欧盟地区委员会。区域主义与区域一体化推动了世界上许多国家的地方政府积极开展对外交往并越来越深入地参与到国际事务中。

### 四、"低层政治"与"高层政治"相互渗透推动了地方政府对外交往活动

全球化及其产生的各个国际行为体之间的相互依赖深刻地影响了国内政治的结构,"低层政治"与"高层政治"之间出现了相互渗透和边界模糊的趋势,"低层政治"的决策传统上更多地集中在地方政府手中,而"高层政治"领域则完全属于中央政府,但是二者之间的边界越来越难以区分。从传统角度看,"高层政治"是国家和国际层面上对整个国家的发展至关重要的事务,如国家安全、外交事务和军事问题,"低层政治"则是指处于地方政府专属或共同权限内的事务,如教育、生态环保、卫生保健等。但随着全球化的推进,一国的外交政策范围在不断向多领域延伸,除了传统的安全和政治问题之外,经济、生态环保、文化、教育、科技等领域大量的非传统事务都成为外交政策必须关注的内容,"低层政治"议题经常转向"高层政治"领域,从国内低级政治领域转向国际关系议程,这也推动了地方政府越来越多地开展国际活动,同时一国的地方政府对国家对外政策的影响也在不断加强。

## 第二节 美国:以州为核心的地方政府对外交往

### 一、美国宪法的相关规定及其诠释

美国虽然是一个联邦制国家,但 1787 年宪法将对外关系事务定义为行政责任,几乎将所有对外事务的重要权力和外交职能赋予了联邦政府和国会。美国宪法规

定,外交政策的决定权由总统掌握,国务院(State Council)①是联邦行政机关内的主要外交机构,也是美国外交的主要机构,国务卿通过国务院执行总统的外交政策。美国宪法第 1 章第 8 条规定,国会有权力决定与外国的贸易、宣战并制定相关法律。同时,第 1 章第 10 条规定了一系列禁止州参与国际事务的事项,包括"未经国会同意,任何州都不能加入任何条约、联盟或联邦"等。

尽管美国宪法表面上禁止地方政府的对外交往权力,但是美国各州可以通过参议院来间接参与国际事务以表达和维护州的相关利益。美国宪法设立了参议院制度,美国每个州不论大小都可以有两名议员参加。而参议院在美国外交方面具有较大的权力,如参议院对总统的外交政策有建议权,总统提名的外交官员包括国务卿、副国务卿、商务部部长、驻外大使等均要经过参议院同意。另外,美国国内对宪法相关规定有不同的诠释和理解,美国地方政府的国际事务活动仍存在较大的宪法和政治空间。②

美国国内一些学者、立法者和州长等认为,美国的地方政府开展对外交往仍然具有一定的法律依据,主要包括以下几点:一是尽管宪法将核心外交权赋予了联邦政府,但是并未明确指出联邦政府对外交事务拥有排他性的垄断权,根据美国《宪法》第十修正案,"宪法没有授予联邦的权力,也没有明确禁止授予州的,应由州保有这些权力",而宪法并没有明确确定对外事务的权力归属,因此各州从事国际事务并没有被完全禁止。③《宪法》第十修正案赋予了美国各州以宪法文本和随后修正案未明确禁止的任何方式从事外交关系活动的权力。④ 二是宪法中存在隐含的保留给美国地方政府的对外交往权力,如《宪法》规定:"未经国会同意,任何州都不能加入任何条约、联盟或联邦",隐含了地方政府可以不经国会同意与外国相关政府展开交流和谈判,但禁止签订有国际约束力的协定。此外,《宪法》第一修正案也保障了地方政府表达一定外交立场的权利。三是宪法对美国州参与对外事务的禁止规定是有政治条件

---

① 前身为外交部 (Ministry of Foreign Affairs)。

② 陈志敏:《次国家政府与对外事务》,长征出版社 2001 年版,第 181 页。

③ Henkin Louis, *Foreign Affairs and the United States Constitution* (*Second Edition*),Oxford:Clarendon Press,1996,pp.152-156.

④ Samuel L. McMillan, *The Involvement of State Governments in US Foreign Relations*,New York:Palgrave Macmillan,2012,p.66.

的,州不能与外国实体签订"条约"(treaties),但是可以签订"合同"(contracts)或者"协定"(agreements),美国国会也曾经表示,"条约"并非所有的协定和契约。① 从实际情况看,近几十年来,美国地方政府与其他国家和国家以下各级政府签订了数千项协定,这些州进行的国际事务活动往往被认为得到了默许。② 四是从美国政治体制框架下的政治便利性、联邦政府与地方政府的博弈成本考量,联邦政府要纠正地方政府在外交事务方面的"越权"需付出很高的成本,往往要通过法庭提起诉讼,时间人力成本高昂,而且对政治家并没有多大收益,只要不超过一定的限度,联邦政府往往对地方政府的对外交往采取放任的态度。③

尽管对地方政府是否应该参与对外事务、开展对外交往在美国国内还存在不少争论,但是长期以来美国地方政府对外交的介入却是一个不争的事实。美国的"州权主义"在其历史发展过程中影响深远,美国地方政府参与对外事务具有深刻的历史根源和相当悠久的传统。④ 20 世纪 50 年代以来,美国地方政府更加积极地开展对外交往,其参与对外事务的空间进一步扩大,积极性和主动性进一步提升,在美国国家总体外交中发挥的作用也越来越重要。

## 二、美国地方政府对外交往的主要方式

美国地方政府对外交的介入在美国历史的各个时期都存在,但是从 20 世纪 50 年代以来,美国以州为核心的地方政府开始更加积极地开展自身的对外交往、参与国际活动和对外事务。到 20 世纪 70 年代以后,美国地方政府对外交往的领域、范围、水平和深度进一步大幅提升,并开始向常态化和制度化转变。美国以州为核心的地方政府的国际活动主要围绕经济合作展开,同时也涉及政治等其他领域,主要在以下

---

① Henkin Louis, Foreign Affairs and the Constitution, *Foreign Affairs*, Vol. 66, No. 2, 1987, pp. 284-310.

② Henkin Louis, *Foreign Affairs and the United States Constitution* (*Second Edition*), Oxford: Clarendon Press, 1996, pp.152-156.

③ Earl H. Fry, The United States of America, in Hans J. Michelmann and Panayotis Soldatos (eds.), *Federalism and International Relations: The Role of Subnational Units*, Oxford: Clarendon Press, 1990, pp.276-298.

④ 王勇:《地方因素对美国外交的影响》,外交学院 2009 年博士学位论文。

几个方面开展对外交往：

一是地方政府官员出访交流。1959 年，北卡罗来纳州州长 Lutherh. Hodges 率领二战后美国第一个州长经贸使团出访外国，成为美国地方政府对外交往的标志性事件。之后美国各州州长出国访问不断增加，特别是以经贸合作为目的的出访非常普遍。例如，1979 年，美国平均每个州长出访达 2 次，加州州长出访达到 4 次。[①] 1980—1985 年，美国各州官员开展对外经贸合作访问以及出国参加各类经贸合作展会的次数超过 200 次。[②] 2000 年以后，美国超过一半的州政府官员至少每年出国一次。内华达州人口不到 300 万，已经向英国、爱尔兰、波兰、德国、意大利、墨西哥、加拿大、中国和以色列多次派出了经济贸易代表团。[③] 2015 年 10 月，科罗拉多州州长率领一个贸易和投资代表团，对上海、北京、伊斯坦布尔、东京和特拉维夫等进行了为期两周的访问。

二是地方政府举办国际会议，签订国际协定。美国地方政府在 20 世纪 90 年代之后开始积极参与全球治理的各项事务，并以此为中心积极举办相关国际会议，以地方政府身份签订一些国际协定。如 2015 年 10 月，美国科罗拉多州州长主办了有史以来第一次美国州长和墨西哥州长以及加拿大总理的"北美峰会"，目标是加强北美自由贸易协定三个成员国在地方政府之间的联系和对话。美国加州在 2008 年以来主办了加州全球气候行动峰会，邀请一些国家的首脑和地方政府领导人参加峰会。2013 年，加州与中国签署了低碳减排谅解备忘录；2017 年 6 月，在特朗普宣布美国退出《巴黎协定》后，美国加州州长杰里·布朗与时任中国江苏省委书记、省人大常委会主任李强在南京共同签署了关于应对气候变化的两份谅解备忘录。

三是地方政府设立海外代表机构。1953 年，纽约州在欧洲设立代表机构并派驻官员，成为第一个设立海外代表机构的美国州政府。20 世纪 80 年代之后，为推动各州吸引投资，促进海外贸易以发展地方经济，美国联邦政府积极支持州政府设立海外

---

①　National Governors' Association Committee on International Trade and Foreign Relations, *Export Development and Foreign Investment: The Role of the States and Its Linkage to Federal Action*, Washington D.C.: National Governors' Association, 1981, pp.17-19.

②　Paul E. Frank, *Global Governors: The Foreign Affairs Activities Among the 50 American States*, PhD Dissertation, Boston University, 1998, p.106.

③　McMillan Lucas, *The Involvement of State Governments in US Foreign Relations*, New York: Palgrave Macmillan, 2012, p.193.

经贸办事机构①。1986—1987 年,美国州政府在海外新开设的办事机构超过 40 家。2000 年,美国各州在海外设立的办事机构总数超过 200 家,平均每个州有 4 家海外办事机构。2004 年,美国州政府的海外办事机构增长到 224 家②。加利福尼亚州作为美国经济总量最大的州,在世界各地设立了 11 个海外办事机构。③

四是开展友好城市(省州)交往合作。美国较早就开始重视公共外交,并将友好城市纳入国家公共外交战略。1953 年,美国设立了美国新闻署(U.S. Information Agency,USIA)作为美国国家公共外交的中心机构,主要负责对外营造美国国际形象,向世界宣传其外交政策和鼓吹其意识形态。④ 1956 年,在美国新闻署的组织下,艾森豪威尔总统召开了公民外交会议,决定组建包括市民对外交往委员会在内的多个民间对外交往委员会,市民对外交往委员会专门负责友好城市的组织和落实。在市民对外交往委员会的推动下,1967 年美国成立了美国城镇结好协会(Town Affiliation Association of the U.S. Inc),后来逐步演变为美国国际姐妹城市协会(Sister Cities International,SCI)。1987 年以后,美国州政府逐步参与到该协会中,并借助协会平台快速发展其对外友好城市关系。1987 年,美国共建立了 98 对友好省州关系,到1992 年增长到 152 对,1996 年达到 176 对。⑤ 截至 2019 年 12 月,美国有 596 个城市与世界各国 2183 个城市缔结了国际姐妹城市关系,其中加利福尼亚州对外缔结有356 对国际友好城市,得克萨斯州缔结 177 对,佛罗里达州缔结 148 对。⑥

---

① Samuel L., McMillan, Subnational Foreign Policy Actors: How and Why Governors Participate in US Foreign Policy, *Foreign Policy Analysis*, Vol.4, Issue 3, 2008, pp. 227-253.

② Samuel L. McMillan, FDI Attraction in the States: An Analysis of Governors' Power, Trade Missions, and States' International Offices, http://www.allacadeinic.conV/meta/p inla apa research citation/1/5/3/3/1/pages 153313/pl53313.ll.php,引用日期:2020 年 2 月 13 日。

③ 数据参见美国国际商会官方网站,http://www.aiccus.org/cn/stateoffices.Htm,引用日期:2020 年 4 月 15 日。

④ 1999 年美国新闻署并入美国国务院。

⑤ Paul E. Frank, *Global Governors: The Foreign Affairs Activities Among the 50 American States*, PhD Dissertation, Boston University, 1998, p.132.

⑥ 数据参见美国国际姐妹城市协会网站,https://sistercities.org/about-us/sci-at-a-glance/,引用日期:2020 年 5 月 15 日。

## 三、美国地方政府对外交往发展的原因

### （一）新联邦主义与权力下放

1969 年 8 月,尼克松总统提出了"新联邦主义",其背景在于:一是联邦政府财政赤字严重。二战后美国政府信奉凯恩斯主义,通过财政赤字和通货膨胀来刺激经济发展,甚至在经济繁荣时期也扩大联邦支出,美国联邦政府的财政赤字持续增长,在约翰逊总统离职的前 8 年时间里,联邦政府财政赤字累计达 605 亿美元。[1] 二是联邦政府对地方的拨款数额不断扩大。当时联邦政府集权程度很高,控制了大量的财政权力,导致大量联邦政府向州的拨款。1969 年,联邦政府向州的拨款达到约 198 亿美元,[2]而且拨款涉及的范围不断扩大,联邦政府不仅向各州政府提供拨款,而且还常常绕过州政府,直接向城市提供拨款。三是庞大的联邦政府机构重叠,运转不灵,效率低下,机构之间难以有效地协调,美国民众对其的不满情绪不断增强。

1969 年 4 月,尼克松总统向国会提交了一份国情咨文,指出要改变当前联邦与州之间的权力关系,改变联邦政府包办一切的趋势,实施联邦与州的税收分享。1969 年 8 月,尼克松总统正式提出了新联邦主义,指出联邦政府应向地方下放权力、分流税收,同时将部分联邦政府职责转交给地方政府,要还政于州、还权于民。1972 年 10 月,美国国会通过了《财政收入分享法》,推动美国地方政府与联邦政府分享更多的财政收入,由地方政府承担部分原来由联邦政府负责的经济事务。之后一直到 2008 年金融危机之前,美国地方政府的权力一直呈现逐步扩大的趋势。1980 年代,里根政府推行市场自由主义,减少联邦政府对市场的干预,地方政府获得了更多权力。1990 年代,联邦政府的庞大规模以及日益膨胀的赤字使联邦政府进一步简化官僚机构。克林顿强调用"政府再造"来改善政府绩效和政府间关系,乔治·布什提倡的减税也再次削弱了联邦政府的权力,奥巴马和特朗普时期美国以州为核心的地方政府的权

① Stephen L. Hupp, Historical Statistics of the United States, *Electronic Resources Review*, Vol. 1, No. 12, pp. 138-139.

② Samuel L. McMillan, *The Involvement of State Governments in US Foreign Relations*, New York: Palgrave Macmillan, 2012, p.33.

力仍然不断扩大。地方政府权力的相对扩大推动了美国地方政府对外交往的发展。

## (二)美国州长权力的扩大

自 20 世纪 50 年代以来,美国州长的权力也呈现出不断增强和扩大的趋势。首先是州政府的制度变革扩大了州长的权力。从 1955 年到 1988 年,美国能够担任 4 年任期的州长从 29 个增加到了 47 个,越来越多的州取消了州长 2 个或 2 个以上任期的禁令。目前,美国只有弗吉尼亚州将州长任期限制在一届,佛蒙特州和新罕布什尔州是仅有的 2 年任期的州。到 80 年代,美国大部分州政府机构都进行了调整,州长的权力进一步扩大,各州州长办公室的规模也在扩大,州长办公室的平均规模从 1956 年的 11 名工作人员逐步扩大到 1976 年的 29 名工作人员,1986 年则进一步增加到 48 名工作人员。[①] 其次是州长的职能也在不断扩展。经济产业的发展和各州之间的激烈竞争使州长越来越关注经济发展,其职能也逐步转向经济产业发展领域,各州都逐步把产业发展等经济职能通过制度化纳入州政府的职能范围。20 世纪 60 年代以来,美国各州州长开始出国寻求外国直接投资,开拓贸易市场以促进地方经济发展。随着全球化的深入,美国州长权力的扩大也使得美国的州政府积极寻求其国际角色的彰显,积极参与到对外交往当中,甚至通过参与对外交往而对国内政治施加影响。[②]

## (三)地方政府管理的专业化、现代化和国际化

美国地方政府的管理水平不断提升,向专业化、现代化和国际化方向发展,这也对美国地方政府的对外交往发展起到了促进作用。1970 年,美国只有 15 个州有国际贸易发展计划;而到 1990 年,美国所有州都有相关计划,而且都设立了国际事务相关的管理职位和机构。除了主要负责国际事务的外事官员外,各州还设立了首席经济发展官,是仅次于州长和副州长的重要职位,负责管理州的国际办公室,推动贸易,

---

① Samuel L. McMillan, *The Involvement of State Governments in US Foreign Relations*, New York: Palgrave Macmillan, 2012, p.32.

② Thad L. Beyle, The Governor as Innovator in the Federal System, *The Journal of Federalism*, Vol.18, Issue 3, 1988, pp.131-152.

吸引外国直接投资并促进旅游业发展；部分州设立了国际礼宾官，主要负责外事接待。20世纪80年代以来，美国各州出于地方政府对外交往的需要，进一步增加相关机构和职位，此类机构有的设在州的行政部门内部，有的设在州议会内部，名称也不尽相同。1987年，加利福尼亚州参议院设立了美国第一个州一级的对外事务办公室；1991年，加州政府又成立了国际关系办公室，主要负责加州政要出访和接待来访、加强经济贸易国际交流等，加州州长办公室还设立了专门负责国际协定的官员。[1] 佛罗里达州成立了佛罗里达国际事务委员会，该机构设在行政部门内部，由州长担任主席，负责制定该州的国际发展与对外交往战略。[2] 1998年，新墨西哥州州长设立了"外交政策顾问"。2001年，马里兰州州长把处理地方政府对外交往的机构整合在一起，组建了一个负责国际事务的下属内阁。美国地方政府管理的专业化、现代化和国际化大大提升了它们开展对外交往的能力，进一步促进了美国地方政府对外交往的发展。

## 四、美国地方政府对外交往的特点

### （一）美国地方政府对外交往开始制度化地纳入国家外交体系中

20世纪70年代以来，美国联邦政府逐步建立了一些机构，对国家总体外交与地方政府对外交往进行协调。1978年，美国全国州长协会（National Governor's Association）成立了国际贸易与对外关系委员会（Committee on International Trade and Foreign Relations），主要负责监管各州的海外事务，此外，还成立了一些区域性的组织或委员会，如中美洲贸易理事会（Mid-America Trade Council）、大湖区委员会（Great Lakes Commission）和新英格兰贸易集团（New England Trade Group）等。美国国务院设立了白宫府际事务办公室（The White House Office of Intergovernmental Affairs），隶属于总统办公厅，是联邦政府与地方政府协调、联络的主要机构，

---

[1] *California Senate Sets Diplomatic Example for Other States*, Clearinghouse on State International Policies，1995，p.5.

[2] John Larkin，States Spark Foreign Relations of Their Own，*PA Times*，1992，pp. 1-2.

其工作重点是与州长、市长、州议员等建立和保持联系,协调联邦政府与地方政府的对外事务。白宫府际事务办公室与联邦机构和其他部门合作,保障地方政府与联邦政府之间的适当协调,帮助美国地方政府将其国际活动与国家的外交政策目标联系和协调起来。

21世纪以来,美国联邦政府进一步加强美国地方政府的对外交往,并开始通过制度化、机制化的方式来对地方政府对外交往进行组织协调,将其逐步纳入国家整体外交体系:一是在联邦层面加强地方政府对外交往的相关机构设置。美国国务院下设的6个副国务卿中有4个负有协调地方政府对外交往相关事务的职责。[①] 二是采用联邦向地方派驻机构的方式直接加强对地方政府对外交往的组织协调。美国国务院在全国设立外交机构办公室(Office of Foreign Missions,OFM),直接向地方派驻外交官员。通过外交安全局(Bureau of Diplomatic Security, DS)向全国派驻相关机构,目前已经在全国41个城市设立了办公室,主要负责对外领域的安全相关事务。三是加强地方公共外交,将友好城市纳入国家外交体系。美国国务院设有1名主要管理公共外交的副国务卿,推动友好城市对外交往是其重要职责之一。在美国城市外交发展的历史上,友好城市交往也一直在服务和配合国家整体外交,如美苏关系缓和后,1973年美国华盛顿州西雅图市与苏联塔什干市结为友好城市;中美正式建交的当年,美国密苏里州的圣路易斯市与中国江苏省南京市结为友好城市。[②] 美国地方政府对外交往积极配合国家整体外交,其政策性与工具性色彩日益浓重。联邦政府持续给地方政府友好城市外交项目拨款,每年设立一批对外文化、学术、教育交流的国际项目,由美国国务院委托各地方政府执行,并对美国国际姐妹城市协会提供资金支持。目前美国已经形成"国务院—美国国际姐妹城市协会—地方政府"的"三个层次"的政策运作体系。

值得注意的是,作为联邦制国家,美国的州政府对外交往一直呈现出较强的自主性,但近年来美国加强了对地方政府对外交往的管控,有时会进行一些强制性干预,如通过一定的制度机制设计努力将地方政府对外交往纳入国家整体对外政策体系

---

① 清华大学当代国际关系研究院外交改革课题组:《拓展地方交流,促进中美大国关系》,《国际政治科学》2015年第2期,第93～117页。

② 李小林:《城市外交:理论与实践》,北京:社会科学文献出版社2016年版,第131页。

中。例如,美国联邦政府外国投资审查委员会(The Committee on Foreign Investment in the United States,CFIUS)近年来不断以"威胁国家安全"为借口,对中国企业与美国地方政府签订的在美投资协议进行强制干预。

### (二)地方政府对美国国家外交的影响日益增强

地方政府参与对外事务在美国具有深厚的历史传统,全球化的深入开展进一步推动了这一趋势。美国外交中的地方因素不断增强。美国地方政府在对外交往领域具有较大的自主权力:一是地方政府可自主决定出国访问和接待外国政要。美国地方政府不需要联邦政府批准,可自主派地方政府首脑或者代表团等出国访问,也可自主邀请并接待外国政要或者代表团来地方访问。地方政府也可以自主在国外设立办事机构或代表处等,地方政府首脑可自主决定在其管辖地区是否会见外国政要。[①]二是地方政府可以自主与外国中央政府、地方政府、相关机构组织等签订合作协议,建立友好城市关系等。三是地方政府首脑可以自由表达对美国国家对外政策的观点和看法,可以在地方管辖范围内对外国企业和个人采取相关措施。此外,美国许多地方政府首脑后来成为总统和联邦政府中的重要人物,推动了地方政府对外交往的发展。地方政府也越来越多地与一些跨国公司、行业协会、商会、工会等组织结合在一起,对美国对外政策施加影响。[②] 美国地方势力通过各种渠道和方式对美国国家对外政策施加影响,以维护自身利益,但是美国地方政府的利益取向和对外政策偏好各有不同,如在对华关系上,美国东北部的州更加关注中国的所谓人权问题,但西部各州则更加注重与中国的经贸合作。在各个地方政府的博弈格局下,美国对外政策并非"铁板一块"。[③]

---

①　孙哲、李巍:《美国贸易代表办公室与美国国际贸易政策》,《美国研究》2007年第1期,第85～86页。

②　Felix Chin, *Political and Economic Developments in Asia*, New York:Nova Science Publishers, 2011.

③　王勇:《地方因素对美国外交的影响》,外交学院2009年博士学位论文。

### （三）美国地方政府对外交往主要集中在经济文化领域，但也广泛涉及其他领域

美国地方政府对外交往绝大多数是经济性的。全球化深入涉及美国各州的地方经济利益，导致美国各州在国家对外经济政策中争相施加影响。美国州长们认为，对外经济政策与本州经济增长和福祉越来越紧密相关。美国各州在经济领域的对外交往有两种方式：一是在世界各地设立国际办事处，负责促进贸易和招揽投资。二是通过出访、展会等多种方式实现促进出口和吸引外国直接投资的目标。美国学者的一项调查发现，几乎所有美国州都认为"促进贸易和投资"是州对外交往的主要动机，还有两个州认为"促进旅游业"同样重要。[①] 美国各州吸引外国直接投资和促进出口的战略包括组织经济贸易代表团出访、组织各种推介活动、设立和经营国际办事处、补贴参加贸易展览会、提供营销援助和教育服务，以及提供奖励措施等。此外，州政府还积极鼓励非政府组织参与吸引投资和促进出口的对外事务，这些非政府组织包括世界贸易中心和各级商会，如美国劳工联合会-产业工会联合会（AFL-CIO）、全国制造业协会（National Association of Manufacturers）、国际投资组织（OFII）、美国商会（US Chamber of Commerce）、美国国际商务理事会（US Council for International Business）、国家对外贸易理事会（National Foreign Trade Council），以及协调美国与一个国家（或多个国家集团）之间问题的各类行业协会。

美国地方政府对外交往也涉及环境保护、种族人权、难民等问题，范围非常广。例如，1983 年，苏联击落韩国客机事件发生后，美国纽约州州长和新泽西州州长均下令本州机场拒绝苏联代表团飞机降落的请求，引起苏联的强烈抗议；[②]科罗拉多州与墨西哥、智利等国家签订了关于环境保护问题的协议；美国华盛顿州、阿拉斯加州等与中国、印度等也签订了有关环境保护的相关协议；1996 年，由于认为缅甸出现严重

---

① Adrienne T. Edisis, *Global Activities by U.S. States: Findings of a Survey of State Government International Activities*, Washington, DC: Elliott School of International Affairs, The George Washington University, 2003.

② Soviet Delegation Flies to U.N. from Brussels, *The New York Times*, September 20, 1983, A9; Soviet Diplomats Take a Commercial Flight to Attend U.N. Session, *The Washington Post*, September 20, 1983. A11.

的人权问题,美国马萨诸塞州通过了《缅甸法案》,以地方政府的身份对缅甸政权进行制裁。[1]

### (四)美国地方政府对外交往与联邦政府外交以合作为主

美国各州地方政府对外交往绝大多数活动都试图以不挑战宪法权威的方式,推进本州与其他国家和地方政府的关系,尽管地方政府在对外政策方面偶尔会与联邦政府发生摩擦,但是总体来看,合作联邦主义(cooperative federalism)是美国联邦制下的对外事务领域的主流,即联邦政府与州政府采用协调或者互补的方式,努力实现国家利益和州利益的协调和最大化。一方面,美国联邦政府对地方政府对外交往进行一定的支持并协助其提升对外交往的能力。另一方面,地方政府对外交往对联邦政府外交起到一定的平行互补作用。一是美国地方政府与外国不同主体签署了各类协议,这些协议大多涉及地方事务,这些协议解决了美国的一些边境问题,建立了大量友好城市关系,起到了支持国家总体外交、增进美国与其他国家友好关系的作用;二是在促进投资和出口方面起到了重要的补充作用。美国联邦政府尽管有一些贸易和投资促进政策,但主要集中在大企业,往往难以充分支持地方中小企业,地方政府的对外交往则起到了很好的补充作用;三是地方政府作为非主权的政府行为体,可以起到联邦政府在某些时候不适合发挥的作用,如地方政府可以对无邦交国访问,起到两国关系正常化的"先锋"作用,也可以采用某些行动在中央政府不适宜时缓和国际关系等等。[2]

## 五、中美关系中的地方合作

当前中美关系进入了一个复杂艰难的时期。美国的州政府是其不可忽视的国内政治力量,作为联邦成员,美国州政府在美国外交中也起着重要作用。因此,在中美关系中,应当高度重视美国州政府这一特殊的主体。

---

[1]　Ron Scherer, New York World Order, *The Christian Science Monitor*, March 18, 1996, p.3.

[2]　陈志敏:《次国家政府与对外事务》,长征出版社 2001 年版,第 189～193 页。

## （一）中美地方合作的发展

1972 年尼克松访华之后，中美地方政府交往合作开始 "破冰"。1979 年，俄亥俄州州长成为第一个访问中国的美国州长。20 世纪 80 年代之后，美国州长、市长等地方政府首脑访问中国常态化，如 2010 年有 8 位美国州长访问中国，2017 年有 4 位美国州长访问中国。[1] 中国的省区市等地方政府领导也频繁地对美国开展访问，如 2010 年有超过 100 位中国省部级官员访问美国。[2] 1979 年，湖北省与俄亥俄州建立了中美第一对友好省州关系，截至 2019 年底，中美两国已经结成 49 对友好省州关系和 228 对友好城市关系，美国是中国缔结友好省州（城市）最多的国家。[3] 美国的州还大量地在中国设立代表机构，1996 年美国马里兰州在中国设立了第一个美国州政府驻华代表机构，目前美国已有 40 多个州政府在中国设有办事处和相关代表机构，[4] 如美国多个州还在上海设立了美国州政府驻华协会（Council of American States in China，CASIC），负责美国各州政府在中国办事机构的协调。可以说，中美之间的地方政府合作交流是中美关系中不可忽视的一个重要因素。

## （二）中美省州长论坛合作机制

2011 年，中美在《中美联合声明》中宣布要建立中美省州长合作论坛（China-U. S. Governors Forum），随后签署了《关于建立中美省州长论坛以促进地方合作的谅解备忘录》。中美省州长论坛由中国人民对外友好协会和美国州长协会牵头建立，于 2011 年 2 月在华盛顿正式启动。2012 年 2 月，时任中国国家副主席习近平和时任美国副总统拜登在洛杉矶会见参加论坛的两国省州长，习近平指出，富有成效的地方

---

① 笔者根据公开资料整理统计。

② Reta Jo Lewis，Outcome of U. S. China Governors Forum，U.S. Department of State，2011-07-19，https：//2009-2017-fpc. state. gov/168721. htm，2020-09-15。

③ 数据参见美国国际姐妹城市协会网站，https://sistercities.org/about-us/sci-at-a-glance/，引用日期：2020 年 5 月 15 日。

④ 数据参见美国国际商会官方网站，http：//www. aiccus. org/cn/stateoffices. Htm，引用日期：2020 年 5 月 15 日。

交流合作一直是支撑中美两国关系发展的重要基础和推动力量。[1] 中美省州长论坛推动了中美地方政府间的交流合作,尤其是在经济领域合作效果明显,已经成为中美地方政府交流合作的重要平台。到2020年,中美省州长论坛已成功举办5届,总计有23个中国省(区、市)和35个美国州政府首脑参加。[2] 但是,特朗普上台后,中美关系发生重大变化。2020年10月,时任美国国务卿蓬佩奥宣称中国人民对外友好协会"影响美国各州和地方领导人",认为美国方面存在可能"被统战"和"被恶意影响"的情况,单方面终止了《关于建立中美省州长论坛以促进地方合作的谅解备忘录》。[3] 中美地方交往合作受到了重大阻碍。

## (三)美国州政府对中美关系的影响

美国的州政府对中美关系的态度差异很大,美国州政府对中美关系的影响也是两方面的:一方面,有不少美国的州需要加强与中国的合作,尤其是经济贸易领域的合作来发展地方经济,希望中美关系能稳定发展,如2018年5月,美国加州州长就公开反对美国对中国施加贸易战关税,并指出加州将不会受联邦政府的政治约束。[4] 但另一方面,也有一些美国州领导人在所谓人权问题、台湾问题上对中国污蔑指责,甚至要求对中国实行更加激进的打压政策,如美国南达科他州议会多次通过决议支持台湾加入世界卫生组织和联合国等国际组织。

2020年8月,习近平总书记发表讲话指出,当前,凡是愿意同我们合作的国家、地区和企业,包括美国的州、地方和企业,我们都要积极开展合作,形成全方位、多层次、多元化的开放合作格局。[5] 尽管中美关系面临各种复杂挑战,我国在国家外交大

---

① 中国政府网:《习近平和拜登在洛杉矶共同会见中美两国省州长》,2012年2月18日,http://www.gov.cn/ldhd/2012-02/18/content_2070388.htm4,引用日期:2021年3月1日。

②③ 人民网:《中国人民对外友好协会对美国国务卿蓬佩奥终止〈关于建立中美省州长论坛以促进地方合作的谅解备忘录〉做出回应》,2020年10月31日,https://wap.peopleapp.com/article/6020649/5935634,引用日期:2021年3月1日。

④ Michael R. Blood,California Governor Warns against US Trade War with China,2018-05-03,Business Insider,http://www.businessinsider.com/ap-california-governor-warns-against-trade-war-with-china-2018-5[2020-09-03].

⑤ 中国政府:《习近平主持召开经济社会领域专家座谈会并发表重要讲话》,2020年8月24日,http://www.gov.cn/xinwen/2020-08/24/content_5537091.htm,引用日期:2021年3月5日。

局的框架内可积极主动开展中美的地方政府交流合作,为两国关系稳定发展寻找一个可能的切入点。中国也可通过对美地方政府的交往合作,团结更多力量,努力塑造更有利于我国发展的国际环境。

# 第三节 欧盟:地方政府对外交往与一体化

## 一、欧盟国家地方政府对外交往发展的法律体制环境

### (一)欧盟国家宪法关于地方政府对外交往的规定

欧盟国家的宪法和政治体制各不相同,在地方政府对外交往的权力规定上也存在较大差异。20 世纪 60 年代以来,欧盟各国经历了一轮政治重组和改革的过程,这些重组和改革主要体现了中央权力向地方政府下放的趋势,欧盟各国的地方政府被赋予了更多更大的权力,在对外交往方面的权力也得到了加强,如 1982 年法国密特朗政府推动了中央向地方权力下放的改革,将法国原属于经济单位的大区升格为一级地方行政单位,中央政府不直接参与其地方的行政事务。[①] 依据宪法在对外交往领域赋予地方政府权力的大小,欧盟各国可以分为三类:

第一类是宪法赋予地方政府对外交往权力很小的国家。这些国家主要包括北欧国家、东欧国家和法国等。例如:瑞典宪法明确规定与外国和国际组织的协定缔结必须由中央政府进行;法国宪法明确规定各类条约、协定签署必须经过中央政府的批准和认可;[②]但是宪法的相关规定存在不同的解释,在实践中法国、中东欧等国家的地方政府在对外交往领域仍然获得了一定的权力。

第二类是宪法赋予地方政府一定范围内对外交往权力的国家。这些国家主要包

---

① 陈志敏:《次国家政府与对外事务》,长征出版社 2001 年版,第 189~193 页。

② 本节关于宪法条文的内容主要参考了朱福惠编著的《世界各国宪法汇编》(欧洲卷),厦门大学出版社 2014 年版。

括葡萄牙、波兰等。例如:波兰宪法第 172 条明确地方自治政府有加入国际协会和区域组织的权力,但实际上,波兰地方政府对外交往涉及协议签订、安全事务等方面时仍然需要中央的批准。

　　第三类是宪法赋予地方政府较大对外交往权力的国家。这些国家主要包括德国、奥地利、西班牙、比利时等。例如:比利时 1994 年联邦宪法规定比利时行政区政府可与外国缔结属于其议会管辖范围内的条约,而且只需要同级别议会批准即可生效。德国、奥地利宪法均规定联邦政府在对外事务中需要征求地方州的意见,地方政府在对外签订条约拥有一定范围的自主权力。西班牙则比较特别,西班牙宪法虽然明确规定中央政府专门负责对外事务,但是实际上由于历史原因,西班牙政府与加泰罗尼亚、巴斯克地区政府签订了相关协议,赋予这两个地区高度的自治权,而且到了1983 年,西班牙所有的省都合并为自治区,西班牙的自治区拥有对外交往、立法、司法等高度的自治权。

　　欧洲各国宪法对地方政府对外交往的规定各不相同,但是实际的情况是欧洲大部分国家地方政府在对外领域拥有的权力比宪法规定的更加宽泛,尤其是欧盟国家地方政府对外交往的对象往往也是欧盟国家,因此各国中央政府对地方政府对外交往总体来说还是持有一种积极的态度。

### (二)欧盟法律对地方政府对外交往的支持

　　欧盟是全球一体化程度最高的区域性组织,20 世纪 80 年代后,欧盟经济、政治、文化等多领域的一体化步伐加快,欧盟的各项法律也逐步拓展到地方政府层面。1988 年以后,欧洲地区发展基金(后来被称为欧盟结构基金)不断扩大,欧盟委员会在基金分配政策领域采用了"伙伴原则",将地方政府作为一个重要行为体引入决策,《马斯特里赫特条约》又引入了辅助性原则,为地方政府影响欧盟政策提供了渠道。[①]之后欧盟又通过了《阿姆斯特丹条约》《尼斯条约》《里斯本条约》等,进一步阐释和强调了辅助性原则,推动了欧洲各国地方政府介入欧洲相关事务。2001 年,欧盟委员会关于欧洲治理的白皮书指出,欧盟和成员国需要更多与地方政府进行沟通,以促进

---

　　① 李小林:《城市外交:理论与实践》,社会科学文献出版社 2016 年版,第 152 页。

欧盟政策的合理性。2009年,欧盟地区委员会关于欧洲多层治理的白皮书指出,应当在欧盟的框架下鼓励欧洲各国地方政府积极参与欧盟事务。2011年,欧盟委员会发布"欧盟2020战略",指出欧洲各国地方政府应当将地方发展政策积极与"欧盟2020战略"对接。对欧洲各国来说,对外事务在一定程度上就是欧洲事务,欧盟的相关法律对欧洲各国地方政府参与欧洲事务形成了支持,在实践中也推动了欧洲各国地方政府的对外交往发展。

## 二、欧洲各国地方政府对外交往的主要形式

### (一)欧洲各国地方政府对外交往的发展

欧洲是地方政府对外交往的发源地。最早的城市外交就发端于欧洲。二战以后,出于治疗战争伤痛、加强人民交流的目的,欧洲各个国家地方政府开展了广泛的城市外交活动,欧洲的友好城市成为地方政府对外交往的早期模式,并逐步传播到美国、加拿大以及许多发展中国家。20世纪90年代以后,欧洲一体化迅速推进,欧洲各国地方政府对外交往活动范围不断扩大,水平也进一步提高,同时也更加深入地介入到欧盟事务当中。欧洲各国地方政府对外交往的发展与欧洲一体化的过程紧密结合在一起,各地方政府对外交往合作从早期的治疗战争伤痛、推动和平逐步拓展到贸易促进、双向投资、文化教育交流合作、环境保护、跨边境问题治理等各个领域。欧洲地方政府对外交往发展大致可以分为初步兴起、稳步发展、快速增长和成熟巩固4个阶段,如表2-1所示。[1]

表2-1 欧洲地方政府对外交往发展的阶段

| 阶段 | 时间 | 发展背景 | 对外交往重点 | 对外交往领域 |
| --- | --- | --- | --- | --- |
| 初步兴起 | 1919—1970 | 两次世界大战和欧洲一体化起步 | 友好城市 | 治疗战争伤痛、推动和平 |
| 稳步发展 | 1970—1989 | 欧洲一体化发展 | 项目合作 | 经济社会发展 |

[1] Arnau Gutierrez-Camps, Europeanization and Multilevel Governance: Try to Make Sense of International Activities of European Local Governments, *International Relations and Diplomacy*, Vol.2, No.2, 2014, p.95.

续表

| 阶段 | 时间 | 发展背景 | 对外交往重点 | 对外交往领域 |
| --- | --- | --- | --- | --- |
| 快速增长 | 1989—2004 | 全球化加速和欧洲一体化深入 | 对外交往网络构建 | 经济、政治、文化、社会 |
| 成熟巩固 | 2004 年至今 | 全球化深入和欧洲一体化深入 | 机制化和制度化建设 | 经济、政治、文化、社会 |

资料来源：Arnau Gutierrez-Camps，Europeanization and Multilevel Governance：Try to Make Sense of International Activities of European Local Governments，*International Relations and Diplomacy*，Vol.2，No.2，2014，p.95.

## （二）欧洲各国地方政府对外交往的主要形式

### 1.与外国主体签订相关协议

欧盟不少国家宪法允许地方政府在一定范围内与外国主体签订国际协议，签订协议的对方可以是外国中央政府、外国地方政府或者其他外国组织机构。如德国的州政府在 1949 至 2004 年一共签署了 144 个国际条约，其中莱茵兰—普法尔茨州签订了 44 个国际条约、巴登—符腾堡州签订了 30 个。比利时的法兰德斯不仅签订了 35 个双边条约，还签订了 12 个多边条约。奥地利的萨尔茨堡州与南非西开普敦省、斯洛文尼亚、中国的海南省、以色列等均签署了相关协议。[1] 欧洲国家的这些地方政府通过国际条约和协议扩大自身在国际上的影响力，并加强了与全球各个国家和地区的交流合作，促进了地方发展的国际化，有效推动了地方经济社会发展。

### 2.地方政府官员出访

欧洲地方政府领导人出国访问的目的地大多还是在欧洲，由于地域接近、交通便利，欧洲地方政府领导人对欧洲国家出访非常频繁，如德国莱茵兰—普法尔茨州领导人在 2009 年一年时间内出访了 11 次，访问了 8 个国家，其中 7 个为欧洲国家。[2] 地方政府领导人出访的目的主要是为地方经济发展开拓市场，提供交流合作机会。

### 3.地方政府在外国设立代表处

由于欧盟委员会设在比利时首都布鲁塞尔，欧盟国家地方政府在布鲁塞尔设立

---

① Hans J. Michelmann，*Foreign Relations in Federal Countries*，Montreal：McGill-Queen's University Press，2009，p.78.

② David Criekemans，*Regional Sub-state Diplomacy Today*，Leiden & Boston：Martinus Nijhoff，2010，p.33.

了大量的代表处和办事机构。此外,也在其他国家和地区设有代表处和办事机构,如比利时的法兰德斯在对外领域拥有较大权力,它在法国、奥地利、英国、中国等国家设立了 10 个官方代表处,在 32 个国家设立了 91 个投资和贸易办事机构以及 16 个旅游促进办公室。① 西班牙的加泰罗尼亚和巴斯克地方自治区也在外国设有数量众多的代表处和办公室。

**4.地方政府跨边境合作**

地方政府跨边境合作是欧洲地方政府对外交往的一大特点,欧洲各国之间存在大量的边界事务需要双方或者多方地方政府的协调治理,各国地方政府为此进行了多种类型的合作。例如:1958 年德国格罗瑙和荷兰恩斯赫德之间签订了跨边境合作协议。1971 年,欧洲 40 个边境地方政府成立了欧洲边界地区联合会来协调跨边境问题,后来欧盟委员会给予其资金支持和技术支持。奥地利和意大利的边境地区地方政府组成了阿尔卑斯工作共同体,西班牙、法国的地方政府与安道尔等建立了比利牛斯共同体,以加强各个跨边境地方政府之间的交通、教育、文化和环境保护方面的交流合作。②

**5.友好城市**

基于对二战痛苦经历的反省,欧洲国家认为,欧洲各国市民之间相互友好、相互交流是维护和平、推进繁荣的重要基础,友好城市是达到这些目标的有效手段。早期友好城市的建立是基于一种"和解的友好关系"。为实现欧洲共同体所追求的目标,建立友好城市关系被寄予发挥重要作用。1958 年,欧洲经济共同体(EEC)成立,1960 年代之后,冷战局势缓和,为了促进两大阵营市民之间的相互理解,欧洲各国也与之建立了一批友好城市,如法国的蒂约市和苏联的斯大林格勒之间建立了友好城市关系。1996 年,欧盟内的国际友好(姐妹)城市约有 8000 对。数量最多的是法国,占全体的 29%,德国占 25%,英国为 11%,意大利为 6%。友好城市涵盖的市民比例,德国为 66%,法国为 52%。2000 年之后,欧盟内的国际友好城市缔结主要来自欧盟新加盟成员和欧盟外国家,目前总的数量已经超过了 10000 对。③ 欧洲国家缔

---

① Hans J. Michelmann,*Foreign Relations in Federal Countries*,Montreal:McGill-Queen's University Press,2009,p.81.

② 陈志敏:《次国家政府与对外事务》,长征出版社 2001 年版,第 291 页。

③ David Criekemans, *Regional Sub-state Diplomacy Today*, Leiden & Boston:Martinus Nijhoff,2010,p.33.

结友好城市考量的因素一般包括城市特色的相近或互补、人口规模、地理条件、历史文化等。

## 三、欧洲各国地方政府对欧洲一体化的参与

### (一)地方政府参与欧盟事务的主要原因

20 世纪 80 年代之后,欧洲各国地方政府逐步参与到欧洲一体化过程中来,对欧盟政策的影响也日益凸显。从发展过程来看,地方政府介入欧洲一体化事务主要基于以下动因[①]:一是欧洲一体化的深入渗透。20 世纪 80 年代后,欧洲一体化进入深化发展阶段,《马斯特里赫特条约》加快了欧洲一体化进程,尤其是推动欧盟各成员国国内政策的统一协调。欧盟的政策统一逐步深入地方政府的管辖领域,地方的财政、贸易、市场竞争、农业、卫生、环境等各领域政策开始与欧盟事务出现交叉重叠,地方政府的管辖权也开始向上让渡到欧盟,对地方政府的权限和治理提出了各种挑战,地方政府需要就此与欧盟政策进行协调沟通。欧洲各国地方政府为了在欧盟事务框架下尽可能地保障和争取地方自身的利益,需要积极介入欧盟事务决策的过程中,同时也需要开展各种对外交往增强自身的影响力,以此对欧盟的相关决策施加影响。二是地方政府对欧盟再分配资源的争取。欧洲各项资源越来越多地纳入欧盟总体协调框架,欧盟掌握了大量财政预算。欧盟委员会本身成为一个巨大的资源再分配主体,欧盟用于支持地方发展的结构基金不断增长,各地方政府为争取这些资源,纷纷介入欧洲一体化的相关事务中,希望通过各种渠道对欧盟的资源再分配施加影响,为自己争取到更多的资源。三是欧盟委员会积极支持各国地方政府参与欧盟事务。一方面,欧洲一体化的目标就是促进地方、城市市民之间的融合交流;另一方面,由于欧盟委员会相对于欧盟成员国中央政府来说比较弱势,无法对成员国政府采用约束性手段,只能通过间接渠道施加影响,而各成员国地方政府正是这样的一种间接渠道,欧盟委员会将各国地方政府视为"盟友",积极支持地方政府参与欧盟的相关事务决策,

---

① 陈志敏:《次国家政府与对外事务》,长征出版社 2001 年版,第 285 页。

通过地方政府间接对成员国中央政府施加影响以实现其政策目标。

## (二)地方政府参与欧洲一体化事务的方式

### 1.地方政府驻欧盟代表处

欧盟委员会掌握越来越多的可分配资源,尤其是支持地方经济发展的结构基金数量庞大,地方政府越来越多地对欧盟政策开展各类游说和争取利益的活动。1985年,德国汉堡州和萨尔州在布鲁塞尔设立了州政府的代表机构,在争取结构基金、扩大地方对欧盟事务的影响方面发挥了重要作用。其他的欧洲国家地方政府也纷纷效仿,1988年欧洲各国地方政府在布鲁塞尔设立的代表处办公室达到15个,1994年则达到76个,1997年超过100个,2010年达到了250个。[①] 在布鲁塞尔设立代表处几乎成为地方政府表达和争取自身利益的一种必要方式,德国几个经济规模较大的州设立的地方政府代表机构工作人员甚至超过30人,规模相当于大使馆。

### 2.构建地方政府自身的国际网络

欧洲各国地方政府通过大量在布鲁塞尔的代表处实现了相互之间的沟通,一些存在共同利益的地方政府开始逐步建设一些跨国的地方政府组织,如欧洲城市组织(Eurocities)、欧洲首都联盟(The Union of Capital Regions,UCR)等,地方政府通过建立和加入这些组织取得更大的影响力并以此对欧盟各机构进行集体游说,同时也构建起扩大自身影响力的关系网络。这些多边性质的地方政府间组织兴起进一步加强了欧洲地方政府间的交流合作,促进了跨国身份认同,构建起一种特殊的跨国身份,推动了欧盟整合和欧洲社会凝聚力的提升。[②]

### 3.欧盟地区委员会

欧盟地区委员会(European Committee of Regions,ECR)于1994年建立,其依据是《马斯特里赫特条约》第198条。欧盟地区委员会是一个咨询机构,在欧盟层面代表成员国地方政府的利益,由欧盟成员国的地方政府代表组成,目前包括欧盟所有成员国约360个地方政府,可以向欧盟委员会、欧洲议会和部长理事会提出关于地方

---

① Carolyn Rowe,*Regional Representations in the EU Between Diplomacy and Interest Mediation*, New York: Palgrave Macmillan,2011,p.33.

② 李小林:《城市外交:理论与实践》,社会科学文献出版社2016年版,第164页。

事务的建议。欧盟多项条约使得欧盟地区委员会在欧盟事务中的影响力不断扩大。在交通、能源和通信、公共健康、教育文化、就业和职业培训、社会政策、气候变化等领域,欧盟委员会和部长理事会需要向欧盟地区委员会咨询,此外,在各个不同的决策阶段,欧盟地区委员会还可以进行强制性咨询。总之,欧洲各国地方政府通过欧盟地区委员会这一平台进入欧盟事务的决策领域,对欧盟事务发挥了重要作用。

## 四、经验借鉴

### (一)探索地方政府在外国设立代表处或办事机构

欧洲国家地方政府在外国设立了大量代表处、经贸办事机构、旅游促进办公室等,在外国代表地方利益,在推动交流合作、扩大国际影响力方面起到了积极作用。我国的地方政府对外交往也可结合我国实际情况考虑借鉴。目前我国地方政府也开始在外国设立一定数量的办事机构,大多为经贸代表处或贸易旅游办事处等,如深圳市在洛杉矶、布鲁塞尔、东京、悉尼设立了深圳市驻北美经贸代表处、驻欧洲经贸代表处、驻日本经贸代表处、驻澳大利亚经贸代表处等 4 个外国经贸代表处,其主要职能是根据市政府的工作部署,承担"走出去"、"引进来"和"招才引智"的工作,协助组织开展科技、教育、旅游、文化、侨务等各领域交流,同时积极主动与当地建立广泛密切的合作关系,为深圳企业提供各类服务,组织所在地区企业、商会来深圳进行实地考察、项目洽谈等各类经贸促进活动。

### (二)将友好城市工作做深做实

欧洲国家的友好城市数量多、交流合作非常密切深入,对加强认同感、提升凝聚力起到了积极作用。我国改革开放以来也缔结了大量友好城市,但目前不少友好城市交流合作流于形式,有一些还处于停滞状态。欧洲地方政府的多边网络组织也值得我国借鉴,如广州、洛杉矶和奥克兰三个城市在 2014 年签署了经济合作协议。在"一带一路"建设中,我国也可借鉴这种多边的友好城市合作方式,在"一带一路"框架下充实地方交流合作。

### （三）加强跨边境地方合作

我国也存在不少边境地方省市，跨边境事务的协调治理也是我国一些地方政府必须面临的问题，而且周边国家是我国国家总体外交的优先方向。中国的各项外交政策往往都是从周边先行起步。[①] 我国边境地方政府可进一步加强与邻国地方政府的交流合作，促进边境地区的和平与繁荣发展，为服务国家外交大局作出更多贡献。

# 第四节　日本：地方自治体对外交往

日本是单一制国家，其地方政府一般称为"地方自治体"。1947 年日本新宪法为日本地方政府开展国际活动提供了发展支撑。20 世纪 80 年代以来，全球化推动日本地方政府开始更多地参与到国际事务中来，并逐步参与到日本中央政府对外政策、官方发展援助以及其他国际活动等领域中，其凭借特有的创新能力和实践能力等成为日本外交体系的重要组成部分。[②] 日本地方政府对外交往的发展演变过程就是日本探索外交政策与行为体多元化与多层次的建构与改良过程。[③]

## 一、日本地方政府对外交往的相关研究

涉及日本地方政府对外交往的相关研究成果一直比较缺乏。[④] 即使在日本国内，学界也更关注地方政府在当地发展以及治理上的作用，对地方政府对外交往的研

---

① 习近平：《习近平在新加坡国立大学的演讲（全文）》，2015 年 11 月 7 日，http://www.xinhuanet.com/world/2015-11/07/c_1117071978.htm，引用日期：2020 年 5 月 18 日。

② Takao Kamibeppu, *History of Japanese Policies in Education Aid to Developing Countries, 1950s-1990s：The Role of the Subgovernmental*, New York：Routledge, 2002, pp.114-116.

③ 武萌、张利军：《公共外交与二战后日本国家文化软实力构建——战略管理与战术选择》，《当代世界与社会主义》2011 年第 6 期，第 21～26 页。

④ G. D. Hook, J. Gilson, C. W. Hughes, et al., *Japan's International Relations：Politics, Economics and Security*, London：Routledge, 2011.

究很少。[①] 日本国内关于地方政府对外交往的研究主要可分为三类：第一类是对地方政府对外交往进行总体性研究。[②] 如对日本地方政府的对外交往活动进行理论性研究，指出存在的制度性问题并强调日本中央政府应当进一步明确在外交领域的地方分权，应当对日本地方政府参与国际活动的法律权限作出更加明确的规定。[③] 第二类是讨论地方政府对外交往活动对日本总体外交造成的影响。这些研究将地方政府对外交往活动置于日本中央政府总体外交关系的框架之中，将地方政府的对外交往活动作为国家外交的补充，认为地方政府对外交往在日本亚洲对外政策方面发挥了重要作用，[④]使日本总体外交更加有灵活性，[⑤]地方政府的对外交往在日本经济外交与地方开发合作方面体现了独特的优势[⑥]等。第三类是着眼于地方政府对外交往对当地经济社会发展的影响。如指出日本地方政府对外国人的政策会导致当地劳动市场结构的变化，[⑦]认为日本地方政府积极引进外国直接投资，增强了当地的经济活力。[⑧] 2000 年以后，欧美学者的相关研究也逐步从美国、加拿大、欧洲等地区扩展到亚洲，一些学者认为，日本地方政府自二战以来在对外交往领域已经取得巨大成效，地方政府对中央政府的外交政策正在持续产生影响。与此同时，虽然日本在处理国际事务方面日益多元化，但日本中央政府的外交影响并未减弱。相反，日本各级地方政府对外交往在不同领域很好地弥补了中央政府外交的一些短板。[⑨]

---

① 在日本学术网站 CiNii 上，有关地方自治体在地方经济发展、灾害治理等问题上发挥的作用的论文数多达 9000 多篇，而关于地方自治体的外交或者对外活动的论文则不到 100 篇。

② 如富野晖一郎、「地方自治体の外交について」、『環日本海論叢』第 6 号、1994 年 12 月、43-87 頁。

③ 吉田均「地方自治体の外交活動に関する理論的考察：国民参加型協力の新たな展開に向けて」、『国際開発学研究』第 2 号、2003 年 12 月、113-127 頁；「現代地方自治体外交の歴史的役割と位置づけ—ヨーロッパと日本における比較研究」、『東京経大学会誌経済学』第 233 号、2003 年、249-275 頁；「地方自治体の外交活動に関する理論的考察」、『環日本海研究』第 10 号、2004 年、109-112 頁。

④ 凌星光「地方自治体の対アジア平和交流」、『平和研究』第 17 号、1992 年、24-33 頁。

⑤ 末吉興一「地方自治体が日本外交にもたらすものとは」、『外交フォーラム』第 20(11)号、2007 年 11 月、18-21 頁。

⑥ 西川潤「開発協力における地方自治体の役割」、『平和研究』第 17 号、1992 年、15-23 頁。

⑦ 阿部康久「昭和初期の東京とその周辺地域における中国人労働者の排除と集住地区の衰退」、『地理学評論』第 73(9)号、2000 年 9 月、694-714 頁。

⑧ 木村正信「不完全労働市場における対内直接投資とその優遇政策の効果」、『年報』第 35 号、2015 年、7-9 頁；茂木創「食料品製造業の外資企業参入：倉賀野・新町ベルト地帯の産業集積」、『年報』第 35 号、2015 年、9-11 頁。

⑨ Purnendra J., *Japan's Subnational Governments in International Affairs*, New York：Routledge，2005.

## 二、日本地方政府对外交往的发展过程

### (一)日本的地方自治制度

日本中央政府对地方政府一直具有较强的控制力。日本在明治时期建立了较为严格的中央集权制度,当时的地方政府完全受中央的控制。1945 年,日本战败后开始推进地方自治制度的改革。1947 年 5 月,《日本国宪法》和《地方自治法》同时实施,《日本国宪法》中加入了地方自治相关章节(第八章第 92~95 条)。《地方自治法》将日本的行政区划分为中央、都道府县和市町村三级。[①] 占领时期日本初步建立的地方自治削弱了原有的中央集权体制,地方行政首长改为地方民选产生,解散了中央控制各个地方政府的部门内务省,开始了以国税和地方税分离为目标的地方税收财政制度改革。但是,1949 年以后,日本的"逆行路线"再次强化了中央集权:一是机关委任事务制度进一步扩大;二是建立了管控地方政府的自治厅,之后又升格为自治省;三是实施了地方交付税制度,由中央将财政收入分配给地方。总体来看,战后日本的中央与地方关系仍然是集权型的,地方自治只是相对的,机关委任事务制度是中央统制地方政府的一个重要方式。

20 世纪 90 年代,日本国内经济长期下行并发生大规模经济衰退,引发了政治上的动荡。1993 年,日本自民党大选失败,之后的细川内阁和 1996 年上台的桥本龙太郎都进行了力度较大的行政改革,此次行政改革的一个重要方向就是平衡和调节中央政府和地方政府之间的关系。[②] 1994 年日本通过了《地方分权推进大纲》,1995 年出台了《地方分权推进法》并设立了"地方分权推进委员会",1997 年制定了《地方分权一览法》。此次地方分权改革废除了机关委任事务制度并加强了中央省厅干预地

---

① 礒崎初仁、金井利之、伊藤正次:《日本地方自治》,张青松译,社会科学文献出版社 2010 年版,第 18 页。

② 郭定平:《制度改革与意外后果:日本发展模式转型的政治学分析》,《复旦学报(社会科学版)》2009 年第 6 期,第 83~90 页。

方事务的规则化。[1]

经过 20 世纪 90 年代的分权改革后,日本的地方自治制度逐步走向成熟,它既包含美国地方自治的一些要素,同时也具备不少中央集权的传统,形成了一种混合模式。[2] 日本 1947 年新宪法没有涉及任何关于地方政府国际功能和对外交往的内容,之后的地方自治制度也没有在地方政府对外交往方面作出任何规定,地方政府对外交往实际上一直处于一种较为模糊的法律状态,这反而使得日本地方政府在对外交往方面有较大的空间,[3]日本地方政府国内事务自主权逐步扩大,在全球化背景下国内事务又日益国际化,日本地方政府纷纷开展对外交往以促进地方的开放和国际化发展。[4]

## (二)二战后日本地方政府对外交往的发展过程

### 1.二战后至 20 世纪 80 年代:初步发展时期

二战后的日本在国际政治事务中保持低调姿态,在社会经济、国际贸易和科技研发方面却处于高速发展态势,日本各级地方政府开始面对越来越多的发展问题,这推进了日本各级地方政府的职能开始发生深刻转变,即从传统的提供社区服务向面向全球寻求经济社会发展进行转变。在这样的背景下,日本地方政府对外交往开始起步并逐步在国际合作中崭露头角。[5] 20 世纪 50 年代中期以后,日本地方政府开始积极利用"和平宪法"对其赋予的自主权开展对外交往,最常见的方式就是在中央政府的推动下各级地方政府与其他国家城市建立国际友好城市关系,虽然这种友好城市关系更多的是具有象征性意义,但是当时日本政府已经初步认识到这是一种国家对外政策的"软实力"。[6]

---

① 礒崎初仁、金井利之、伊藤正次:《日本地方自治》,张青松译,社会科学文献出版社 2010 年版,第 30 页。

② 陈志敏:《次国家政府与对外事务》,长征出版社 2001 年版,第 248 页。

③ Kurt Steiner, *Local Government in Japan*, Stanford: Stanford University Press, 1965, pp.136-139.

④ 何军明、丁梦:《日本地方政府对外交往的实践及启示——基于"一带一路"的视角》,《日本学刊》2021 年第 3 期,第 54~76 页。

⑤ 程蕴:《试论战后日本公共外交运作模式的演变》,《日本学刊》2020 年第 2 期,第 76~97 页。

⑥ Toshihiro Menju, International Policies of Local Governments, In: Shun'ichi Furukawa, Toshihiro Menju (eds), *Japan's Road to Pluralism: Transforming Local Communities in the Global Era*, Tokyo and New York: Japan Center for International Exchange, 2003, pp. 89-109.

20 世纪 60—70 年代,日本中央层面外交面临不少局限性,冷战时期的意识形态对立束缚了日本中央外交的拓展,而当时部分地方政府与苏联、朝鲜等社会主义国家的地方政府开展了交流合作,实际上是采取了一些日本中央政府不适合采取的行动,突破了中央政府外交的意识形态限制。[①] 此后,日本中央政府开始初步重视地方政府对外交往的作用,同时也积极加强管理和监督。自治省作为负责中央与地方关系的中央部门,制定出台了一系列支持地方政府对外交往发展的规划指导方案和相关政策,日本外务省经济合作局也开始为日本地方政府提供资金用来提升其参与国际事务的能力。[②] 20 世纪 80 年代,日本地方政府对外交往进一步得到中央政府的指导与管理,并逐步被纳入国家整体外交的框架内。1986 年,日本外务省制订实施了"地方社区国际化"发展计划,为地方政府的外派专家和志愿者提供补贴,同时依托国内公共关系科设立了国际文化咨询中心,为参与国际交流的地方官员提供帮助和培训。[③] 但是,由于外务省后来认为日本地方政府对外交往的发展影响到自身权力范畴,致使外务省对地方政府对外交往的支持政策没有得到良好的延续。[④]

**2.20 世纪 90 年代:快速发展阶段**

20 世纪 90 年代初的海湾战争导致日本国内开始就日本在国际上的作用展开了广泛讨论。[⑤] 日本中央政府相继出台了旨在推动权力和职责进一步下放的一系列法案条例,[⑥]包括放松中央政府管制、推进地方政府分权以及发挥地方政府的积极性和主动性等,经过一系列分权改革,日本地方政府获得了更多的权力,奠定了发展对外交往的基础。

---

① 日本少数地方政府对外交往活动与中央政府有所偏离,但并未触及日本中央外交政策的核心利益。如 1970 年地方政府成立了日本—苏联海岸市长协会(现为日本—俄罗斯海岸城市市长协会),1972 年成立了日本—朝鲜沿海城市友好贸易促进会等。

② Purnendra J., *Japan's Subnational Governments in International Affairs*,New York:Routledge,2005,pp.70-71.

③ Ministry of Foreign Affairs of Japan, *Diplomatic Bluebook* 1987,1987,pp.196-197.

④ 富野暉一郎「地方自治体の外交について」,『環日本海論叢』第 6 号,1994 年 12 月,43-87 頁。

⑤ Koppel,Bruce,Robert Orr Jr,Power and Policy in Japan's Foreign Aid,In:*Japan's Foreign Aid:Power and Policy in a New Era*,Bruce Koppel,Robert Orr(eds),Boulder:Westview Press,1993,p.345.

⑥ 郭定平:《制度改革与意外后果:日本发展模式转型的政治学分析》,《复旦学报(社会科学版)》2009 年第 6 期,第 83～90 页。

当时的行政改革提升了日本地方各级政府的自主权,扩大了地方政府对地方各种事务的责任范围,但是中央在向地方分权的同时也削减了对地方政府的财政预算拨款,加上日本人口的老龄化,地方政府的财政负担大大增加,日本地方各级政府在20世纪90年代中后期普遍面临资金短缺问题,这在一定程度上迫使日本地方政府积极开拓国际市场来支持地方经济发展。[①] 与此同时,冷战的结束客观上加快了全球市场一体化,生产要素的跨国流动深刻改变了参与国际合作的时间与空间,尤其对国家层级以下的各级地方的社会发展模式产生了深刻影响。在这样的背景下,日本中央政府在制定对外政策时出现了一些忽视地方政府参与的情况,导致一些地方利益被忽略,造成中央与地方在目标协调上的偏差。例如,日本政府于1992年颁布的《大型零售店法》修正案规定将大型零售商店审批程序缩短至12个月,并限制地方政府设定管制规范,这项修正案对地方的中小零售商产生了巨大的负面影响。但是地方政府在这项政策上没有发言权,也不能通过地方法规和政策来解决问题。[②] 基于这种情况,这一时期的地方政府领导人试图通过"追求地方利益"政策来推动地方政府的国际活动,日本各级地方政府更加积极地参与国际事务以寻求经济发展机遇和拓展国际市场,从而支持地方经济的可持续发展,日本中央政府也逐渐意识到需要加强中央政府与地方政府在对外政策领域的协调。[③]

纵观20世纪90年代,日本的外交政策面临着日益复杂的国际局势和国内变化,日本中央政府积极参与到全球的各种国际事务中,包括环境治理、防治艾滋病、技术援助、参与联合国维和等诸多领域。然而,传统的中央政府间外交形式已经不能满足多层次、多元化的全球外交发展趋势,因此日本积极支持地方政府对外交往并注重发挥其独特作用,如日本外务省调整了官方发展援助的合作模式,加强了地方政府的参与度,由地方政府主导的ODA项目不断增加。[④] 地方政府对外交往开始成为日本参与国际活动的重要组成部分,这是日本地方政府对外交往地位转变的重要关键时期,

---

①　末吉兴一「地方自治体が日本外交にもたらすものとは」、『外交フォーラム』第20(11)号、2007年11月、18-21頁。

②　Jain P. Japan's Local Governance at the Crossroads: The Third Wave of Reform,*Pacific Economic Papers*, No.306, 2000, pp.3-18.

③　Jain P. Local Political Leadership in Japan: A Tarbinger of Systemic Change in Japanese Politics? *Policy and Society*, Vol.23, Issue 1, 2004, pp.58-87.

④　薬師寺克行『外務省—外交力強化への道』岩波新書、2003年。

也是日本地方政府对外交发展最快的时期,从图 2-1 中可以看出,20 世纪 90 年代是日本缔结友好城市最多的时期。

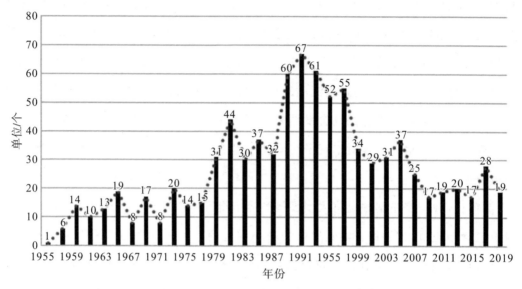

**图 2-1　1955—2019 年日本每年缔结友好城市数量**

数据来源:姊妹(友好)提携情报,日本自治体国际化协会网站,http://www.clair.or.jp/。

### 3.21 世纪以来:深入发展阶段

21 世纪以来,日本地方政府对外交往从 1990 年代的快速发展阶段转向深入开展、精耕细作的阶段,从每年缔结友好城市的数量(图 2-1)来看要明显低于 1990 年代,同时也呈现出一些新的发展特点。其一,日本地方政府对外交往逐步深化和细化,体现出从浅层次交流向深次层合作的发展趋势。日本一些地方政府在自治省的支持下进一步加强了国际合作的专门化和专业化,地方政府对外交往的领域逐步从缔结友好城市关系拓展到经济合作、技术合作、教育文化合作、环境保护合作等更广阔的领域,开展了"地方政府官员培训项目""专家派遣工程项目"等颇为有效的由地方政府主导的国际合作项目,日本地方政府对外交往的观念和思路开始从"交流"向"合作"转变。[①]。

其二,日本中央政府更加注重地方政府的对外交往与国际外交策略的协调与互

---

① 查雯、刘云、周幻:《从"交流"到"合作":日本在东南亚的城市外交》,《外交评论(外交学院学报)》2016 年第 6 期,第 84～104 页。

补。日本中央政府层面在 20 世纪 80—90 年代成立了许多专门服务于地方政府对外交往的机构,这些机构往往由中央部门资助,为地方政府对外交往提供指导、资金、技术和咨询等多种服务,这些半官方机构与中央政府和地方政府均联系紧密,成为二者在对外事务方面的重要协调者。[①] 21 世纪以来,日本地方政府的对外交往与国家总体外交融合互补的制度架构越来越清晰,运作也越来越成熟,这些半官方相关机构进一步发展成熟,拥有一整套非常丰富的国际事务经验。[②]

其三,地方政府对外交往成为日本作为解决国内地方发展问题的重要手段之一。在后工业化阶段,日本遭遇了持续的经济低迷和严重的老龄化,区域人口大量流出、经济持续衰退以及生存环境恶化等一系列问题带来了"地方萎缩",导致日本地方大量小型基础制造业和农业企业倒闭。[③] 2014 年日本提出了"振兴地方"计划,主要内容包括"地方创生"与"国际合作"两个方面,其中"国际合作"旨在通过加强地方政府对外经济产业合作来解决日本地方劳动力短缺、资本规模不足、市场狭小等问题。

## 三、日本地方政府对外交往的独特作用

日本地方政府对外交往在国际合作中经过了长期的发展实践,这些实践在一定程度上重塑了日本原有对外政策的构成体系,地方政府在对外援助、国际贸易合作、跨国投资以及文化交流等非政治领域的对外交往已经成为日本国家总体外交的组成部分,并形成了日本国家总体外交的鲜明特色和重要优势。[④] 日本地方政府对外交往的发展过程中呈现出的独特作用具有重要的参考意义。[⑤]

### (一)通过友好城市交流合作助力国家总体外交

20 世纪 50 年代中期后,日本地方政府开始积极利用"和平宪法"赋予的自主权

---

① 森本哲郎『現代日本の政治と政策』法律文化社、2006 年。

② 廉德瑰:《日本公共外交的特点》,《日本学刊》2011 年第 1 期,第 40~51 页。

③ 丁诺舟:《日本"振兴地方"策略与中日产业合作机遇》,《现代日本经济》2019 年第 3 期,第 1~13 页。

④ Gray, Clive, *Government Beyond the Centre*. London: Palgrave, 1994; Jain, Purnendra, *Japan's Subnational Governments in International Affairs*. New York: Routledge, 2005.

⑤ 武萌、张利军:《公共外交与二战后日本国家文化软实力构建——战略管理与战术选择》,《当代世界与社会主义》2011 年第 6 期,第 21~26 页。

开展对外交往,最常见的方式就是在中央政府的推动下,各级地方政府与其他国家的城市建立国际友好城市关系。虽然这种友好城市关系更多的是具有象征性意义,但当时日本政府已经初步认识到这是一种国家对外政策的重要方面,以此可在某种程度上彰显国家的"软实力"。[①] 比如,1955 年,日本长崎县长崎市与美国明尼苏达州圣保罗市缔结了第一个友好城市关系;1972 年,中日两国签署了《中日联合声明》,实现了中日邦交正常化;随后,1973 年日本兵库县神户市与中国天津市缔结了友好城市关系。随着日本中央政府加强协调支持以及地方政府对外交往能力的提升,地方政府开展友好城市交往的主动性和积极性不断提升,并体现出从浅层次交流向深层次合作拓展的发展趋势(见图 2-1)。截至 2021 年 3 月,日本各地方政府已经缔结各类友好城市共 1782 对,其中与美国缔结的最多,达到 458 对,中国排第二,为 375 对。[②] 此外,日本一些地方政府在自治省的支持下加强友好城市交流合作的探索性实践,进一步开拓领域、充实内容,逐步将象征性的友好城市关系拓展到经济合作、技术合作、教育文化合作、环境保护合作等更广阔的领域,通过友好城市交流合作推动双边关系发展已成为日本地方政府对外交往辅助国家总体外交的重要形式。[③]

## (二)以地方政府对外交往打破僵局

地方政府虽然不代表国家,但具有一定的官方性,地方政府的这一独特性往往使其在两国关系走出僵局过程中充当一种桥梁或者"预热先导"的角色,譬如在日本与朝鲜关系改善的过程中即是如此。1965 年,在美国的督促下,日本将韩国作为合法政府与其签署了《日韩基本条约》,这遭到朝鲜政府的强烈反对,使日本与朝鲜关系陷入僵局。20 世纪 70 年代之前,日本在公开外交场合经常谴责朝鲜对韩国的"威胁",并制订了以朝鲜为假想敌的作战计划。进入 70 年代,随着冷战的紧张局势逐步缓和,日本外交开始摸索摆脱冷战模式。日本首相佐藤荣作在 1971 年的一次讲话中提

---

① Toshihiro Menju, International Policies of Local Governments, In: Furukawa Shun'ichi, Toshihiro Menju (eds), *Japan's Road to Pluralism: Transforming Local Communities in the Global Era*, Tokyo and New York: Japan Center for International Exchange, 2003, pp. 89-109.

② Council of Local Authorities for International Relations, http://www.clair.or.jp/e/exchange/shimai/countries/,引用日期:2021 年 3 月 25 日。

③ 查雯、刘云、周幻:《从"交流"到"合作":日本在东南亚的城市外交》,《外交评论》2016 年第 6 期,第 84～104 页。

出"维持韩半岛的和平对于包括日本在内的东亚和平与安全是必要的"[①],呼吁缓和半岛紧张局势并注意改善与朝鲜的关系。但在当时的局势下,日本又需要考虑美国、韩国的态度,于是从双方地方政府交往开始着手,为改善日朝关系"预热"。1971年,日本政府放宽了日本与朝鲜人员往来的限制,1972年成立了由地方政府主导的日本—朝鲜沿海地方城市友好贸易促进会、日朝进出口商社、日朝文化交流协会等机构,并开展了一系列地方政府对朝鲜的交流活动。这些地方政府的交流活动打破了日朝关系僵局,同时也为应对美国、韩国的指责建立了"缓冲区"。经过先期"预热"、试探,1974年,日本外务大臣木村俊夫在联合国发表讲话时宣称"整个韩半岛的安全与和平对日本来说是重要的""如果形势发生变化,日本将承认朝鲜政权"。[②]1977年,美国卡特总统上台后开始采取与朝鲜缓和关系的外交政策;同年,日本也与朝鲜签署了《日朝渔业暂行协定》;1979年,日本法务相古井发表谈话称"北韩作为敌人的时代已经过去了";1981年,日本政府不顾韩国的反对,邀请朝鲜最高人民会议代议员代表团访日。[③]从这个过程中可以看到,日本地方政府对朝鲜的交流活动对打破僵局、为后续双方建立更正式关系的建立起到了过渡作用。

## (三)通过地方政府对外交往塑造国际形象

20世纪70年代后,日本的经济实力快速增长,对外贸易发展迅速,但是大量的国际贸易顺差也引发了不少国家的不满,日本的国际形象因此受损,欧洲一些学者称"日本人是生活在兔笼里的经济动物"[③]。为改变这种状况,作为应对方式之一,这个时期的日本政府鼓励地方政府开展各类有针对性的对外交往活动。例如,日本神奈川县知事提出日本要改变长期以来形成的"经济动物"的形象,应积极开展以文化交流为主的地方政府对外交往活动。1976年神奈川县政府专门成立了庞大的国际处,工作人员达40多人,1977年又进一步建立了神奈川国际协会,负责促进外国人与本

① 五百旗头真:《战后日本外交史:1945—2010》,吴万虹译,世界知识出版社2013年版,第121页。
②③ 曹丽琴:《朝鲜同日本关系的演变与发展》,《东北亚论坛》1992年第2期,第69～74页。
③ 德鲁克:《变动世界的经营者》,林克译,东方出版社2010年版,第63页。

地的交流合作。[①] 此外,日本一些地方政府利用其特殊的历史背景,在不同时期围绕国家外交政策的目标致力于塑造日本的国际形象,如广岛在二战后日本"和平外交"中扮演的重要角色。广岛首任公选市长滨井信三在征得麦克阿瑟的同意后,提出以"和平纪念都市"作为广岛重建的目标。[②] 在中央政府的支持下,广岛建设了和平纪念公园、和平纪念资料馆,举办了很多以和平为主题的国际会议,如联合国裁军会议、反战和平会议等,还开展了大量的研学旅行、和平纪念观光活动,外务省也将日本承办的外国政府官员培训班放在广岛进行。20 世纪 80 年代,每年来自外国的修学旅行参观者达到约 50 万人,约占广岛当地人口的 1/4。广岛地方政府向参观者印发了大量的宣传册,宣传广岛的"和平主义"理念,对塑造战后日本"和平"甚至是"受害者"的国际形象发挥了重要作用。2016 年,日本利用主办国的身份将七国集团(G7)外长会议安排在广岛举办,以此强化日本的核武器受害者身份,博取世界同情。

经过半个世纪的的快速发展,日本各地方政府开展对外交往的领域逐步从缔结友好城市关系拓展到农业、民生、社会治理、医疗卫生合作等更广阔的领域,开展了"地方政府官员培训项目""专家派遣工程项目"等颇为有效的国际合作项目,其观念和思路也开始从"交流"向"合作"转变。[③] 日本的地方政府对外交往在世界舞台上非常活跃,以地方政府多方面的资源和遍布世界的网络大大带动了日本民间的对外文化、教育交流合作,增进了与各国的友好往来,对改善日本的国际形象起到了重要作用,这种地方政府自觉主动的、长期的、细致入微的交流活动是外务省难以做到的,[④] 对日本国家总体外交起到了重要的辅助作用。

### (四)提高对外援助的有效性

为了偿还战争赔款,重返国际社会,二战后日本开展了大量官方对外援助。官方对外援助逐步成为日本外交的重要政策工具。但是到 20 世纪 90 年代后期,日本官方

---

① 富野暉一郎「地方自治体の外交について」、『環日本海論叢』1994 年第 6 号、43-87 页。

② 末吉興一「地方自治体が日本外交にもたらすものとは」、『外交フォーラム』2007 年第 11 号、18-21 页。

③ 查雯、刘云、周幻:《从"交流"到"合作":日本在东南亚的城市外交》,《外交评论》2016 年第 6 期,第 84~104 页。

④ 藥師寺克行『外務省—外交力強化への道—』、岩波新書、2003 年。

对外援助却面临双重困境:一是国内经济衰退导致财政压力加大,1997 年日本通过《财政结构改革法案》,要求减少官方对外援助的资金支持;二是日本以往的官方对外援助侧重推进本国产品在受援国的销售,因对受援国的环保、脱贫等发展问题关注不足,受到了国际社会的批评。[①] 对此,日本政府颇为重视,开始关注对外援助资金的使用效率,[②]同时加强了在环保、脱贫等地方治理领域的对外援助和相关的技术援助。在这样的背景下,日本外务省开始重视地方政府在对外援助中的作用。首先,地方政府在环保、脱贫等地方治理领域和技术援助方面具有丰富的经验和技术,同时,各地方政府往往也在世界各地有自己的友好城市和一定的关系网络资源,有利于提高援助资金的使用效率;其次,日本各地方政府分散参与对外援助的具体项目,也更加适合援助资金分地区、分部门的分散化特点。这种分散化实施政策进一步提高了援助资金的使用效率。[③] 之后,日本的官方对外援助出现了中央向地方转移的趋势,1990—2005 年,日本都道府县每年独立负责的对外援助项目超过 500 个。[④] 日本于 1999 年成立了日本国际协力银行(JBIC)专门负责协调地方政府参与对外援助项目等相关工作,外务省逐步从对外援助的具体事务中摆脱出来,目前仅负责援外政策的制定以及对外援助中的无偿赠予等工作。

### (五)促进地方国际化与经济社会发展

全球化的深入发展使得日本地方的经济社会不可避免地融入世界网络,日本各级地方政府的职能开始发生深刻转变,即从传统的提供社区服务向面向全球寻求经济社会发展进行转变。日本地方政府首先面临国际化过程中的本土问题,大量外国人在日本居住,截至 2018 年底,生活在日本的外国人约有 264 万人[⑤],日本地方政府积极推进“地方社区国际化”发展计划,促进本地居民的国际化态度向好。此外,促进

---

① Edward M. Feasel, *Japan's Aid: Lessons for Economic Growth, Development and Political Economy*, NewYork: Routledge, 2015, pp.2-10.

② Council on ODA Reforms for the 21st Century Final Report, Ministry of Foreign Affairs of Japan, http://www. Mofa. Ga. jp/policy/oda/reform/report21. html,引用日期:2021 年 2 月 15 日。

③ 森本哲郎『現代日本の政治と政策』、法律文化社、2006 年。

④ Purnendra J., *Japan's Subnational Governments in International Affairs*, 2005, pp.98-99.

⑤ 日本法务省网站:http://www.moj.go.jp/isa/policies/statistics/toukei_ichiran_nyukan.html,引用日期:2021 年 3 月 25 日。

贸易、吸引投资是日本地方政府对外交往的重点领域,各个地方政府通过投资推介、地方产品展销会、设立驻外办事机构来加强经济交流合作,同时也积极建立地方的国际网络来加强经济贸易合作,如北海道建立的"北方圈论坛""北方都市会议"、东京都建立的"21世纪亚洲大城市网络"等交流合作平台[①],都有力地补充了国家的双边和多边外交关系,分功能、分区域地助力落实国家总体外交政策。[②] 21世纪以来,日本遭遇了持续的经济低迷和严重的老龄化,区域人口大量流出、经济持续衰退以及生存环境恶化等一系列问题带来了"地方萎缩",导致日本地方大量小型基础制造业和农业企业倒闭。[③] 2014年日本提出了"振兴地方"计划,主要内容包括"地方创生"与"国际合作"两个方面,其中"国际合作"旨在通过加强地方政府对外经济合作、产业合作来解决日本地方劳动力短缺、资本规模不足、市场狭小等问题。[④]

## 四、日本地方政府对外交往的主要经验

日本在20世纪50年代中期以后进入了经济高速发展阶段,1968年日本的国民生产总值已经超过联邦德国,成为当时仅次于美国的第二经济大国。日本是亚洲较早积极开展地方政府对交往的国家,经济的快速发展进一步带动了日本的国际化与对外交流合作,日本地方政府对外交往能力得到不断提升,有学者认为日本是亚洲乃至世界开展地方政府对外交往的领先者[⑤]。在长期的对外交往实践中,日本形成了一些值得借鉴的重要经验。

### (一)中央部门高度重视与大力支持

日本在战后依据新宪法建立了地方自治制度,同时在中央设立了专门负责中央

---

① 李小林:《城市外交:理论与实践》,社会科学文献出版社2016年版,第185～186页。
② 富野晖一郎「地方自治体の外交について」、『環日本海論叢』第6号、1994年12月、43～87頁。
③ 丁诺舟:《日本"振兴地方"策略与中日产业合作机遇》,《现代日本经济》2019年第3期,第1～13页。
④ 何军明、丁梦:日本地方政府对外交往的实践及启示——基于"一带一路"的视角,《日本学刊》2021年第3期,第54～76页。
⑤ Purnendra J., *Japan's Subnational Governments in International Affairs*. New York: Routledge, 2005, p.123.

与地方关系的自治省①，自治省在中央层面成为地方政府的利益代表，作为主管地方自治事务的中央部门一直是日本地方政府开展对外交往的有力倡导者和支持者，日本早期的一些地方政府对外交往的相关组织大多是自治省的外部分支机构。从 20世纪 60 年代一直到 21 世纪初，日本中央政府的省厅体制长期稳定不变，中央政府不同部门之间的竞争，尤其是省厅一级部门在影响力、资源、决策权方面的竞争成为日本官僚体制中一个常见现象，这种竞争在客观上对地方政府对外交往带来了两方面的积极影响：一方面是地方政府对外交往成为一些中央部门争相施加影响力的重要领域，进而获得中央部门的支持；另一方面部门竞争促使中央各部门在支持地方政府对外交往的同时加强了监督与管理。总务省、外务省和经济产业省等日本中央政府各部门对地方政府的对外活动采取既支持又管控的政策，支持政策主要是通过支持地方政府来提高本部门的影响力实现的，限制政策则是要求地方政府的对外活动要在一定的管理和监督框架下进行。②总体来看，经过思想转变和相互协调，日本中央政府各部门已经非常认可地方政府对外交往是国家总体外交的重要组成部分，并且在一定的限制范围内重视其独特作用，树立了地方政府对外交往是国家软实力重要内容的观念，促进了地方政府对外交往的良性发展。

### (二)加强地方政府对外交往的规划和制度建设

20 世纪六七十年代，日本自治省就已经开始对地方政府对外交往进行制度性支持和引导，如 1962 年成立了日本市政国际友好联盟，1977 年成立了日本地方自治中心，这些机构专门负责推动和扶持日本地方政府对外交往。③ 到八九十年代，日本地方政府对外交往规模逐渐扩大，日本中央政府开始系统构建和制定地方政府对外交往的相关制度安排并建立各类相关的机构，逐步将地方政府对外交往纳入国家总体外交的制度体系。1985 年，日本自治省成立了国际咨询委员会，并制定了《国际交流计划》，对国际友好城市、国际人员交流等地方政府对外交往进行了整体规划。1986

---

① 2001 年行政改革后自治省与总务厅、邮政省合并为总务省。

② 凌星光「地方自治体の对アジア平和交流」、『平和研究』第 17 号、1992 年、24-33 页。

③ Purnendra J., *Japan's Subnational Governments in International Affairs*，New York：Routledge，2005，p.44.

年,日本外务省开始为地方政府对外交往的官员和其他相关人员提供培训指导和资金补贴。1987年,日本自治省发布了旨在促进地方政府对外交往的重要文件,即《关于地方公共团体开展国际交流的指导》,这个文件体现出日本中央政府真正开始有目的、有计划地推动地方政府对外交往,并将其作为国家总体的重要补充。[①] 1988年日本自治体国际化协会(CLAIR)的成立是日本地方政府对外交往发展的一个重要里程碑,CLAIR为日本地方政府对外交往提供了更多支持并建立了新的协调机制,使日本地方政府参与国际合作的制度化水平得到大幅度提升。[②] 1988年和1989年,日本自治省又分别发布了《地方国际交流建设指导方案》和《地方国际交流促进规划纲要指导》等重要文件。

20世纪末,日本中央政府实施的一系列权力和职责下放措施为各级地方政府对外交往打开了空间,尤其为日本地方政府对外交往的常规化与制度化奠定了坚实基础。1993年4月,自治省建立了国际部,专门管理和协调地方政府的对外交往活动。1995年,自治省又制定了《推动自治体国际合作发展规划指导》,并将1995年作为地方政府国际合作的"初始年",这标志着日本地方政府对外交往发生了一个重大转变,即从原来地方政府单独和分散的对外交往行为逐步发展形成整体和系统安排。在自治省的指导和推动下,到20世纪90年代末,日本所有的都道府县和大部分政令指定城市都专门设立了自己的对外交往部门并制定了地方的国际合作发展规划。21世纪以来,自治省(总务省)又先后制定了《关于民间团体在推进地区国际化框架和推进自治体国际合作中的结构问题》《年度地方行政财政重点实施政策》《关于促进多元文化推广计划的建议书》等相关文件,对地方政府对外交往的各个方面进行指导和支持。[③]

日本地方发展过程中逐步面临各种国际化问题,地方政府在对外交往领域积极争取中央部门支持并与中央政府进行各种协调,中央政府也在不断调整政策并对符

---

① Purnendra J., *Japan's Subnational Governments in International Affairs*, New York: Routledge, 2005., p.99.

② 田中均『外交の力』日本経済新聞出版社、2009年。

③ 石田淳「国際政治理論の現在(下)—対外政策の国内要因分析の復権」、『国際問題』第448号、1997年。

合国家总体外交的地方政府对外交往实践进行支持。① 经过几十年的磨合协调,日本中央政府与地方政府在涉外事务上形成了一套权责明晰、关系顺畅并且有助于激发地方活力的制度安排。目前,日本地方政府主要由日本总务省负责管理,地方政府对外交往事务由总务省平级与外务省进行协调,再由日本自治体国际化协会负责牵头、沟通,总务省、外务省和经济产业省均对地方政府对外交往实施资金投入、培训指导、项目委托等各类支持。

### (三)发达的半官方机构体系

在地方政府对外交往发展过程中,日本中央政府在不同领域建立了不同类型的半官方机构,这些机构与政府联系非常紧密,在贯彻政府意图的同时又能够一定程度上代表地方和民间的利益。20 世纪 80 年代以来,日本政府通过专门化和机制化途径不断加强这些半官方机构在日本对外援助、全球治理、国际贸易投资等多个领域的参与能力,已经逐渐成为日本政府在全球输出资本、开展文化交流、施加影响力的重要载体,也有效推动了日本地方政府对外交往,加强和丰富了国家总体外交的多层次和多元化。② 这些半官方机构主要包括日本自治体国际化协会(CLAIR)、日本国际协力机构(JICA)、日本贸易振兴机构(JETRO)、日本国际协力银行(JBIC)等。这些机构在不同领域推动了日本地方政府的对外交往,形成了一套有效的国际合作组织体系。③ 其中:日本自治体国际化协会是日本各级地方政府参与国际合作的重要组织和协调机构;日本国际协力机构主要是开展国际技术交流合作,提供技术援助;日本国际协力银行主要开展基建合作并提供金融支持;日本贸易振兴机构主要是推动国际经贸合作。这些机构在不同领域均实施了许多由日本地方政府参与或者主导的国际交流合作项目,不仅有效弥补了日本中央政府在民间外交中的不足,还丰富了日

---

① Muramatsu Michio, Farrukh Iqbal. Understanding Japanese Intergovernmental Relations: Perspectives, Models, and Salient Characteristics, In: Muramatsu Michio, Farrukh Iqbal, Ikuo Kume (eds), *Local Government Development in Post-war Japan*. Oxford: Oxford University Press, 2001, pp. 1-28.

② 外务省『ODA 白書』東京佐伯印刷、2018 年。

③ 张耀钟:《日本对非公共外交的多维解构:以 JICA 为中心》,《世界经济与政治论坛》2016 年第 2 期,第 85～100 页。

本总体外交的多层次和多元化需求。①

CLAIR 作为推动各地方国际化合作的一般财团法人机构,是日本地方政府对外交往的牵头组织②,它拥有一批海外办事机构,同时在日本全国所有的都道府县和政令指定城市都设立了自治体国际化协会③。CLAIR 作为一个半官方机构,得到了日本总务省(自治省)的有力支持,它集中贯彻总务省的对外政策,与总务省关系非常紧密,CLAIR 的高级别领导往往是退休或者借调的总务省官员④,总务省为 CLAIR 提供中央政府的政策指导。CLAIR 与日本地方政府对外交往部门之间也存在大量的人才交流互动,培养了一批具有外交能力的日本地方政府官员,提升了地方政府对外交往的能力。⑤ CLAIR 建立以后很快成为日本地方政府开展对外交往最有力的推动机构,它首先为日本地方政府对外交往提供各种信息,发布并介绍海外交流合作伙伴,承办日本地方政府官员与国外互访、交流和培训活动;其次为日本地方政府和涉外交流协会等组织提供人员海外工作培训和实践机会;再次是协助日本各地方政府策划实施各类国际交流合作项目,并给予人力培训、合作项目、专家学者国际交流的资金支持。⑥ JETRO 成立于 2003 年 10 月,根据《日本贸易促进组织法》与原先的日本贸易促进会进行了合并,主要致力于促进贸易和投资以及开展对发展中国家的研究。⑦ JETRO 主要从以下几个方面促进日本地方政府对外交往:一是利用其广泛的国内外网络推动外国公司与日本地方政府之间合作,吸引外国投资,补充国内产业,振兴地方经济,如 JETRO 实施了地方产业合作项目,利用 JETRO 广泛的海外网络促进日本地方企业集团与特定海外地方的企业开展业务往来,在出口、技术合作、产

---

① 龚娜:《新日本国际协力机构与日本国家软实力》,《日本研究》2012 年第 4 期,第 11~15 页。

② 丁兆中:《战后日本文化外交战略的发展趋势》,《日本学刊》2006 年第 1 期,第 118~128 页。

③ About CLAIR,日本自治体国际化协会官方网站,http://www.clair.or.jp/e/clair/sosikizu.html,引用日期:2020 年 12 月 15 日。

④ Purnendra J., *Japan's Subnational Governments in International Affairs*, New York: Routledge, 2005, p.118.

⑤ 末吉興一「地方自治体が日本外交にもたらすものとは」,『外交フォーラム』第 20(11)号,2007 年 11 月、18-21 頁。

⑥ 陈维:《中日韩城市外交——动力、模式与前景》,《国际展望》2016 年第 1 期,第 76~97 页。

⑦ JETRO. ジェトロについて,https://www.jetro.go.jp/jetro/,引用日期:2020 年 11 月 15 日。

品开发领域加强国际合作[①];二是为日本地方政府进行旅游宣传促销;三是促进日本地方产品出口;四是支持形成"地方创收能力"。[②]

## 五、日本地方政府对外交往的启示与借鉴

日本地方政府对外交往经过了长期的发展和实践,形成了一些有价值的经验。

### (一)重视发挥地方政府对外交往在国家整体外交中的独特作用

地方政府模棱两可的性质使其在对外交往中具有独特作用。[③] 从日本的经验可以发现:一方面,日本各级地方政府在对外交往中可以依托其准"政府"地位来提升其对外交往的权威性,同时又避免了中央政府在国际事务中的种种限制,具有更加灵活的操作空间;另一方面,日本地方政府在国内又可以凭借其接触基层的渠道优势,为日本本土的企业、商业团体以及智库开展国际交流创造非正式但具有良好合作弹性的交流平台。重视和发挥地方政府对外交往的独特作用有助于更好服务国家外交大局,有助于应对我国当前推动共建"一带一路"所面临的各种挑战。[④]

### (二)重视地方政府对外交往的制度建设

日本中央政府与地方政府在涉外事务上形成了一套权责明晰、关系顺畅并且有助于激发地方活力的制度安排。由于中日两国在诸多领域存在差异,这就需要在借鉴日本经验的同时,注重构建符合中国发展实际的地方政府对外交往的制度体系。中国共产党是中国特色社会主义事业的领导核心,中央政府和地方政府都由中国共产党领导,能够实现中央和地方利益的协调。我国可在此基础上重视地方政府对外

---

① JETRO,地方創生への貢献,https://www.jetro.go.jp/jetro/activities/region.html,引用日期:2020 年 10 月 18 日。

② 日本贸易振兴机构(JETRO)的发展功能根据其官网提供的资料进行总结,参见 JETRO,ジェトロの取り組み,https://www.jetro.go.jp/jetro/activities/,引用日期:2020 年 8 月 20 日。

③ Kuznetsov A., *Theory and Practice of Paradiplomacy: Subnational Governments in International Affairs*, New York: Routledge, 2014, p.2.

④ 何军明、丁梦:日本地方政府对外交往的实践及启示——基于"一带一路"的视角,《日本学刊》2021 年第 3 期,第 54~76 页。

交往的制度建设,形成一套适合中国国情并能够在国际上发挥比较优势的地方政府对外交往的制度安排。

### (三)加强地方政府对外交往相关的半官方机构建设

半官方机构是介于政府机构和民间机构之间的行为体,其既具有政府机构的正当性和政策支持,又具有非政府机构的灵活性。日本国际交流合作领域的半官方机构相当发达,而且各机构分别负责专门和专业的领域,形成了一整套机构体系,在促进地方政府对外交往中发挥了重要作用。

# 第五节 印度:地方邦政府的对外交往

与美国、日本相比较,印度地方政府对外交往还处于一种自发的状态,地方政府的对外交往能力较为薄弱,制度化机制化尚未展开。但是,印度地方政府对外交往发挥的作用正在不断增强,其发展趋势在一定程度上体现了世界发展中国家地方政府对外交往的现状。

## 一、印度地方邦政府对外交往的发展过程

### (一)1947—1991 年

1950 年印度颁布了新宪法,确立了印度的国家联邦体制。印度宪法规定全国行政架构主要由中央和邦两级权力机构构成,规定地方邦政府拥有相对独立的权力,同时也赋予了中央政府对各地方政府的制约权。印度的联邦制度安排与一般的联邦国家不同,总体看有三个特别之处:一是印度宪法将未竟之权力赋予中央政府而不是地

方政府；[1]二是印度宪法规定在特定的情况下，中央政府拥有对地方政府实行"总统治理"（President's Rule）的权力；[2]三是印度宪法赋予各地方政府的自治权力是不同的，有些地方政府享有高度自治权（如查谟-克什米尔邦）[3]，有些地方政府的自治权限则较低（如联邦属地）。

总体来看，印度的联邦制与美国等西方国家的联邦制有很大的不同，中央政府拥有更大的权力，对地方政府的实际控制比较强。印度宪法第 246 条将国家的立法权分为三类：第一是联盟清单，指的是仅中央政府可以制定法律的项目；第二是邦清单，指的是仅邦政府可以制定法律的项目；第三是并发清单，指的是中央政府和邦政府均可颁布法律的项目，如果地方邦政府的立法与中央政府的立法发生矛盾或者冲突，地方政府立法应当依从于中央政府立法。根据印度宪法 246 条，涉及外交及各类对外事务的权力都掌握在中央政府手中，国际贸易和国内各邦之间的贸易等事务也需要中央政府的授权。

自 1947 年独立之后一直到 1989 年，印度实际上实施了一套高度集权的政治体制。尼赫鲁作为印度的首任总理，具有非常高的个人威望和很强的个人外交能力，在外交方面掌握着绝对的控制权。此外，这个时期印度国大党在印度政治领域中具有绝对的领导地位，地方政府很难参与外交政策，也没有机会去开展对外交往的活动。从经济角度看，这一时期印度实施高度中央集权的经济管理体制，具有很强的计划经济色彩，中央政府几乎控制了整个印度经济的方方面面，印度经济实际上与全球市场割裂开来。在高度中央集权的体制下，这个时期印度地方政府对外交往活动很少。

## （二）1991—2014 年

1991 年，印度出现了国际收支危机，当时的拉奥政府开始了一揽子自由化、市场化和私有化的改革，这也是印度地方政府外交发展的起始之年，印度的地方政府在国际事务中逐步开始活跃起来。经济自由化大大削弱了中央政府对印度各地方经济活

---

[1]　谢超：《联邦制度与国内和平：浅析印度政府如何应对锡克教武装分离主义》，《南亚研究》2016 年第 4 期，第 76～100 页。

[2]　Article 356，The Constitution of India.

[3]　2019 年印度宣布取消宪法第 370 条、第 35A 条，取消查谟-克什米尔邦的特权，将拉达克地区升格为中央直辖区。

动的控制,各地方政府参与国际经济活动的能力得到了前所未有的提升。尽管缺乏宪法授权,但印度各地方政府仍然具有一定范围的国际活动空间,而且能够对中央政府的外交政策产生一定影响。[①]

20世纪90年代中期以来,印度各地方政府日益认识到,在目前全球化的经济中,它们不能完全依赖中央政府的资源以实现其发展目标。因此,印度各地方政府开始寻找外部资源满足地方发展的需要。印度地方政府发展初期需要巨大的财政资源来发展基础设施,但是印度的邦政府在印度国内却没有独立的借贷权力,导致地方发展受到很大限制,于是印度地方政府开始通过寻求外国投资、与国际组织以及其他国家和地方政府建立联系来寻求发展。[②] 印度许多地方政府积极参与国际经济活动,通过制定优惠招商政策来吸引国外投资,希望能够借外部投资来发展本地区的经济。[③] 印度各个地方邦在投资便利化、降低税收、建立经济特区等多个领域展开竞争,尽力争夺外国和本国的投资。

地方政府的对外交往和吸引投资活动促进了印度吸引外商直接投资大幅增加。从1981年到1990年,外国直接投资平均每年增加1.3亿美元,而在1991年改革后到1995年,外国直接投资平均每年增长8亿美元。1996年后达到平均每年增长29亿美元。1993年,印度工业化程度较高的邦——马哈拉施特拉邦政府与得克萨斯州能源巨头安然公司进行了谈判并与安然公司签署了印度历史上金额最大的电力购买协议,这项协议的主要参与者是地方邦政府而不是中央政府,被认为是印度中央与地方关系范式转变的代表性事件。[④]

---

① Jacob H., Putting the Periphery at the Center: Indian States' Role in Foreign Policy, *Carnegie Endowment for International Peace*, 2016, pp.1-24.

② Wyatt A, Paradiplomacy of India's Chief Ministers, *India Review*, Vol.16, Issue1, 2017, pp.106-124.

③ Sridharan K., Federalism and Foreign Relations: The Nascent Role of the Indian States, *Asian Studies Review*, Vol.27, Issue 4, 2003, pp.463-489.

④ The Economic Times, Narendra Modi Bats for Bold Foreign Policy With States' Involvement, October 18, 2013, https://economictimes. indiatimes. com/news/politics-and-nation/narendra-modi-bats-for-bold-foreign-policy-with-states-involvement/articleshow/24352374.cms? from = mdr, 引用日期:2020年10月12日。

## （三）2014 年以后

2014 年,纳伦德拉·莫迪(Narendra Modi)就任印度联邦政府总理。莫迪担任地方邦政府领导人时就积极推动本地方的对外交往。莫迪政府意识到有必要将地方政府对外交往活动纳入到国家总体外交政策当中,莫迪非常支持地方邦政府开展对外交往活动并着手开始将印度各邦的对外交往活动合法化。[1] 2014 年 10 月,印度外交部新设立了地方司,旨在培养、促进各地方政府的对外交往。2015 年,莫迪政府宣布各地方邦政府的对外交往活动构成国家外交的发展方向并将地方政府对外交往作为印度外交政策的优先事项之一。[2]

莫迪执政以来,印度各地方政府的对外交往活动开始在不同层面对国家总体外交形成了补充和支撑,不仅减少了地方政府对中央政府过度的经济依赖,还推动了国家的经济发展。这些对外交往主要包括以下几个方面:一是地方政府在对外政策领域开始施加影响,对中央政府进行游说要求在对外政策领域维护本地方的利益;二是地方政府积极开展与国外企业或外国地方政府的经贸合作,直接与世界银行、国际货币基金组织和亚洲开发银行等国际金融机构谈判贷款,并提供吸引外国投资的激励措施;三是地方政府领导人出访国外,接待外国外交官、部长,组织国际会议和赴国外参加国际会议、国际论坛等;四是通过海外侨民建立友好城市关系;五是通过地方政府对外交往解决与邻国地方政府长期存在的一些跨边境问题,如水资源共享、恐怖主义、非法移民、环境保护等。

# 二、印度地方政府对外交往的主要特点

## （一）印度总理莫迪的积极推动

近年来,印度地方政府的对外交往活动得以快速发展,与印度现任总理莫迪的积

---

[1] Jacob H.，Putting the Periphery at the Center：Indian States' Role in Foreign Policy，*Carnegie Endowment for International Peace*，2016，pp.1-24.

[2] Ministry of External Affairs（MEA），*Annual Report* 2015—2016，New Delhi，India：MEA，2016，p.181.

极推动密不可分。莫迪在任古吉拉特邦首席部长时期就表现出了对地方邦政府对外交往的热情，他曾访问日本并签署了京都与瓦拉纳西之间的姐妹城市协议。2013年10月，莫迪在演讲中指出：“外交政策应该由人民决定，而不是由坐在德里的一些政客决定。”[1]莫迪当选总理后仍然坚持要求各地方邦参与印度中央政府的外交决策。他经常强调“合作联邦主义”精神的重要性。2015年11月，莫迪表示，在外交政策中，国家外交部要与各地方邦政府进行合作，并且要求各地方邦建立出口促进委员会。[2]在莫迪的推动下，印度中央政府各部门越来越多地将地方政府视为国家总体外交中的有益的行为者，认为地方邦政府对外交往可以更好地表达和追求国家的发展利益，努力将各地方政府对外交往活动纳入国家外交范畴。

### （二）地方政府对外交往的主要领域在经济文化和跨境事务

印度各地方邦政府参与外交政策、开展对外交往活动的领域比较广泛，包括经济贸易合作、跨边界资源分配、环境问题、安全问题、移民问题等，但是总体来看还是集中在经济、文化和跨境事务领域。

印度各地方邦政府对外交往的重点均在经济贸易合作领域。许多印度地方邦政府非常重视通过对外交往来寻求从国外获得直接投资以及其他经济发展机会，如古吉拉特邦、中央邦、泰米尔纳德邦和西孟加拉邦定期举办投资者峰会以吸引外国投资。马哈拉施特拉邦、卡纳塔克邦等各个邦通过提供具有竞争力的激励措施，在吸引外资方面取得了巨大成功。[3]在文化领域，目前印度地方政府对外交往主要以发展友好城市等初级形式为主。印度中央政府正在鼓励印度城市与其他城市发展友好城市关系，如印度的班加罗尔、斋浦尔、孟买、钦奈、勒克瑙等都与国外建立了友好城市

---

① The Economic Times, Narendra Modi Bats for Bold Foreign Policy With States' Involvement, October 18, 2013, https://economictimes. indiatimes. com/news/politics-and-nation/narendra-modi-bats-for-bold-foreign-policy-with-states-involvement/articleshow/24352374.cms? from = mdr，引用日期：2020年10月12日。

② PMINDIA, Text of PM's inaugural address at Delhi Economics Conclave, November 6,2015, https://www.pmindia. gov.in/en/news_updates/text-of-prime-ministers-inaugural-address-at-delhi-economics-conclave/，引用日期：2020年10月23日。

③ Amitabh Srivastava, Big business houses queue up to establish industries in Bihar, June 16, 2012, https://www. indiatoday. in/magazine/nation/story/20120625-bihar-nitish-kumar-big-business-houses-queue-up-to-establish-industries-758796-2012-06-16，引用日期：2020年11月3日。

关系,推动了城市之间的交流。

印度各地方邦政府对外交往的另一个主要领域是跨边境事务。印度与巴基斯坦、中国、尼泊尔、孟加拉国有大量的边境接壤。大量的边境邦产生了许多跨边境事务,主要涉及水资源分配、跨界安全、移民等问题。此外,由于印度边境邦在地域、经济联系度以及接壤国家等方面存在不同,这就造成了印度地方政府跨境对外交往存在较大的地域性差异。[①] 与缅甸、孟加拉国、中国、不丹和尼泊尔等国接壤的印度的边境邦能够更多地开展跨境经贸合作,而印度北部的地方邦政府与邻国(巴基斯坦、孟加拉国或尼泊尔)在跨境对外交往中具有文化相通的一些优势[②],各地方邦政府可以在中央政府总体外交中发挥作用,以此来促进地方区域合作、国际安全和消除敌对邻国之间的信任赤字,[③]同时也可以通过跨境贸易合作推动地方经济发展。

跨界地方政府对外交往在印度显得比较突出,这跟印度的历史发展及其与邻国复杂的渊源关系有关。例如,印度旁遮普邦和巴基斯坦旁遮普省就通过分割以前的旁遮普人居住的地区而创建的,双方有很深的文化历史渊源,在 2004 年至 2007 年印巴和平进程的鼎盛时期,印度旁遮普邦和巴基斯坦旁遮普省领导人都试图通过地方政府对外交往参与一些联合倡议来推动和平。2004 年,当时的印度旁遮普邦首席部长阿玛琳达·辛格(Amarindar Singh)宣布在印度一侧的帕蒂亚拉(Patiala)市建立世界旁遮普中心,并在 2005 年访问了巴基斯坦旁遮普省,在这两个旁遮普地方政府领导人的共同努力下,两国政府在文化、教育和科技等达成了诸多合作协议。[④]

### (三)重视与国际组织的交流合作

印度中央政府设立了印度贸易促进会(India Trade Promotion Organisation,IT-

---

① Dossani, Rafiq, Srinidhi Vijaykumar, Indian Federalism and the Conduct of Foreign Policy in Border States: State Participation and Central Accommodation Since 1990, Asia-Pacific Research Center, *Stanford Working Papers*, 2005, pp.3-18.

② Chopra F., Relations with its Neighbours Challenge India's federal system, *The Journal of Federations*, 2002, pp.9-10.

③ C. Raja Mohan, Across the Radcliffe Line: Reconnecting the Punjab, Indian Express, October 1, 2012, https://indianexpress.com/article/opinion/columns/across-the-radcliffe-line-reconnecting-the-punjab/, 引用日期:2020 年 11 月 5 日。

④ East Asia Forum, The Two Punjabs: One Step More Toward Closer Cooperation? November 14, 2012, https://www.eastasiaforum.org/2012/11/14/the-two-punjabs-one-step-more-toward-closer-cooperation/, 引用日期:2020 年 10 月 16 日。

PO），鼓励各地方邦设立区域贸易促进中心，以加强印度各邦与国际组织机构之间的交流与合作。中央政府还积极推动各个地方邦政府与国际金融组织等进行直接的金融援助谈判。20世纪90年代，世界银行就直接与印度安得拉邦、卡纳塔克邦和泰米尔纳德邦等地方政府发展贷款关系并进行合作。目前，印度许多地方邦政府与国际组织、国外机构等签署谅解备忘录已成为一项常规事务。

印度各地方政府也积极参加各类国际组织的论坛等国际活动。在瑞士达沃斯举行的世界经济论坛上，印度一些地方邦政府每年都会率队参加，以推动本邦在地区事务中的经济建设引起国际社会的关注；在世贸组织，印度各地方邦代表在世贸组织谈判中获得了相当大的发言权，推动了印度中央政府在与世贸组织等外部实体的审议过程更加透明和包容；在日内瓦的国际劳工大会上，印度劳工部长陪同哈里亚纳邦、安得拉邦和比哈尔邦的劳工部长共同参会。这些事件表明，印度各邦政府通过积极参加国际组织的会议和活动，使得印度地方政府对外交往对国家总体外交的补充和辅助作用越来越明显，在这种情况下，印度中央政府已经认识到地方政府对外交往的重要性并在某种程度上支持各地方邦日益增加的国际行动。此外，印度中央政府鼓励边境各地方政府开放边境地区市场，改善边境地区市场环境，降低市场准入限制，加强与境外的经贸交流合作来促进边境村庄经济发展，从而获得一些国际组织的支持和援助。

### （四）印度各个地方邦政府对外交往能力存在巨大差异

印度每一个邦都有各自的民选政府，而联邦属地及国家首都辖区则由联邦政府指派政务官管理。印度地方邦政府对外交往的能力差异巨大。古吉拉特邦、泰米尔纳德邦、马哈拉施特拉邦和安得拉邦等沿海地方邦政府在推动对外贸易、吸引投资方面开展了多种多样的活动，表现出较强的对外交往能力，其原因在于：一是地理位置优越，便于进入外部市场；二是基础设施条件较好，拥有较完备的铁路和公路网络和便利的机场；三是地方邦政府官员整体素质较高，拥有较多相对高质量的人才；四是地方邦政府重视对外交往促进本地经济发展的作用，积极采取各种对外交往活动吸引外资和促进贸易。总体来看，印度各地方邦政府对外交往的重点是寻求外国直接投资和促进对外贸易，但是地方邦政府的对外交往行为在制度层面仍然不明确，中央政府对此也缺乏明确的指导和制度安排,因此印度地方政府对外交往仍然主要是"自发"的行为,建立在各自资源禀赋的基础上,且受到不少偶然性因素的影响,这在一定程度上造成了不同地方邦政府之间的巨大差异。

## 三、印度地方政府对外交往发展的问题与趋势

### (一)总体仍处于"自发"的阶段

总体上来看,印度地方政府对外交往仍处于"自发"的阶段,印度各地方邦政府的对外交往进程不遵循任何特定的逻辑,往往是混乱和无序的。各邦的对外交往活动很大程度上取决于各邦的领导人,主要是代表各邦的政治利益和领导人的性格特征。各地方邦政府对外交往活动处于无计划和零散进行状态,甚至大多地方邦政府没有建立涉外事务的专门部门,中央政府与各地方政府没有相应的协调。从印度原有的体制和传统看,自尼赫鲁以来,外交政策领域一直是印度中央政府极为严格控制的领域。印度宪法授予中央政府对外交的专属管辖权。[①] 此外,印度早期的计划体制仍然存在,工业政策和促进部、外国投资促进委员会和商务部等中央部门直接干预地方政府的经济决策。[②] 在这样的制度环境下,印度的地方政府对外交往以一种计划外和分散的形式发生,中央政府没有系统地与各邦政府协调合作,各地方邦政府非常缺乏对外交往的人才,这在一定程度上导致印度部分大方政府缺乏对外交往的基本能力,在一定程度上加剧了地方政府对外交往的复杂化和无序化。

### (二)地方政府对外交往的制度建设进展缓慢

尽管莫迪总理表示支持地方政府对外交往并参与中央外交政策,并开始采取措施将地方邦政府对外交往纳入国家总体外交,但是中央政府的这种意愿更多是功能

---

① Michelmann H., *Foreign Relations in Federal Countries*, Montreal：McGill-Queen's Press-MQUP, 2009, pp.168-187.

② Tanvi Ratna, Paradiplomacy：A New Way for Indian Foreign Policy? November 10, 2013, https：//thediplomat.com/2013/11/paradiplomacy-a-new-way-for-indian-foreign-policy/, 引用日期：2020 年 11 月 2 日。

主义的,而非一种结构转型的观点。中央政府有意愿对地方政府对外交往提供指导并建立相应的制度安排,但是要进一步与其他政党、地方邦政府等达成共识,这是一个非常复杂和艰难的过程,莫迪在推行支持地方政府对外交往的政策过程中困难较大,如目前中央政府对地方邦政府派遣工作人员到国外的限制仍然存在,中央政府与各地方邦政府交流协调的机制仍然薄弱,中央政府对地方政府对外交往的支持更多仅仅是为了吸引投资等暂时目标,而并非一种战略性考虑。[①] 目前,印度中央政府尚未制定明确的地方政府对外交往活动的制度安排,其原因主要在于印度各邦之间在文化、宗教、经济、地理方面存在巨大的多样性和差异性,各邦的利益取向也差别很大甚至相互冲突,印度的政府高层、精英阶层等对这一问题还缺乏认知。

### (三)地方政府对外交往的影响

首先,印度中央政府非正式、非制度性地鼓励地方政府开展对外交往带来一些负面影响,主要表现为以下几个方面:一是多重主体参与国际合作带来负面影响。印度中央政府鼓励各地方政府积极开展与国际组织的交流,尤其是直接向世界银行等国际机构寻求援助,促进了国际机构对地方邦的直接援助,但是也导致世界银行援助更多地集中在比哈尔邦和北方邦等经济较为落后的地方,引起其他地方邦的不满。世界银行与印度各地方邦政府进行直接交流合作活动,在一定程度上偏离了既定的贷款规范程序,这种越过中央政府直接与地方政府进行合作的行为也违反了印度法律中只允许一个邦在印度境内进行借款的条例,导致各地方邦之间出现了相互指责的情况。[②] 二是出现了各地方邦政府在吸引外资过程中恶性竞争的情况。目前印度地方邦政府开展对外交往活动最直接的动力来自吸引外资以发展地方经济并解决就业,比哈尔邦、中央邦、拉贾斯坦邦和北方邦等地方政府纷纷设立经济特区并向投资者提供税收返还等各种优惠政策,各地方邦之间、地方邦政府与中央政府之间缺乏协调,出现了恶性竞争。

① Jacob H., Putting the Periphery at the Center: Indian States' Role in Foreign Policy, *Carnegie Endowment for International Peace*, 2016, pp.1-24.

② Aishwarya Natarajan, Democratization of Foreign Policy: India's Experience with Paradiplomacy, *Law and Development Review*, Vol.12, Issue 3, 2019, pp.797-818.

其次,印度地方政府对外交往也产生了不少积极影响:在经济领域,地方政府的对外交往吸引了外资,促进外国资本在本地的发展,进而推动当地生产商品的出口;在政治领域,地方政府的对外交往推动了国家公共政策多层面传播,并通过地方网络将国家以下各级政府的需要反馈给中央政府,尽管这种反馈还非常薄弱;在文化领域,国家以下各级政府开展对外交往积极寻求与外国合作以增加旅游业收入。

展望印度地方政府对外交往的发展趋势,这种发展趋势已经成为印度目前外交政策的一个重要方向。一方面,印度以自下而上的方式开始有效地学习和效仿古吉拉特邦政府在对外交往活动中的方式与经验;另一方面,印度总理莫迪在地方政府对外交往发展进程中起到了关键的推动作用,他以自上而下的方式促使地方邦政府独立建立和塑造自己的对外交往活动,并结合国际环境和世界趋势将地方政府对外交往活动发展作为中央政府外交政策的优先事项之一。

# 第六节　从正常化到制度化:地方政府
# 对外交往发展的世界趋势

观察和总结世界各国地方政府对外交往发展的过程,我们发现这实际上是一个从偶然自发阶段到常态化阶段,再到制度化阶段的过程,当前各个国家的发展阶段各不相同。从发展趋势看,我们认为,地方政府对外交往从常态化到制度化发展是当今世界的主流趋势。

## 一、国际秩序中国家角色的历史演变趋势

生产力发展与科技创新是国际秩序演变的根本动力,它推动着世界逐步从原来的无政府状态向相对有序演变。从历史角度看,这种演变过程中有两次重大的跨越:

第一次重大跨越是 16—18 世纪,西欧国家的"地理大发现"和殖民主义建立了早期的世界贸易联系,资本主义工业革命大大推动了生产力发展并将其生产力扩张到

全世界,资本主义生产关系也扩大到全世界,全球民族之间的经济、政治联系相对于前一个时期有了历史性的提升,开始形成世界性国际关系体系与格局。《威斯特伐利亚和约》形成了历史上第一个具有现代意义的国际关系体系——威斯特伐利亚体系,它确定了国际关系中应遵守国家主权、国家领土与国家独立等原则,形成了现代民族国家及其体系,大大削弱了世界的无政府状态。

第二次重大跨越是 20 世纪 80 年代以来,以交通、信息和互联网技术为代表的新技术革命浪潮大大提升了全球生产力水平,生产力的跨越带来了全球化的历史性跨越,空前的全球化使各个民族国家、地方政府、跨国企业、非政府组织等行为体形成紧密的相互依赖关系,国际关系向全球关系演变、国际政治向全球政治转化。全球化推动着国际政治与国际关系结构进行调整转变,国际秩序进一步向有序化的方向转变,国家身份和利益进行重构。第二次重大跨越的一个重大特点就是民族国家在国际秩序中的独占地位受到挑战,其主要表现是国家的权力逐渐向几个方向进行转移:一是国家权力向上转移,即向国际组织、区域性协议以及全球治理制度等让渡权力;二是国家权力向下转移,即国家向地方政府、国内市民社会下放部分权力。但同时我们也应当认识到,虽然民族国家正在进行重大历史调整,但是国家在国际秩序中的绝对主导权仍会长期存在。近 10 年来,国际政治格局又不断发生结构性变化,逆全球化浪潮、新冠疫情等使得民族国家在各种复杂矛盾中不断调整自身角色,国家权力演变有反复的趋势,但是全球化是历史大势所趋,必须充分认识到在历史大趋势中国家角色的转变,在坚持国家主权的基础上,应以自主适应的主动态势去进行制度创新。

## 二、地方政府对外交往发展的世界趋势

地方政府对外交往从常态化到制度化发展是当今世界的主流趋势。20 世纪 60 年代之前,地方政府对外交往在各个国家还是一种自发和偶然的行为,并未形成一种值得关注的趋势。随着全球化的深入发展,1960 年代到 1990 年代,地方政府对外交往逐步开始从偶然、自发的现象发展为一种常态化或者说正常化的现象。尽管很少引人注目,地方政府对外交往和参与国际事务正在世界各国迅速发展,谨慎地改变着传统的外交惯例和外交政策机制。

在经济、文化、技术或环境领域等广泛的结构变革中往往存在着正常化进程。地方政府对外交往或者参与国际事务的"常态化"（或者说是"正常化"）则是一个与政治相关的进程，这样的进程反映了世界范围内国家关系结构和外交结构的重大转变。地方政府对外交往或者参与国际事务的"常态化"实际上是在赋予地方政府作为国际关系行为体一定范围空间基础上的一种控制模式，这种模式旨在对以往认为是"不正常"的现象的一种"承认"。通过承认的过程，国家角色完成了一种微量调适，使得国家外交政策能够在全球化时代日益复杂的环境中更有效地运作，允许国际关系日益多元化所产生的外交创新不断涌现，同时也肯定了外交体系的等级结构。

20世纪90年代以来，世界各国地方政府对外交往和参与国际事务已经变得司空见惯，并日益被各个国家外交体系和国际秩序所承认和接受。这已经是一个确定的事实，它植根于更广泛的结构转型之中，几乎所有国家都存在的两种力量在同时推动：一是全球化深入渗透下的地方政府越来越需要在国际社会、国际领域中追求相关的利益目标，拓展其在国际社会中的空间并塑造某一层面的网络联系，但同时绝大多数地方政府并不追求对国家主权完整性的挑战；二是许多国家中央政府开始通过各种制度性手段，对地方政府对外交往或参与国际事务进行管控，这种管控已经从之前的限制、规范逐步转变为在管控的基础上将其纳入原有的体系加以利用，甚至给予相关的支持和鼓励，将其作为丰富国家外交体系的重要手段。

纵观世界主要国家地方政府对外交往发展的过程，世界各国地方政府对外交往发展的政治基础不同，出现的形式、体制、机制不同，发展阶段也不尽相同。美国联邦政府正在积极向全国派驻机构以指导和支持地方政府对外交往，以州为核心的地方政府对国际事务的参与越来越深入，其领域囊括了经济、政治、文化等广泛的议题；欧盟国家地方政府通过对外交往参与欧洲一体化进程，建立了众多的地方政府多边组织，在欧盟事务中的影响力日益扩大，加强了欧盟的凝聚力；日本中央政府高度重视地方政府对外交往的独特作用，设立各种半官方机构对其进行大力支持；印度地方邦政府的对外交往还处于起步阶段，但中央政府也开始有所重视。总体来说，世界地方政府对外交往的发展的主流趋势是从常态化向制度化发展。

## 三、中国的应对

全球化下地方政府对外交往和介入国际事务已经是明确的事实和一种必然趋势,世界主要国家地方政府对外交往都在逐步向制度化迈进,这是应对全球化时代国际关系结构性转变和全球外交复杂局面的一种国家调适,也是一个自下而上再自上而下的制度变迁和制度创新过程。我国地方政府对外交往也进行着多种多样的丰富实践,十九届四中全会提出了我国国家治理体系和治理能力现代化的重要命题,作为中国特色社会主义国家,我们更加需要以一种积极和开放的态度来看待地方政府对外交往,推动制度创新,加快制度化进程,将其纳入我国外交体系当中并发挥其独特作用,主动塑造具有竞争力的制度,形成地方政府对外交往领域的中国特色社会主义制度优势。

# 第三章　"一带一路"背景下我国的
# 地方政府对外交往

## 第一节　我国地方政府对外交往的
## 发展过程与基础条件

### 一、我国地方政府对外交往的发展过程

作为社会主义国家,我国地方政府对外交往经历了独特的发展过程,尤其是改革开放以来,我国在探索中国特色社会主义发展道路的过程中,国际化程度不断提高,中央政府逐步将对外领域部分权力下放,地方政府开展了丰富多彩的对外交往实践,在中国特色社会主义的引领下进行了多种多样的探索与创新。总体上看,新中国成立以来我国地方政府对外交往的实践可以分为四个阶段:

#### (一)新中国成立到改革开放前

新中国成立以后到改革开放前,我国的计划经济体制和行政管理体制都是高度集中的。1954 年制定的《中华人民共和国宪法》规定,地方各级人民委员会都是由国务院领导的国家行政机关,都服从国务院,中央政府拥有处理对外事务的所有权力,地方政府的权力仅限于地方的经济建设、文化建设、公共事务等。[①] 在高度集中和相

---

① 中国人大网:《中华人民共和国宪法(1954 年)》,1954 年 9 月 20 日,http://www.npc.gov.cn/wxzl/wxzl/2000-12/26/content_4264.htm,引用日期:2019 年 5 月 13 日。

对封闭的体制下,地方政府缺乏开展对外交往的动力,这一阶段我国的地方政府对外交往基本没有开展。尽管如此,在中央政府的安排下,1973 年 6 月,天津市与日本神户市建立了国际友好城市关系,这是中国地方政府首次缔结国际友好城市,作为中日两国正式建交的前期部署,1973—1978 年,我国一共有 6 个城市与日本城市缔结国际友好城市。1979 年 9 月,中日两国正式建交。总体来看,这一阶段我国国际友好城市关系的开展仍然是中央政府的直接部署与安排,但仍体现了地方政府对外交往在国家总体外交中的作用。

### (二)1978 年改革开放到 1998 年之前

这一阶段地方政府对外交往逐步开展,其特点是地方政府自发开展,以对外贸易、吸引外资为主要导向,东南沿海地区发展较快,内陆省份则发展相对滞后,其主要方式是地方领导出国访问、接待来宾、商务交流、缔结友好城市等,初步建立了一些相关的组织机构。1978 年,十一届三中全会确立了以经济建设为中心的目标,随后中央为调动地方政府发展经济的积极性实施了多次权力下放。1979 年,中央允许部分地方省份设立外贸公司,后来扩大到所有地方省区。1980 年,中央设立了四个经济特区,1984 年又公布了 14 个沿海开放城市。1990 年代末,外贸经营权和外事管理权逐步下放到地方,地方政府参与国际事务的方式更加灵活。在这样改革开放的环境下,地方政府对外交往活动逐步活跃,以国际友好城市为例,1973 年我国仅缔结了 3 对友好城市,1979 年则有 14 个城市与外国建立国际友好城市关系,1994 年则达到 90 个。[①]1992 年 3 月在北京成立了中国国际友好城市联合会,致力于推动中外城市及地方建立国际友好城市关系,加强地方政府在经济、科技、文化等方面的国际交流与合作。

### (三)1998 年外交部成立外事管理司到 2012 年党的十八大召开之前

1998 年外交部成立外事管理司,标志着地方政府对外交往逐步制度化的开始。2001 年我国加入世贸组织,推动中国改革开放进入了一个新阶段,中国的国际化程度迅速提高,世界的全球化发展也进一步加快,我国地方政府开展对外交往的积极

---

① 中国友好城市联合会网:http://www.cifca.org.cn/Web/YearTongJi.aspx? 引用日期:2018 年 11 月 8 日。

性、主动性大大增强,地方政府外交的方式也更加多样化、全面化,层次和水平均有大幅度提升。这个阶段我国地方政府对外交往主要有如下三个特点:

(1)在方式上以次区域合作、地方承办国家重要国际会议等活动为重点。次区域合作方面,随着全球性区域主义的兴起,中国开始逐步建立中国—东盟(10+1)、中日韩—东盟(10+3)、东亚峰会(EAS)等区域合作机制,地方政府也积极参与其中。云南、广西作为中国地方政府参与了大湄公河次区域合作(GMS),同时云南、广西积极推动本省与东盟国家的合作,2003年中央决定中国—东盟博览会由广西承办,2006年广西进一步提出中国—东盟"一轴两翼"的设想,强调广西参与"泛北部湾"经济合作。云南与广西是中国地方政府参与次区域经济合作最为积极的典型案例之一。[①] 新疆积极参与上海合作组织经济合作机制、中亚区域经济合作机制,东北三省重点参与图们江次区域经济合作。地方承办国家重要国际会议活动方面,地方政府借助中央政府平台,积极提升自身的国际影响力,如2001年起以海南博鳌为主会场的博鳌亚洲论坛、2006年起以天津和大连为主会场的夏季达沃斯论坛、2010年在上海举办的世界博览会等,这些活动一般由中央政府或者中央部委作为主办方,地方政府作为承办方,地方政府借助承办国际活动来提升其国际影响力和知名度,推动地方国际化发展,中央则可以节约资源,集中精力处理更高层次的外交事务,形成了良性的央地协力外交的局面。[②]

(2)地方政府对外交往逐步形成自身的对外交往战略,在目标上逐步系统化和整体化,除了招商引资、促进出口、经营地方的国际形象外,地方政府对外交往还致力于提升地方在国家总体外交战略中的地位,并与自身经济社会发展战略规划相结合。如云南、广西等省区积极参与中国—东盟经济合作并提出规划设想,使地方的部分规划上升为国家外交战略,提升了地方政府在国家对东盟外交战略中的地位,同时也推动了地方与东盟的经济合作和国际化发展。

(3)形成了一些地方政府对外交往相关的制度安排。1998年,外交部成立了外事管理司,管理服务范围主要包括地方政府、中央所属国有企业以及中央部门,主要职责包括协调地方和国务院各部门外事工作、审核地方和国务院各部门、中央企业的重要外

① 苏长和:《中国地方政府与次区域合作:动力、行为及机制》,《世界经济与政治》2010年第5期,第4~24页。

② 张鹏:《中国对外关系展开中的地方参与研究》,上海世纪出版集团2015年版,第123页。

事规定和报国务院的重要外事请示等,这一事件标志着地方政府对外交往逐步制度化的开始。2001年中央出台了《关于全国外事管理工作的若干规定》,进一步为地方外事的开展提供了依据。2003年,云南被中央确认为"中国参与东盟—湄公河流域开发的主体"[①],中央逐步认可地方政府对外交往的一些做法并形成了一些软性制度。

### (四)2012年党的十八大召开至今

党的十八大报告提出要"扎实推进公共和人文外交""加强人大、政协、地方、民间团体的对外交流"。[②] 2014年5月,习近平总书记在讲话中指出要"更好推进民间外交、城市外交、公共外交""促进中外地方政府交流,推动实现资源共享、优势互补、合作共赢"。[③] 党的十九大报告提出要"推进人大、政协、军队、地方、人民团体等的对外交往""积极促进'一带一路'国际合作,努力实现政策沟通、设施联通、贸易畅通、资金融通、民心相通,打造国际合作新平台,增添共同发展新动力。"[④]党的十八大、十九大、二十大报告均明确提出要推进和加强地方对外交往,我国地方政府对外交往发展进入了一个新时期,这个时期的主要特点包括:

(1)习近平主席提出人类命运共同体理念和"一带一路"倡议,为地方政府对外交往的发展带来了新机遇,开拓了新的空间。人类命运共同体理念倡导的相互依存的国际权力观、共同利益观、可持续发展观和全球治理观等为地方政府外交发展提供了更加全面的思想指引,"一带一路"倡议的提出更进一步为地方政府对外交往的发展带来了新机遇和新空间。

(2)从全国来看,地方政府对外交往逐步纳入国家顶层设计,并初步形成了全国地方政府对外交往的整体框架,如广西、云南主要对接东盟国家、新疆对接中亚国家、

---

① 苏长和:《中国地方政府与次区域合作:动力、行为及机制》,《世界经济与政治》2010年第5期,第4~24页。

② 人民网:《坚定不移沿着中国特色社会主义道路前进,为全面建成小康社会而奋斗——胡锦涛在中国共产党第十八次全国代表大会上的报告》,2012年11月8日,http://cpc.people.com.cn/n/2012/1118/c64094-19612151.html,引用日期:2020年12月8日。

③ 《习近平出席中国国际友好大会暨中国人民对外友好协会成立60周年纪念活动并发表重要讲话》,《人民日报》2014年5月16日第1版。

④ 习近平:《决胜全面建成小康社会 夺取新时代中国特色社会主义伟大胜利——在中国共产党第十九次全国代表大会上的报告》,2017年10月18日,http://www.12371.cn/2017/10/27/ARTI1509103656574313.shtml,引用日期:2019年10月11日。

东北三省主要对接东北亚地区、宁波对接中东欧等等,全国各个地方政府大多形成了一些重点对接的国家或者地区。

(3)地方政府对外交往进一步发展,许多地方政府外交的战略规划更加成熟和系统,一些地方政府外交已经形成了较为成功的经验和做法,如宁波市积极推动与中东欧合作的案例,宁波市政府积极参与中央政府开展的与中东欧"16+1"合作机制,先后承办了中国中东欧国家城市市长论坛、中国—中东欧国家投资合作洽谈会、中国(宁波)—中东欧博览会等一系列国际活动,宁波与中东欧16国的20个城市缔结了友好城市关系,宁波市还专门推动了"百团千人游中东欧"、中东欧国家学生专项奖学金等活动。2017年11月,宁波中东欧博览与合作事务局正式成立,机构规格相当于副局级。这是地方政府首次成立与中东欧事务有关的专门机构。①

## 二、我国地方政府对外交往的基础条件

### (一)地方政府成为相对独立的利益主体

新中国成立以后到改革开放前,中央集权是中央与地方关系的主导。改革开放以后,随着以经济建设为中心目标的确立,以及计划经济向中国特色社会主义市场经济的转变,高度中央集权的体制逐步发生转变,向地方分权成为中央与地方关系发展的主要趋势。② 1980年,邓小平指出,"权力过分集中,越来越不能适应社会主义事业的发展",我们政治体制改革的关键就在于改革中央高度集权体制,消除各项权力过分集中的现象。③ 1982年《中华人民共和国宪法》规定:"中央和地方的国家机构职权的划分,遵循在中央的统一领导下,充分发挥地方的主动性、积极性的原则。"④改革开放以来我国中央与地方关系变化可以分为两个方面:

---

① 何军明:《"一带一路"背景下地方政府对外经济交往:理论、概念与特点》,《长春理工大学学报》2021年第2期,第34~39页。

② 封丽霞:《集权与分权:变动中的历史经验——以新中国成立以来的中央与地方关系处理为例》,《学术研究》2011年第4期,第35~39页。

③ 邓小平:《邓小平文选》(第3卷),人民出版社1993年版,第71页。

④ 共产党员网:《中华人民共和国宪法》,2018年3月22日,http://news.12371.cn/2018/03/22/ARTI1521673331685307.shtml,引用日期:2020年11月1日。

第一个方面是通过放权让利推动地方分权。首先是在财政方面对中央高度集权的财政体制进行了改革,实行了"分灶吃饭的财政包干制"。中央对不同地区实施了不同形式的财政包干,鼓励地方政府积极发展经济来提高地方财政收入;其次是在事权方面,中央扩大财权的同时将经济领域的相当一部分管理权力如对外贸易、外商投资项目、涉外旅游等审批权下放给地方,设立经济特区、计划单列市等给予一些重要的城市相当于省一级的经济管理权限。2004年我国实施了《中华人民共和国对外贸易法》,取消了外贸经营权的审批制,为地方政府开展对外交往创造了有利的条件;第三是在立法方面也进行了一定程度的地方分权。1979年我国通过了《地方各级人民代表大会和地方各级人民政府组织法》,规定省、自治区、直辖市人民代表大会及其常委会在和国家宪法、法律、政策、法令、政令不抵触的前提下,可以制定和颁布地方性法规,后来《地方组织法》又进行了修改,规定省会城市和经批准的城市可以制定地方性法规。2000年我国通过了《中华人民共和国立法法》。地方立法权实践的扩大间接涉及对外交往的相关事务,对地方政府开展对外交往起到了一定的积极作用;第四是在人事方面也进行了权力下放。1983年中央发布了《中共中央组织部关于改革干部管理体制若干问题的规定》,规定中央管理的干部主要限定在省一级范围,[①]之后通过各类文件,在干部管理方面形成了"下管一级、备案一级"的体制,地方政府人事方面的管理权有所扩大。

第二个方面是把握分权与集权的平衡。主要是通过制度化安排实现中央—地方关系的合理格局。1994年分税制改革做出了在财政方面央地关系制度化的尝试,同时也从加强中央宏观管理能力的角度增加了中央的财政分配。2002年我国实施了所得税收入分享改革,加大了中央分享的比重。2016年"营改增"后增值税收入则加大了地方分享的比重。同时,我国还大面积取消了大部分的行政审批权,下放了一批行政审批权。总体来看,1994年分税制改革后,中央主要是在财政、安全、纪检等方面加强了中央的权力,但是在其他更广泛的领域基本上还是维持了改革开放以来向地方政府分权的态势。

我国宪法第三十条规定,全国分为省、自治区、直辖市;省、自治区分为自治州、

---

① 朱旭峰、吴冠生:《中国特色的央地关系:演变与特点》,《治理研究》2018年第2期,第50~57页。

县、自治县、市;县、自治县分为乡、民族乡、镇。直辖市和较大的市分为区、县。地方各级人民政府对上一级国家行政机关负责并报告工作。全国地方各级人民政府都是国务院统一领导下的国家行政机关,都服从国务院。2024 年 3 月 11 日,第十四届全国人民代表大会第二次会议通过了新修订的《中华人民共和国国务院组织法》,其中第十五条明确规定:"国务院统一领导全国地方各级国家行政机关的工作。"[1]体现了坚决维护党中央权威和集中统一领导的精神。同时,《中共中央关于坚持和完善中国特色社会主义制度、推进国家治理体系和治理能力现代化若干重大问题的决定》指出,要"健全充分发挥中央和地方两个积极性体制机制""赋予地方更多自主权,支持地方创造性开展工作。按照权责一致原则,规范垂直管理体制和地方分级管理体制""构建从中央到地方权责清晰、运行顺畅、充满活力的工作体系"。[2] 发挥中央和地方两个积极性,是我们党推进中国特色社会主义现代化建设的基本方针,当然,维护党中央权威和集中统一领导是中央支持地方创造性开展工作、尊重基层创造精神的政治前提和核心要义,是必须严守的政治纪律、政治规矩。我国宪法并未对对外事务领域的中央和地方权限做出任何规定。尽管我国是一个有中央集权传统的单一制国家,但是我国的国家结构形式并非典型的单一制。根据宪法,我国的国家权力由全国人民代表大会和地方人民代表大会共同体现,具有二元结构的特点。[3] 改革开放以来,我国在中国特色社会主义发展的政治经济实践中,地方政府实际上拥有较大的自主权,当然,我国的中央—地方关系是在中国特色社会主义政治制度基础上构建起来的,我国的中央—地方政府关系与西方国家有本质的不同。

总体来看,改革开放以来我国地方政府逐渐成为相对独立的利益主体。分权化改革使地方政府具有一定范围内地方资源配置的权力。同时,从广义的外交概念出发,我国对外关系领域也存在着一定范围内的纵向分权情况,[4]地方政府获得了在中

---

① 《中华人民共和国国务院组织法》,2024 年 3 月 11 日,https://www.gov.cn/yaowen/liebiao/202403/content_6938923.htm,引用日期:2024 年 4 月 17 日。

② 《中共中央关于坚持和完善中国特色社会主义制度、推进国家治理体系和治理能力现代化若干重大问题的决定》,2019 年 11 月 5 日,https://www.gov.cn/zhengce/2019-11/05/content_5449023.htm? ivk_sa=1024320u,引用日期:2024 年 4 月 17 日。

③ 黄相怀:《当代中国中央与地方关系模式述评》,《中共中央党校学报》2013 年第 1 期,第 75~79 页。

④ 苏长和:《中国地方政府与次区域合作:动力、行为及机制》,《世界经济与政治》,2010 年第 5 期,第 4~24 页。

央在对外交往领域的部分分权和授权,成为利益意识和利益取向具有一定相对独立性的利益主体。① 2018 年,习近平总书记在中央外事工作会议上提出:"对外工作是一个系统工程,政党、政府、人大、政协、军队、地方、民间等要强化统筹协调,各有侧重,相互配合,形成党总揽全局、协调各方的对外工作大协同局面"②,也体现了从"大外交""大外事"的理念出发的思路。在对外工作的实践中,我国地方政府已经开展了多种多样的对外交往活动,在积极配合党中央的对外方针政策和战略部署、推动对外开放合作、促进地方经济社会发展方面发挥了重要作用。

## (二)地方政府对外交往能力大幅提升

20 世纪 70 年代中期以后,我国地方政府对外交往开始起步,各个省、自治区、直辖市等地方政府逐步设立了外事办公室,初步开展了一些对外交流合作活动。改革开放以后,各个地方对外交流活动大幅增加,全国各个地级市和一些县级政府都成立了外事办公室,地方政府的经济、文化部门和一些企事业单位也纷纷设立了对外交流合作处(室)等,我国地市级外事管理机构逐步健全和完善。1981 年中央制定了《关于加强地方外事工作集中统一领导问题的若干规定》,初步确立了地方政府外事管理的体制框架,规定各省、市、自治区人民政府外事办公室属于本地区部、委一级机构,是本地区政府外事工作的职能部门和本地区党委及其外事工作领导小组的办事机构,受地方党委和政府以及外交部的双重领导,以地方党委和政府的领导为主。1996年,我国进一步出台了《关于加强地方外事工作集中统一领导问题的若干规定》,对地方外事管理模式做出了更加全面的安排,要求各省、市、自治区党委和人民政府必须进一步加强对外事工作的集中统一领导,同时对各省、市、自治区有关部门的外事和涉外工作原则上提出了归口管理的要求。③我国地方政府外事管理体制的确立和完善大大提升了地方政府对交往的能力,地方政府对外交往超越了简单的"外事接待"的层面,更加主动地从多个领域开展对外交流合作,以吸引外资、促进贸易等经贸合作领

---

① 杨勇:《中国外交中的地方因素》,《国际观察》2007 年第 4 期,第 42～47 页。

② 新华网:《习近平在中央外事工作会议上发表重要讲话》,2018 年 6 月 23 日,http://www.xin-huanet.com/photo/2018-06/23/c_1123025867.htm,引用日期:2020 年 12 月 13 日。

③ 赵雪芳:《我国地方外事管理模式创新研究》,青岛大学 2008 年硕士学位论文。

域为重点,各个地方政府开展了大量的对外交往活动,有力推动了全国的对外开放。

党的十八大以来,党中央高度重视地方政府对外交往工作。党的十八大报告提出要"加强人大、政协、地方、民间团体的对外交流,夯实国家关系发展社会基础"[①]这是改革开放以来党的全国代表大会报告首次涉及地方对外交流。中央加强了地方外事管理领域的制度建设,党的十八大以来仅外管司起草或参与起草的以外交部及以上名义印发的外事管理政策性文件达 31 份,其中中央文件 7 份。[②] 这些文件从加强体制机制建设、对外签署协议、规范因公出国、涉外事务管理等方面加强了地方政府外事管理,进一步提升了地方政府对外交往的能力。2017 年,中央又通过了《关于加强党对地方外事工作领导体制改革的实施意见》《关于改革驻外机构领导体制、管理体制和监督机制的实施意见》《关于改革对外工作队伍建设的实施意见》《关于改革援外工作的实施意见》等,强调要把加强党对对外工作的集中统一领导贯彻到对外工作体制机制改革方方面面,要明确地方党委对本地区外事工作的主体责任,完善省以下地方党委对外事工作的领导和工作体制,对外工作体制机制得到进一步完善。

## (三)地方政府经济实力增强

改革开放以来,我国经济实现高速增长,地方经济实力大大增强,地方政府在对外经济交流合作领域的资源和能力均大幅提升。我国一些经济发达省、市的 GDP 总量已经超过"一带一路"沿线部分国家,地方的经济实力增强为地方政府开展对外交往尤其是经济交流合作奠定了良好基础。2019 年,全球只有 16 个国家的 GDP 总量超过 1 万亿美元,分别是美国、中国、日本、德国、印度、英国、法国、意大利、巴西、加拿大、俄罗斯、韩国、西班牙、澳大利亚、墨西哥、印度尼西亚。而我国广东省当年 GDP 达 1.56 万亿美元、江苏省达 1.44 万亿美元、山东省达 1.03 万亿美元,这三省均超过了万亿美元,广东省、江苏省的 GDP 总量已经超过了印度尼西亚,广东省的 GDP 已经达到俄罗斯的 90%(见图 3-1)。

---

① 人民网:《坚定不移沿着中国特色社会主义道路前进,为全面建成小康社会而奋斗——胡锦涛在中国共产党第十八次全国代表大会上的报告》,2012 年 11 月 8 日,http://cpc.people.com.cn/n/2012/1118/c64094-19612151.html,引用日期:2020 年 12 月 8 日。

② 根据外交部外事管理司提供的资料整理所得。

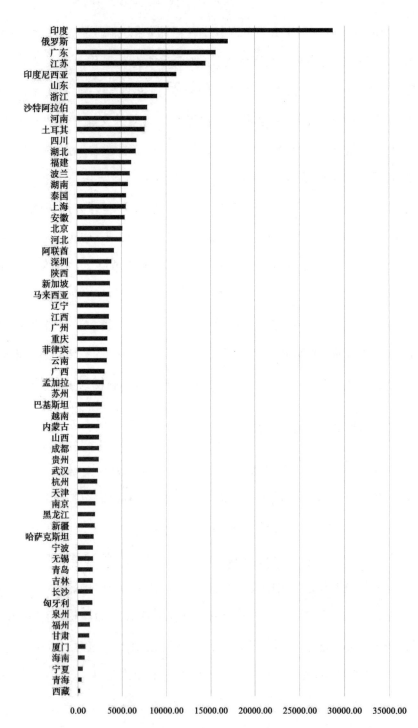

图 3-1　2019 年中国地方与"一带一路"沿线部分国家 GDP 比较

资料来源：①外国数据均来自 World Bank Open Data 数据库，其中 GDP 以现价美元为基础；②国内省一级数据来自《中国统计年鉴 2020》，2019 年人民币对美元的年平均汇率为 100 美元＝689.85 元；③地级市数据，广州、深圳、武汉、成都、杭州、南京、青岛、长沙、宁波、福州和厦门数据来自国家统计局国家数据库；苏州、无锡数据来自《江苏统计年鉴 2020》；泉州数据来自《福建统计年鉴 2020》。

# 第二节 我国地方政府对外交往
# 与国家总体外交的关系

## 一、我国地方政府对外交往的性质

地方政府对外交往有其自身的特性,把握地方政府对外交往的性质一定要把握其最基本的出发点:首先,地方政府不是主权行为体,地方政府在国际上不具备主权地位,其国际行为能力来自中央政府的许可或默认,地方政府对外交往开展的范围和方式都必须在国家法律范围内,本书所指的地方政府对外交往与西方学者所提的概念有本质区别;其次,地方政府也不是非政府行为体,地方政府受中央政府的管辖或制约,属于一国主权的管辖范围,往往是中央政府的组成部分或者下辖机构,地方政府不像国际组织那样不受主权的管辖,也不像跨国公司那样完全是一种民间机构和非政府组织。应以扩展的国家中心论出发,在坚持国家仍然是国际关系行为中的基本主体的同时,将地方政府作为一种重要的混合行为体来看待,重视其日益显现的作用,并将其作为国家总体外交体系的一个重要组成部分。地方政府对外交往的性质包括非主权性、从属性、政府性、地方性和中介性。[①]

### (一)非主权性

国家主权一般是指一个国家独立自主处理自己的内外事务、管理自己国家的最高权力。主权是国家区别于其他社会集团的特殊属性,是国家的固有权利。全体国民及其生活的地域一起形成国家,国家主权的根源存在于全体国民。主权具有两重性,即在国内有最高的对内主权,在国际上有独立的对外主权,二者统一且不可分割。

---

① 陈志敏:《次国家政府与对外事务》,长征出版社 2001 年版,第 24~25 页。

国家主权主要包括管辖权、独立权、自卫权、平等权等。管辖权是指国家对它领土内的一切人（享有外交豁免权的人除外）和事物以及领土外的本国人实行管辖的权力，有权按照自己的情况确定自己的政治制度和社会经济制度；独立权即国家完全自主地行使权力，排除任何外来干涉；自卫权即国家为维护政治独立和领土完整而对外来侵略和威胁进行防卫的权力；平等权则是指主权国家不论大小、强弱，也不论政治、经济、意识形态和社会制度有何差异，在国际法上的地位一律平等。地方政府对外交往的范围和方式都必须在国家法律范围内，其国际行为能力来自中央政府的许可或默认，在国际上不具备主权地位，非主权性将地方政府与民族国家行为体区别开来。从世界各国的实践看，不管是联邦制国家还是单一制国家，在对外事务领域中央政府都掌控着最高权力，地方政府对外交往仅仅是国家对外事务的一个局部，在国际上不能代表主权国家。

地方政府对外交往的非主权性主要表现在两个方面：一是地方政府对外交往活动必须以宪法和其他相关法律为依据。当今世界无论是联邦制国家还是单一制国家，各国宪法和宪法性法律均明确规定中央政府掌握着一个国家对外事务的最高权力。《中华人民共和国宪法》规定："中华人民共和国的国家机构实行民主集中制的原则""中央和地方的国家机构职权的划分，遵循在中央的统一领导下，充分发挥地方的主动性、积极性的原则"，同时还列举了国务院行使的职权包括"管理对外事务，同外国缔结条约和协定"。[①] 这些都表明，我国地方政府对外交往必须在宪法和法律的框架内，在中央的统一领导下开展活动。在国际上代表主权国家、行使主权外交事务的只能是中央政府而不是地方政府。二是地方政府对外交往必须在中央的授权、许可或者默认下进行。地方政府对外交往是国家总体外交的组成部分，必须服从中央的领导和安排，不得挑战中央政府的权威，在中央的领导和部署下开展对外交往活动，对国家总体外交起到补充和从属的作用。地方政府对外交往有其一定的自主性，但是如果中央政府认为地方政府对外交往的行为损害了国家外交的整体利益，可以随时进行纠正或制止。对我国来说，地方政府对外交往必须在中国共产党的领导下开展，2018 年 6 月，习近平总书记在中央外事工作会议上讲话指出，"对外工作要根据

---

① 中国人大网：《中华人民共和国宪法》，http://www.npc.gov.cn/npc/c505/xianfa.shtml，引用日期：2020 年 10 月 12 日。

党中央统一部署,加强谋篇布局""必须坚持外交大权在党中央"。①

## (二)从属性

地方政府对外交往具有从属性。地方政府对外交往的非主权性决定了其应当服务和服从于国家总体外交,并对中央政府的对外事务形成必要的补充。在当前全球化深层次渗透、国际交流全面扩展的时代,中央政府不可能在对外领域管理方方面面所有的事务,有些领域的具体对外事务更加适合地方政府来承担,地方政府承担这些对外交往事务能够减轻中央外交的负担,同时也能够在特定的领域发挥更好的作用,中央政府和地方政府在对外事务领域确实存在着一定的分工。地方政府对外交往从属和服务中央外交大局的同时,也在能够在一定范围内发挥自主性,对中央外交形成有益的补充。

## (三)政府性

地方政府作为国际行为体不同于中央政府,但是也不同于跨国公司等非政府行为体。地方政府对外交往具有政府性。地方政府不是非政府行为体,地方政府受中央政府的管辖或者制约,属于一国主权的管辖范围,往往是中央政府的组成部分或下辖机构而非民间机构,政府性将地方政府与国际事务中的非国家行为体区别开来。地方政府在地方范围内管理公共事务,具有一定的公共权威和实施公共政策的权力,地方政府对外交往受中央政府委托或者授权许可,由地方政府机构和官员领导实施,具有政府的特点和属性。地方政府仍然是政府机构,具有地方管辖权力的公共权威,具有相对固定的管辖范围和地域、人口,根据宪法和法律赋予的相应权力来管理本地方的公共事务。《中华人民共和国宪法》规定:"县级以上地方各级人民政府依照法律规定的权限,管理本行政区域内的经济、教育、科学、文化、卫生、体育事业、城乡建设事业和财政、民政、公安、民族事务、司法行政、计划生育等行政工作,发布决定和命

---

① 新华网:《习近平在中央外事工作会议上发表重要讲话》,2018 年 6 月 23 日,http://www.xin-huanet.com/photo/2018-06/23/c_1123025867.htm,引用日期:2020 年 12 月 13 日。

令、任免、培训、考核和奖惩行政工作人员。"①尽管宪法中没有具体列明对外事务,但是地方区域内的经济、教育、文化等事务往往不可避免涉及对外活动,地方政府在中央的领导下,仍具有一定的地方的对外事务权力。地方政府作为政府机构,其对外交往活动仍然体现一定的官方性,其行为目标往往是维护地方利益,或者是实现中央政府部署的国家利益目标,因此,地方政府对外交往仍然具有政府性。

### (四)地方性

地方政府主要承担着地方公共事务管理的责任,维护地方利益是其职责所在,随着全球化的快速发展,地方事务日益国际化,地方对外交往必然要承担起在国际事务中维护地方利益的责任。在承担中央政府委托的对外任务之外,地方政府对外交往的最重要目的还是促进地方经济社会发展。从世界范围看,地方政府对外交往兴起的重要原因就是地方政府在全球化背景下开展国际活动来维护和追求地方经济发展利益。从中国改革开放以来的实践看,地方经济发展也是地方政府对外交往的发生发展的最重要的动力之一。

### (五)中介性

地方政府在一国内部体系和对外事务体系中往往起到某种"沟通"和"中介"的作用。从国际视角看,地方政府对外交往的中介性主要表现在中央政府通过地方政府来贯彻自己的对外政策目标、利益集团通过地方政府将其利益反映到国际层面、外国通过地方政府来影响其所在国家的对外政策。从地方政府对外交往的功能性出发,地方政府对外交往的中介性则主要表现在三个方面:一是作为地方企业等非政府行为体的国际利益与中央政府对外政策的中介。地方政府对外交往作为一种半官方外交,能够代表地方利益来开展对外交往,能够较好地代表地方产业企业等非政府行为体发展的国际利益。同时,地方政府对外交往也是国家总体外交的组成部分,能够将地方、民间的国际利益反映到中央外交政策中去。地方政府也往往在地方利益的推

---

① 中国人大网:《中华人民共和国宪法》,http://www.npc.gov.cn/npc/c505/xianfa.shtml,引用日期:2020年10月12日。

动下,通过各种方式影响中央的外交政策,提高其在国家外交战略中的地位;二是作为国家外交政策向国际传达的中介。中央政府的许多对外政策需要地方政府去落实和贯彻,地方政府对外交往可以利用地方独特的资源和方式,贯彻中央政府的外交政策目标,作为中央政府实施外交政策的重要工具和手段;三是在区域化中,作为多层治理的一个层面,地方政府外交可以作为中央政府对外政策与区域组织沟通的中介。这种中介性在欧盟最为典型,欧盟地区委员会直接参与区域组织的相关政策,中央政府可以利用地方政府的中介作用,通过地方政府的对外交往实现一定的对外政策目标,地方政府也可以通过自身的对外交往活动争取自身在国家总体外交中的有利地位,实现地方经济社会利益。此外,外国利益集团或者其他主体也可通过对地方政府施加影响而进一步影响到中央政府的相关政策。

## 二、地方政府对外交往与中央政府外交的差异

地方政府对外交往与中央政府外交除了主体不同之外,还存在着多方面的差异,这些差异决定了地方政府对外交往具备一些独特的优势,能够与国家总体外交形成分工,甚至在某些方面成为中央政府外交的补充。

### (一)目标差异

国家外交的目标是全国性的、宏观性的,考虑的是全国的整体利益。一般来说,中央政府外交的目标主要包括追求本国经济、政治、安全等各方面的利益,促进本国的经济社会发展,维护本国的安全,在世界范围争取国家发展的有利环境,实现某些外交目标等。中央政府则更关注政治、安全领域的事务,如国家发展的外部政治环境和安全环境、国家的政治稳定、国防安全等。我国地方政府对外交往的目标首先应当是为国家总体外交大局服务,完成中央交办的对外任务。但是总体来说,地方政府对外交往的目标是地方性的,考虑的主要是地方利益。地方政府对外交往的目标主要是促进地方经济社会的发展,维护地方经济利益,为地方发展创造良好的国际环境。地方政府主要关注地方经济发展、社会发展、民生问题、公共服务、社会治安等地方事务。当然,中央政府外交与地方政府对外交往的目标在大多数情况下是一致的,国家

整体利益往往也代表了地方利益,但也有目标不一致甚至出现冲突的情况。

## (二)决策差异

在决策属性上,中央政府外交决策更加具有全局性、宏观性和引领性,而地方政府对外交往决策更具有局部性、针对性和基础性;在决策方式上,中央政府外交决策更加具有权威性、规范性和成熟性,而地方政府对外交往决策更具有创新性、多样性和参与性;在决策过程和决策参与者方面,中央政府开展外交与地方政府对外交往也是不同的。中央政府外交的决策过程更加复杂,决策参与者包括国家领导人、外交部、商务部、发改委、财政部等众多部门和作为中央政府智囊团的专家学者等。地方政府对外交往涉及的往往是相对次要和微观的问题,其决策过程相对简单,参与者主要包括地方领导人、地方外事部门、商务部门、发改委等,参与决策者的数量相对较少。

## (三)表现形态差异

中央政府外交表现形态可以包括国家的外交政策,国家的对外经济、政治、安全等各项政策,关于各类问题的国际协调政策与行为。以经济领域外交为例,中央政府经济外交按照方式划分为对外援助外交、经济合作外交和经济制裁外交。[1] 相对于中央政府经济外交,地方政府在经济领域的对外交往的表现形态范围更狭窄,其表现形态主要体现为地方的对外经济交流合作行为,地方的对外经济制裁则较为少见。[2]

## (四)信息差异

信息获取是外交决策和实施的关键要素,中央政府外交与地方政府对外交往掌握信息的领域和方向是不同的。中央政府外交的决策和实施过程中的掌握的信息主

---

① 周永生:《经济外交》,中国青年出版社 2004 年版,第 28 页;赵可金:《经济外交的兴起:内涵、机制与趋势》,《教学与研究》,2011 年第 1 期,第 52～65 页。

② 20 世纪 80 年代以来,美国州政府兴起了一股对外经济制裁的潮流,马萨诸塞州政府和另外至少 19 个地方市政当局通过了制裁缅甸的法律;包括伊利诺斯州、缅因州、新泽西州、俄亥俄州、俄勒冈州和加利福尼亚州在内的 6 个州制定了制裁苏丹的法律;伯克利、奥克兰等 5 个地方政府通过了制裁尼日利亚的法律等。

要来自中央部门,中国中央政府外交决策的信息来源主要有五个方面:外交部及其属下的外事信息部门,如驻外使领馆和使团等、中央政府其他部门所属的信息和研究机构、军方和国安情报机构、新闻媒体、高校及其专业研究机构。[①] 中央政府外交掌握和搜集信息的领域和方向具有宏观性和整体性,涉及的国内信息主要来自中央发改委、商务部、财政部、统计局、工业和信息化部等,这些部门的信息也往往是全国角度的,其信息获取往往是层层上传并加以总结获得,其掌握的信息具有宏观性、整体性和间接性的特点。相对于中央政府,地方政府往往能够更加准确和真实地获得地方企业和各种单位、组织的信息,掌握信息具有地方性和直接性的特点,能够更加直接和全面真实地将地方产业企业、各个组织单位的诉求表现出来,更加充分地体现地方利益。

## (五)反应差异

反应差异是指中央政府和地方政府对出现的国际关系变化的情况而产生的反应是不同的。由于中央政府的政策反应可能产生较大范围的重要影响,中央政府对国际问题变化的反应需要一个甄别、评估、研究分析和决策的过程,这样的过程需要较长的时间。地方政府往往能够迅速地获得直接的信息并能够较快地产生反应,如2019年以来的中美贸易摩擦造成一些地方对美货物贸易和服务贸易业务出现突然下降,而地方政府相关商务部门每月监控经贸数据会直接影响到地方的经济增长和就业,而地方政府往往能够非常灵敏地做出反应,开展相应的地方政策活动进行应对。

## (六)网络差异

全球化背景下,各个国际行为体均不可避免地陷入全球各领域各层面的复杂网络,国家与地方也纷纷成为各种复杂国际网络中的节点,当今世界成为一个主权国家、国际体系和社会网络并存的网络系统,地方政府也被纳入这个复杂的世界网络中,并具备了多重网络的主体权,地方政府被推到世界外交舞台上,并嵌入全球金融、经济、信息和社会流动网络等跨国社会网络中。[②] 国际关系中的社会网络是多层级、

---

① 赵可金:《当代中国外交制度的转型与定位》,时事出版社2012年版,第317～318页。
② 赵可金:《嵌入式外交:对中国城市外交的一种理论解释》,《世界经济与政治》2014年第11期,第135～154页。

多类型的复杂结构,中央政府和地方政府在网络中的关系取向和位置取向都是不同的,层次也是不同的,在不同的网络中的关系强弱也有所区别。中央政府在主权国家、国际组织层级的网络结构中属于相对强联系和正式联系,而在地方政府、跨国公司、民间组织等非主权行为体层级的网络中则属于相对弱联系和非正式联系。地方政府在不同层级的网络中的角色存在重叠与交叉。中央政府与地方政府在国际关系社会网络中的角色和节点关系的差异性也决定了二者在国际活动中行为的影响和作用的差异性。

## 三、我国地方政府对外交往与国家总体外交的关系

基于地方政府对外交往的性质和中国特色社会主义的政治特点,我国地方政府对外交往与国家总体外交的关系应包括以下三个方面:一是地方政府对外交往的先决条件是地方政府在中央政府的授权范围内开展和参与国际关系,中央对地方的授权是地方政府对外交往的前提。二是地方政府对外交往服从和服务于国家外交战略,为国家发展战略服务,是国家总体外交的组成部分。地方政府参与国际事务的方式、策略、目标均以服务国家外交战略为宗旨,服从于国家外交战略大局,同时可以参与承担中央政府外交不适宜处理的相关事宜,拓展国家外交运作空间,作为国家外交的有益补充。三是地方政府对外交往在中央政府授权范围内、在配合国家总体外交的前提下,积极追求地方经济社会发展的相应目标,服务于地方利益,发挥一定范围的主动性和创造性。

### (一)我国学者的相关研究

我国学者对地方政府对外交往与国家总体外交的互动关系模式研究大致可以分为以下几种观点:

一是央地协力模式和央地竞合模式。[①] 央地协力模式是指中央政府先行对地方进行授权,地方政府能够较为明确地了解自身国际活动的空间和权力范围边界,从而

---

① 张鹏:《中国对外关系展开中的地方参与研究》,上海世纪出版集团 2015 年版,第 97～98 页。

能够在中央授权的限度内自主开展国际活动,其优点是中央政府能够与地方政府保持对外政策的一致性,中央与地方在对外关系发展上不容易产生冲突和不一致的情况,政策实施上预见性强,也方便调动地方资源服务整体外交大局。地方政府也能够清晰确定自身国际活动的边界,避免在对外事务开展过程中不断请示,提高了效率。但是这种模式也存在一些问题,如中央政府向地方进行对外事务的授权很难做到内容清晰明确,同时中央政府授权往往存在与地方经济社会发展需要不匹配或滞后的情况;央地竞合模式是一种相对的平行模式,即中央政府与地方政府在对外事务方面平行协商解决,这种模式存在更多问题,包括中央与地方要经过不断的讨价还价的过程,难以形成一致的合力,成本高、效率低,中央政府很难整合和利用好地方资源。央地协力模式和央地竞合模式都只是理想状态,在现实中有所交叉,我国比较适合央地协力模式。

二是代理型、协作型、互补型与冲突型四种基本央地互动模式。[①] 代理型互动模式是一种全面中央集权的外交模式,地方政府完全作为中央政府的代理人从事国际活动,这种模式主要存在于高度中央集权的单一制国家中。代理型互动模式下,地方政府没有多少对外事务的自主权限,其工作主要是完成中央政府委托的各项任务,它们在对外关系方面完全受中央政府的领导,并有责任完成中央交付的各项涉外任务;协作型互动模式则是地方政府在一定范围内拥有其对外事务和国际活动的自主权,中央政府与地方政府建立起相应的协调与合作机制,使双方的国际活动能同时增进各自的利益,实现共赢;互补型和冲突型互动模式则属于平行外交的范畴,地方政府与中央政府处于平行状态,双方没有相应的协调和通气机制,只是互补型模式中地方政府外交的效果能够与中央政府外交相互支持,形成互补,而冲突型互动模式中双方则发生冲突。这四种类型的划分也只是一种简单的理论或理想状态,现实情况要复杂得多。

三是协同行为模式、冲突行为模式和并行行为模式。[②] 协同行为模式是指地方政府的国际行为符合中央政府利益并与之进行协调;冲突行为模式是二者出现利益不相容的情况,包括直接冲突以及内部地方政府之间的竞争可能导致的地方利益与

---

① 陈志敏:《次国家政府与对外事务》,长征出版社 2001 年版,第 161~163 页。

② 高尚涛等:《国际关系中的城市行为体》,世界知识出版社 2010 年版,第 80~85 页。

国际整体利益冲突;并行行为模式是指双方没有协调过程、双方的利益不直接相关的模式。这三种模式表现是动态的,也往往是混合的。

## (二)地方政府对外交往与国家总体外交的关系

地方政府对外交往与国家总体外交的关系是动态而复杂的,从我国的国情和实践来看,地方政府对外交往首先是国家总体外交的一个局部,应当服从于国家总体外交大局,同时地方政府对外交往也应当在一定范围内有其自主性,充分发挥地方政府的积极性和创新作用。本书从国际和国内的地方政府对外交往的实践出发,尤其是从构建中国特色大国外交框架下的地方政府对外交往体系出发,认为地方政府对外交往与国家总体外交之间可以总结为两种关系:主辅关系和互补关系。

### 1.主辅关系

主辅关系首先是要确认中央在外交领域的主导和权威地位,地方政府对外交往应在中央政府的集中统一领导下开展,地方政府对外交往总体上是中央政府起主导作用,地方政府起辅助作用,二者应在对外事务方面形成一致的力量。地方政府对外交往服从和服务于国家总体外交战略,为国家发展战略服务,是国家总体外交的组成部分。地方政府参与国际事务的方式、策略、目标均以服务国家总体外交战略为宗旨。主辅关系主要体现在以下几个方面:

一是地方政府对外交往要得到中央政府的委托,执行中央政府要求的对外政策和事务,地方政府是代理执行的角色,地方政府主要是开展中央政府交办的对外任务。比如,地方政府受中央政府的委托接待来访的外国元首和政要,落实国家与外国签订的相关协定,地方官员在出访外国时传递中央政府的政策信息及完成中央委托的外交使命,代理中央处理涉及地方事务的国际交涉等。在这个过程中,中央政府是主导者和决策者,地方政府是辅从者和执行者。大多数情况地方政府的国际利益与中央政府是一致的,但也有不一致甚至冲突的情况,在出现这种情况时,地方政府必须服从国家总体外交的大局利益,必须服从中央政府的意志,如中央政府决定对某外国进行经济方面的制裁,这种制裁可能暂时造成某些地方的利益受损,这时就出现了地方利益和中央政府利益不一致的情况,主辅关系决定了地方政府必须暂时抛开地方的局部利益来保障中央政府代表的国家整体利益。

二是地方政府在中央政府的授权范围或者许可范围内,得到中央政府明确的政策支持而开展相应的国际活动。主辅关系中地方政府作为"辅"的角色,也并非完全没有自主性,中央政府作为"主"的角色也不是完全垄断对外事务的所有权力。在中央政府明确的政策支持下,地方政府可以发挥一定的自主性开展对外事务活动。比如习近平总书记于 2013 年秋提出的"一带一路"倡议,2015 年 3 月国家发展改革委、外交部、商务部等经国务院授权联合发布的《推动共建丝绸之路经济带和 21 世纪海上丝绸之路的愿景与行动》,都明确提出支持福建省建设 21 世纪海上丝绸之路"核心区",在中央的支持下,福建省作为地方政府发挥一定的自主性,根据本地方的具体情况和特点进一步完善和细化参与"一带一路"建设的目标,于 2015 年 11 月制定了《福建省 21 世纪海上丝绸之路核心区建设方案》,提出了要"建立福建与东盟国家之间的常态交流机制,加强高层互访,推动务实合作""完善与沿线主要城市特别是友好城市的政府间交流机制,积极推动与东盟国家有关省(邦、州)的结好事宜""加强福建省直有关部门、设区市与相关国家政府部门之间的双向交流往来"等更具体的措施。[①] 这就是地方政府在中央的大政方针框架下,展开具有一定自主性的地方政府对外交往,以此充实和丰富国家总体外交,为实现国家总体对外战略目标提供地方支撑,发挥地方政府的力量和作用。

**2.互补关系**

互补关系强调的是中央政府和地方政府在对外事务领域确实存在着一定的分工。当前互联网技术和信息技术革命飞速发展,全球化正在改变和重塑国际关系的各个层面,国际行为体日益多元化、多层化,对外事务不断呈现出多元化、多层化、碎片化和专业化的趋势,对外事务与对内事务也进一步紧密融合,中国外交也正在向传统外交和非传统外交并重的方向发展。国家外交面临着越来越错综复杂的局面,仅仅依靠外交部开展外交工作已经不能适应当前全球外交转型的趋势,中国迫切需要一个多主体参与、多层次互动和相互配合的统筹外交框架。在这个大框架下,应激发地方政府对外交往的主动性和创造性,依托地方政府对外交往独特的性质和优势,在

---

① 福建省人民政府网:《福建省 21 世纪海上丝绸之路核心区建设方案》,2015 年 11 月 17 日,http://www.fujian.gov.cn/zwgk/ztzl/sczl/zcwj/201601/t20160117_1119690.htm,引用日期:2020 年 12 月 10 日。

中央统一领导和保证国家总体外交大局的基础上发挥更大的作用。2018年6月,习近平总书记在中央外事工作会议上讲话指出,"对外工作是一个系统工程,政党、政府、人大、政协、军队、地方、民间等要强化统筹协调,各有侧重,相互配合,形成党总揽全局、协调各方的对外工作大协同局面,确保党中央对外方针政策和战略部署落到实处。"①从我国地方政府对外交往的实践看,中央与地方的互补关系正显得越来越重要。这种互补关系主要体现在以下几个方面:

一是国家总体外交能够为地方政府对外交往建立框架、开拓空间并提供资源和渠道,带动地方政府对外交往。国家总体外交从全国的宏观利益出发,制定并实施相应的外交战略,在绝大多数情况下能够理顺地方利益和全国宏观利益。在国家总体外交战略的大框架下,地方政府对外交往能够明确发展方向并获得更多的活动空间。如党的十八大报告提出要加快实施自由贸易区战略,党的十八届三中全会进一步提出要以周边为基础加快实施自由贸易区战略,形成面向全球的高标准自由贸易区网络。我国中央政府在实施自由贸易区战略的指导下积极开展相关的经济外交,截止到2018年5月,中国已经和24个国家和地区签署了16个自由贸易协定,自由贸易区协定成员分布广泛,既包括发达国家也包括发展中国家,为地方政府开展对外交往,与相关国家开展贸易投资等经济合作提供了广阔的空间。② 在中国—东盟自贸区及其升级版的推动下,地方政府与东盟的国际贸易快速发展,2018年中国与东盟贸易额高达5879亿美元,实现历史新高,同比增长14.1%,增速超过中国对外贸易平均增速,贸易总额是实施自贸协定第一年的6倍多。③ 近年来,我国外交部每年都会安排"支持地方外事工作的实事项目",积极利用中央资源服务地方政府对外交往,助力地方政府对外交流合作。

---

① 新华网:《习近平在中央外事工作会议上发表重要讲话》,2018年6月23日,http://www.xin-huanet.com/photo/2018-06/23/c_1123025867.htm,引用日期:2020年12月13日。

② 中华人民共和国商务部中国自由贸易区服务网:《商务部:中国已签16个自贸协定 涉及24个国家地区》,2018年3月11日,http://fta.mofcom.gov.cn/article/fzdongtai/201803/37337_1.html,引用日期:2020年10月15日。

③ 中华人民共和国驻东盟使团经济商务处:《2018年中国—东盟经贸合作再创佳绩》,2019年3月15日,http://asean.mofcom.gov.cn/article/o/g/201905/20190502867536.shtml,引用日期:2020年8月16日。

 **案例**

**外交搭台、地方唱戏**

近年来,外交部配合国家发改委、商务部等中央部门,进一步完善和健全顶层设计和战略规划,开展外交服务地方发展的创新实践。2015 年,外交部首次与河北省政府合办"蓝厅论坛",以"互利共赢的国际产业合作·聚焦河北"为主题,为地方政府扩大对外交流合作搭建更大、更新、更广阔的平台。之后,外交部正式将"外交搭台、地方唱戏"作为一项服务国内地方发展、加强地方政府对外交往的新举措。2016 年 3 月,外交部与宁夏回族自治区共同举办了首次中国内地地方省区市的全球推介活动,活动的主题为"开放的中国:从宁夏到世界"。王毅部长、宁夏回族自治区主要领导以及来自 94 个国家和 5 个国际组织的驻华使节和驻华代表出席。王毅部长在讲话中说明了开展此项举措的三点原因:一是外交部要为国家发展做好服务,中国的发展是由各省区市的发展汇集起来的,服务国家发展的一个重要着眼点就是服务各地方省区市的发展;二是外交部要为地方开放创造条件,外交部愿意利用自身优势和资源为地方的对外开放作出贡献;三是外交部要为各国驻华使团了解中国国情打造平台,外交部打造这一平台可以帮助各国驻华使节在不离开北京的情况下,同各省区市政府及企业零距离接触,更加有效地同各地方省区市进行对接,寻找商机,扩大合作。外交部专门成立了省区市全球推介活动筹备工作协调小组,从赴地方对接、使节邀请、政策把关、材料审核、翻译、现场管理等方面做了大量的细致工作。2016 年以来,广西、陕西、四川、贵州、云南、安徽、吉林、内蒙古、江西、海南、河南、河北雄安新区、湖北、山东、黑龙江、山西、天津、福建、湖南、青海等均与外交部共同举办了推介活动,截至 2019 年底,外交部与地方政府已经举办了 21 场推介活动,为国内各地方政府开展对外交流合作提供了更多机会和更高层次的渠道。[①] 根据外交部外事管理司介绍,"外交搭台、地方唱戏"推介活动效果突出,据统计,参加 10 场推介活动的驻华大使及临时代办累计近 900 人次,外交官累计约 2000 人次,单场推介活动在互联网上点击过亿。如江西的推介活动在海内外引发广泛舆论关注,新媒体平台总点击量达 6.26 亿,路透社将江西推介活动列入《一周全球重要经济事件一览表》,推介活动之后,达成了许多后

---

① 根据外交部外事管理司所提供的资料整理所得。

续的国外与中国地方政府的交流合作。"外交搭台、地方唱戏"可以说是一种中央支持地方政府对外交往的制度创新,为促进地方政府更好开展对外交流合作拓展了空间。

二是地方政府对外交往也在一定程度上能够对国家总体外交产生积极影响。一方面,地方政府从地方利益出发,通过某种方式影响中央政府的外交决策,将地方合理的利益诉求纳入中央的外交战略,如中国以山东省为代表的地方政府通过向中央政府"陈情"和"游说",在中韩两国正式建交中发挥了积极作用。[1] 21 世纪以来,山东省、上海市、广东省、湖北省等中国地方政府积极开展与韩国的经贸合作,有力促进了两国关系的发展。[2] 另一方面,地方政府对外交往能够在一定范围内发挥能动性和自主性,起到基层主体制度创新的作用,地方政府的某些对外交往创新工具和手段有可能被中央政府认可并采纳、推广,从而对国家总体外交起到制度化改革的作用。例如改革开放后,我国经济特区在中央政府的授权和许可、默认的情况下,积极发挥能动作用,开展了各种地方政府对外交往与经贸合作活动,在促进地方经济发展的同时,也为国家总体对外工作的决策提供了经验借鉴和参考。在以地方政府为主开展的国际城市外交活动中,地方政府取得了不少成功经验,也成为中央政府开展相关外交活动的重要参考。[3]

三是在某些具体外交事务中,中央政府和地方政府可以合理分工,和衷共济,互相利用双方的资源优势,实现中央政府和地方政府的利益共赢。我国中央外交战略决策过程较为宏观,需要综合考虑全国多方面的利益和情况,地方政府对外交往主要是考虑地方的具体情况,二者存在一定的分工并且能够在大多数情况下协调一致,实现利益共赢。我国近年来举办了不少国际多边性会议,大多采用由中央政府主办、地方政府承办的方式,这种方式一方面减轻了中央政府外交具体事务的压力,另一方面为地方政府对外交往提供了高层次平台,提供展示地方形象、扩大地方国际影响力的机会,实现了双方的利益共赢。例如上海世博会、G20 杭州峰会、厦门金砖领导人峰

---

[1]　祁怀高:《中国地方政府对中韩建交的影响——以山东省的作用为例》,《历史研究》2010 年第 4 期,第 65～78 页。

[2]　祁怀高:《21 世纪中国地方政府在中韩关系中的作用》,《当代韩国》2012 年第 1 期,第 33～45 页。

[3]　崔绍忠、刘曙光:《论中央政府和地方政府的经济外交职能及其关系》,《外交评论》2012 年第 3 期,第 43～55 页。

会的成功举办,这些会议的商议举办、参与会议、发布会议成果等由中央政府外交部等来完成,而具体的会议的部署和安排以及接待工作、宣传工作则由地方政府来完成,实现了中央政府和地方政府合理分工、共同达成外交政策的目标。

 案例

### 办好一次会 搞活一座城

2015 年以来,我国外交部开始将更多的外事活动和高级别国际会议放到地方举办,并将其列入支持地方政府对外交往的举措之一。越来越多的国家外交外事相关的高级别会议、外事活动等在首都北京之外的地方省市举办,如 2016 年在杭州举办的 G20 国家领导人峰会、2017 年在厦门举办的金砖国家领导人会晤,以及 2018 年在青岛举办的上海合作组织峰会。

习近平总书记对在青岛举办的上海合作组织峰会的成功举办给予肯定,并指出要认真总结"办好一次会,搞活一座城"的有益经验,推广好的做法,弘扬好的作风,放大办会效应。青岛成功完成了中央赋予地方政府的任务,为国家外交分担了相关事务,同时自身也借此获得了更多机遇。上海合作组织青岛峰会后,全国首个上合组织地方经贸合作示范区落户青岛胶州,青岛积极依托示范区平台探索与上合组织国家经贸合作的新模式。上合组织地方经贸合作示范区为青岛开展对外交往合作进一步拓展了空间,增添了新的动力,示范区目前已开通 12 条国际国内班列,构建了"西联中亚欧洲、东接日韩亚太、南通东盟南亚、北达蒙俄大陆"的多式联运贸易大通道,开工建设了 26 个项目,其中上合组织特色小镇、中俄乌青岛国际创新科技园等投资超过百亿元,青岛正逐步成为上合组织内陆国家面向亚太市场的"出海口"。[①] 除了一些大城市之外,外交部也安排了一些三、四线城市的国际交流活动,如 2016 年外交部推动中日地方交流促进研讨会在陕西安康市举办,安康成为第一个举办该研讨会的地级市。安康市是秦巴山区的特困地区,地方辖区有 100 万贫困人口,约占总人口的三分之一。研讨会期间安康地方农产品企业与日本群马县代表举行了对接洽谈会等活动,会后还安排日本相关人士进行贸易产品合作考察,2017 年在外交部协调下,安

---

① 刘艳杰:《办好一次会 搞活一座城》,《光明日报》2019 年 1 月 10 日第 1 版。

康市领导赴日参加地方交流合作会并进一步宣传安康农产品,为安康农产品进入日本市场开拓了重要渠道。[1]

# 第三节　我国地方政府对外交往的主要方式

根据交往对象的不同,地方政府对外交往可以分为三种类型:一是跨边境地方政府对外交往,主要是指相邻边境的不同国家的地方政府开展的交流合作;二是跨区域地方政府对外交往,即不同国家地方政府之间进行的交往合作活动;三是全球地方政府对外交往,即地方政府与全球各类行为体,包括外国的中央政府、国际组织、跨国公司、利益集团、非政府组织等的国际联系开展的交流合作活动。[2] 目前我国地方政府对外交往主要涉及经济、文化、边境事务等"低级政治"领域,采取的方式多种多样,大致可以分为以下六种方式:一是地方政府领导率领代表团出国访问;二是地方政府在外国设立办事处或者相关机构;三是地方政府参与区域和次区域经济合作并签署相关协议;四是地方政府开展的边境事务对外交往合作;五是友好城市交流合作;六是地方政府开展的各类经贸、文化、教育等各领域的交流合作活动,包括承办中央政府的相关国际会议和外交外事活动,地方政府与外国开展的基础设施、航线航路、标准协调等各类互联互通相关的国际交流合作。

## 一、地方政府领导率领代表团出国访问

地方领导率领代表团出国访问是地方政府对外交往的重要方式,其目的是能够更深入地参与国际交流合作,进行实地考察、相互沟通、促进经贸项目合作、开展文化

---

[1]　根据外交部外事管理司调研材料整理所得。

[2]　Ivo D. Duchacek, Perforated Sovereignties: Towards a Typology of New Actors in International Relations, In: Michelmann, Hans J., Panayotis Soldatos (eds.), *Federalism and International Relations: The Role of Subnational Units*, Oxford: Clarendon Press, 1990, pp.1-33.

教育交流。地方领导人出访的对象一般是外国地方政府,出访活动包括会见外国各级政府官员,访问相关政府部门和有关组织机构,举办经贸、文化、教育、科技等各类交流合作活动,与相关方进行合作洽谈,参加相关的国际会议等。改革开放以来,我国省、市乃至区、县领导都进行了不少出国访问,党的十八大以来,中央加强了对出国访问的管理,进一步提高了地方领导出国访问的效率,减少了浪费。从我国的实践看,地方政府领导率领代表团出国访问一般有三个方面的目的:

一是为国家总体外交服务。近年来,我国地方领导人率领代表团出国访问尤其是地方省级领导人出访往往具有贯彻中央外交意图和开展地方政府对外交往的双重属性。我国地方省级领导人如省委书记、省长等往往也具有中央政治局委员、中央委员的身份(改革开放以来,北京、天津、上海、重庆、广东、新疆 6 个省级行政区的党委书记一般由中共中央政治局委员兼任)。一般地方省级领导出访的对接方大致是外国的部长、州长等相当级别的官员为主,但如果出访的地方省级领导同时具有中央政治局委员、中央委员的身份,出访就带有"党际交往"的属性,接待规格更高。此外,地方领导人率团出访也往往为国家外交的展开做一些前期工作,或者为落实国家外交成果,发挥地方政府对外交往对国家总体外交的辅助作用。如 2015—2016 年我国新疆维吾尔自治区党委书记、中央政治局委员张春贤先后率团访问塔吉克斯坦和巴基斯坦,所带领的是自治区地方的党政代表团,但是也具有党际交往的属性,张春贤分别与塔吉克斯坦总统和巴基斯坦总理会面并转达了习近平主席的问候。张春贤会见巴基斯坦总理时说:"去年习近平主席访问巴基斯坦,双方一致决定将两国关系提升为全天候战略合作伙伴关系,我此次访巴主要目的是落实习近平主席访巴重要成果,推进'一带一路'建设,进一步加强中国新疆与巴基斯坦各领域合作交流,规划新巴合作。"[1]2015 年时任广东省委书记胡春华访问新西兰,其目的之一就是落实前一年习近平总书记访问新西兰取得的外交成果,他在会见新西兰总理约翰·基时说:"习近平主席去年成功访新,同新方一道将双边关系提升为全面战略伙伴关系。我此访目的是进一步落实习主席访新成果。广东愿意发挥自身优势,通过深化与新各领域交流合作,为中新关系发展注入新动力。"胡春华还会见了新西兰经济发展部长、外交部

---

① 央广网:《张春贤率新疆党政代表团访问巴基斯坦》,2016 年 4 月 8 日,http://news.cnr.cn/native/city/20160408/t20160408_521824256.shtml,引用日期:2020 年 12 月 3 日。

长、毛利党联合领袖、毛利发展部长、反对党工党领袖、奥克兰市长、惠灵顿市长等,考察了新西兰乳业和创意产业。访问期间,广东省与新西兰签署了一系列经贸合作协议。[①] 二是推动地方对外经贸交流合作。推动地方对外经贸交流合作往往是我国地方领导人率领代表团出国访问的切实方向,地方代表团成员往往包括地方企业代表、商会代表等,借出访机会开展贸易投资考察、洽谈等活动。例如,2014 年时任广东省委书记胡春华访问越南、马来西亚、新加坡三国时,广东省代表团签订各类对外经贸合作项目 168 个,签约金额高达 123.92 亿美元。[②] 2019 年山东省委书记刘家义率山东省代表团访问韩国、日本,代表团面向日韩各界全面介绍山东发展机遇,推介各类合作项目,举办了中国山东·韩国开放合作推进会、山东青岛—釜山地方经贸合作交流会、山东—关西地区新兴产业推进会等,集中推出 260 个重点项目;签署了《山东省—韩国产业通商资源部深化经贸合作谅解备忘录》,山东省港口集团与中韩有关港航企业共同签署中(鲁)韩欧亚国际物流通道框架协议,与平泽港签署战略合作框架协议,与日本大阪港和横滨港签署合作备忘录,考察了韩国三星、SK 和日本丰田、电产等多家科技创新企业,就加强双方科技合作展开对接。山东省与日、韩地方还在医养健康、节能环保、服务贸易等多领域签署或签约了一批合作机制、平台及合作项目,为实现互利合作、互联互通开辟了新空间。[③] 三是增进文化教育交流。文化教育交流也是地方政府对外交往的重要领域,通过文化教育交流能够增进互信,加强民心相通,为双方友好奠定坚实基础。2014 年北京市委书记郭金龙访问津巴布韦时,两国都举办了《北京之夜》文艺晚会和"魅力北京"图片展。

## 二、地方政府在外国设立商务代表处等相关机构

我国地方政府在海外的办事机构主要是商务代表处、经贸代表处等机构目前主

---

① 新华网:《胡春华会见新西兰总理约翰·基》,2015 年 5 月 28 日,http://www.xinhuanet.com/world/2015-05/28/c_1115443400.htm,引用日期:2020 年 12 月 3 日。

② 中国共产党新闻网:《胡春华率中共代表团圆满完成对越马新访问》,2014 年 4 月 23 日,http://cpc.people.com.cn/n/2014/0423/c64094-24932711.html,引用日期:2020 年 12 月 3 日。

③ 大众新闻网:《开放合作启新程——山东省代表团成功访问韩国日本成果丰硕》,2019 年 12 月 1 日,http://www.ddzzd.com/guojidongtai/1223458.html,引用日期:2020 年 12 月 3 日。

要有三类：一是由地方政府直接设立，归各地方政府的商务部门（省商务厅、市商务局）管理，属于地方政府的派出机构。近年来，地方政府进行了制度创新，一些省市地方政府的海外的办事机构依托本地在海外投资的相关企业设立，以此节省经费开支。例如，厦门市 2015 年以来相继在印度孟买、南非约翰内斯堡、俄罗斯莫斯科、日本东京设立海外投资贸易服务联络点，这些海外联络点均由厦门市在海外投资的相关企业承办，由市政府给予经费支持；2018 年厦门市出台了《厦门海外投资贸易服务联络点操作办法》，进一步规范管理海外联络点，海外联络点年度服务费用基数为重点投资贸易伙伴国家每年 60 万元，"一带一路"重点国家和金砖国家每年 40 万元。[①]二是由中国国际贸易促进委员会各地方委员会设立、具有半官方性质的经贸代表机构。例如，广东省贸促会在欧美发达国家、共建"一带一路"国家（地区）和其他新兴市场国家共设立了 24 个广东省驻境外经贸代表处或联络办公室，有力地推动了广东省与这些国家和地区的交流合作，为广东开放型经济高质量发展和进一步提高对外开放水平作出了积极贡献；三是由地方经济园区等设立的境外经贸代表（办事）机构。为了便利招商引资，我国一些地方的投资区、高新区和自贸试验区等在境外也设立了一些办事处，归属于园区管理部门。例如，2015 年中国（上海）自由贸易试验区依托上海市商务委外国投资促进中心设在洛杉矶、伦敦、法兰克福、哥德堡和大阪的 5 个办事处以及浦东新区商务委在东京的办事处，采用增挂牌子的方式建立了 6 个上海自贸区海外办事处；2010 年西安高新区在美国硅谷设立了海外办事处；厦门火炬高新区在以色列特拉维夫市设立了办事处；等等。

　　我国地方海外经贸代表处的作用主要有：首先是"窗口"的作用，海外经贸代表处通过积极宣传地方的投资环境、投资政策、产业导向以及改革开放和经济社会发展所取得的成就，不断扩大本地区在海外的知名度和影响力，为有意投资本地方的外国企业提供详细、周到的咨询和服务；其次是"桥梁"的作用，海外经贸代表处加强地方与所驻国家（地区）之间的联系沟通，建立和完善双方交流合作机制，推动"引进来"和"走出去"双向投资，促进地方政府、企业与所驻国家（地区）政府、企业交流合作，帮助地方企业考察调研、开展推介活动等；再次是"网络"的作用，积极建立广泛的关系网

---

　　① 根据厦门市商务局所提供的材料整理所得。

络和畅通的渠道,整合其他驻外机构,与当地会计、法律、咨询等中介机构形成相互合作体系。

具体来看,一般地方政府经贸代表处的职责包括:一是推动建立经贸合作长效工作机制。建立和发展与驻在国(地区)经贸部门、商协会(包括华侨华人团体)、企业等经济组织和机构的良好关系,协商探讨双方重点合作领域,推动建立并落实双方经贸合作机制,拓展经贸合作渠道。二是整合协调本地方境外各类经贸代表机构资源。与本地方各类驻外经贸代表机构建立工作对接机制,加强业务指导。三是提供信息服务。研究分析当地经济形势、产业状况、市场行情、科技创新、人才状况、有关政策法规和重大事件等对双边经贸关系的影响,研究双边经贸合作中的问题。四是宣传推介本地方。积极宣传本地方投资环境、投资政策、创新创业政策、人文旅游资源以及优势产业、优秀企业、优质产品,提高地方在海外知名度和影响力。五是组织项目对接。做好项目收集、整理、筛选、开发工作,为意向项目做好协调工作,推动招商引资。六是服务企业和投资者。为"引进来"和"走出去"的企业提供信息咨询、部门协调、突发事件处理贸易摩擦应对等服务。组织投资者实地考察、投资贸易项目对接及洽谈等。七是推动双向经贸往来。为地方在境内外举办的重大经贸活动提供前期策划筹备、组织举办等服务,联络组织,配合双方重点出访工作,促进双向经贸交流。八是组织开展教育、科技、人才、旅游、文化、侨务等领域交流。

我国一些地方政府已经形成了较为成熟的海外经贸代表处管理体系。以江苏省为例,江苏省是国内较早在海外布局商务代表处的地方省份,1996年江苏省商务厅就开始在海外布点。2000年江苏省外经贸厅筹建海外经贸机构管理办公室,负责全面海外工作的管理和协调工作。江苏省设立经贸代表处的目的是提高江苏省在世界的知名度和影响力,促进江苏省同各个国家和地区之间在经济、技术、贸易和投资等方面的交流与合作,不断开拓国际市场,为江苏省开放型经济发展服务。经过20多年的努力,江苏省在亚、欧、美、非四大洲18个重点国家和地区设立了19个经贸代表处,其中亚洲地区8个(中国香港、日本、新加坡、马来西亚、韩国、柬埔寨、阿联酋、以色列)、欧洲地区6个(德国、英国、法国、荷兰、瑞典、俄罗斯)、美洲地区3个(美国东部、美国西部、巴西)、非洲地区2个(纳米比亚、坦桑尼亚),目前已初步形成了"一个机构、两个中心、三项制度"的管理体系。"一个机构"是指江苏省海外经贸机构管理办公室。2000 年,原江苏省外经贸厅设立海外经贸机构管理办公室(筹);2010 年,江苏省商务厅正式设立海外经贸机构管理办公室,负责海外经贸代表处的服务管理,指导协调海外经贸代表处开展对外经贸合作促进工作,并明确 20 个公务员编制用于海外经贸代表。"两个中心"是指海外经贸代表处布局形成了欧洲和亚太两个区域中心。欧洲区域以设在德国杜塞尔多夫的经贸代表处为中心,负责管理驻英国、法国、瑞典、荷兰和俄罗斯 5 个经贸代表处。亚太区域以设在香港的经贸代表处作为中心,负责管理驻日本、新加坡、马来西亚、美国西部(洛杉矶)和美国东部(纽约州)、韩国、柬埔寨、阿联酋、以色列、巴西、纳米比亚、坦桑尼亚 12 个代表处。"三项制度"是指研究制订并不断完善《江苏省商务厅驻国(境)外经贸代表机构人事管理暂行办法》、《江苏省商务厅驻国(境)外经贸代表机构经费管理制度》和《江苏省驻国(境)外经贸代表机构工作报告制度》,并根据情况的变化,不断补充、修订。[①] 另外,如海南省于 2016 年由省商务厅设立了驻新加坡和驻香港商务代表处,广东省目前由省商务厅设立了驻欧洲、北美和东南亚经贸办事处。

## 三、地方政府跨境对外交往和参与次区域合作

我国的陆地边界线长达 2.2 万公里,与越南、老挝、尼泊尔、不丹、缅甸、巴基斯坦、印度、阿富汗、哈萨克斯坦、吉尔吉斯斯坦、塔吉克斯坦、朝鲜、俄罗斯、蒙古国等 14 个国家接壤。我国共有黑龙江省、吉林省、辽宁省、内蒙古自治区、甘肃省、新疆维吾尔自治区、西藏自治区、广西壮族自治区和云南省等 9 个边疆地方省区,其中新疆与蒙古国、俄罗斯、哈萨克斯坦、吉尔吉斯斯坦、塔吉克斯坦、阿富汗、巴基斯坦、印度等 8 个国家边境接壤,西藏与印度、尼泊尔、不丹、缅甸等 4 个国家边境接壤,云南与缅甸、老挝、越南等 3 个国家边境接壤。我国在对边疆地区实行在中国共产党领导下的中央集权和民族区域自治制度,全面规划了边疆地区的治理架构。跨边境的地方之间往往存在各类的跨边境事务,如边境贸易、交通连接、非法移民、走私、恐怖主义、水资源协调、生态环境保护等问题,需要双方开展交流合作解决跨边境的公共产品提

---

① 根据江苏省商务厅调研所提供的材料整理所得。

供问题。改革开放以来,我国边疆地方政府在中央的支持下积极开展对外交流合作,发展边境贸易、物流等,推动边疆经济发展走出了一条"以开放促发展、以发展促稳定"的边境治理新路。[①] 1992 年,中央实施沿边开放的战略决策,先后批准了 14 个国家级沿边经济合作区。1996 年,国务院印发《关于边境贸易有关问题的通知》,指出要积极支持边境贸易和边境地区对外经济合作发展[②],为我国边疆地方政府开展对外交往拓展了空间。在边疆地方政府积极争取下,中央在新疆设立了对外开放口岸 17 个、内蒙古对外开放口岸 19 个、广西对外开放陆路边境口岸 8 个,这些口岸促进了边境地方之间的贸易、物资和人员的交流合作,对边疆对外开放和地方经济发展起到了重要作用。[③]

参与次区域合作已经成为我国边疆地方政府对外交往合作的重要方式。次区域合作也可以称之为跨境次区域合作,次区域合作是在 20 世纪 80 年代末 90 年代初世界经济全球化和区域经济一体化迅速发展的背景下出现的一种合作方式,往往存在于国家之间的连接部,是通过海洋、陆地、河流联系所形成的区域性合作。具体来说,次区域合作是指国土相邻的国家或地区在边境区域及其扩展范围内开展推动经济发展、维护社会稳定的各类经济和非经济合作。我国地方政府在次区域合作领域发挥了重要的作用。[④] 目前我国参与的国际次区域合作主要包括澜沧江—湄公河合作、大湄公河次区域合作、图们江次区域合作、环阿尔泰山次区域合作、中越"两廊一圈"合作等。

以云南省和广西壮族自治区为例,云南和广西是中国参与次区域合作最为积极的地方政府。1992 年,在亚洲开发银行的倡议下,大湄公河次区域内的六个国家共同发起了大湄公河次区域经济合作(GMS)机制,以加强各国间的经济联系,促进次区域的经济社会发展,实现共同繁荣。大湄公河次区域合作目前包括柬埔寨、老挝、缅甸、泰国、越南和中国(具体是云南省和广西壮族自治区),大湄公河次区域是以湄

① 杨长湧:《推动沿边开放实现兴边富民》,《人民日报》2018 年 10 月 29 日第 22 版。

② 中华人民共和国商务部:《国务院关于边境贸易有关问题的通知》,1996 年 1 月 3 日,http://www.mofcom.gov.cn/aarticle/b/bf/200207/20020700031328.html,引用日期:2021 年 3 月 1 日。

③ 赵可金:《中国边疆开发与周边政治经济学——以内蒙古呼伦贝尔沿边开发及其对蒙俄开放为例》,《当代亚太》2019 年第 6 期,第 4~25 页。

④ 胡志丁、骆华松等:《次区域合作及其发展的成因——一个跨学科视角的分析》,《世界地理研究》2010 年第 6 期,第 34~41 页。

公河为纽带形成的自然经济区,面积 260 万平方公里,总人口约 3.34 亿。云南省全程参与了大湄公河次区域经济合作(GMS),早期是大湄公河次区域合作唯一的地方执行主体,2005 年之后中央批准广西加入了大湄公河次区域合作。2016 年澜湄合作首次领导人会议在海南三亚举行,全面启动澜湄合作进程。云南省积极参与并成为重要的决策参与主体和执行落实主体,进一步将澜湄合作融入全省经济社会发展和对外开放布局中,致力于打造全区域覆盖、多主体参与、各层面互动的澜湄合作立体平台,云南省在澜湄"3+5+X"合作框架下务实推进澜湄合作,在推进打造澜湄流域经济发展带、推动农业合作升级、建立医疗卫生合作机制、推进民生合作、维护次区域和平稳定等领域贡献云南力量。

广西是中国唯一与东盟国家既有陆地接壤、又有海上通道的省级行政区,广西自治区政府一直致力于成为中国—东盟合作的中心区域。经过广西的积极争取,2003 温家宝总理在第七次中国与东盟领导人会议上倡议,从 2004 年起每年在中国南宁举办中国—东盟博览会,同期举办中国—东盟商务与投资峰会。中国—东盟博览会由中国和东盟 10 国政府经贸主管部门及东盟秘书处共同主办,广西壮族自治区政府承办,迄今已成功举办 16 届,成为中国与东盟交流合作的重要平台。2006 年,广西壮族自治区书记刘奇葆在首届泛北部湾经济合作论坛上提出要推动"泛北部湾经济合作区"的构想,将其提升为中国与东盟之间一个新的次区域合作项目,与已经实施的大湄公河次区域合作一起作为两个板块,与作为中轴的"南宁—新加坡"经济走廊组成中国—东盟"一轴两翼"区域合作格局。广西提出的推动泛北部湾合作的构想得到中央的充分肯定和积极支持,也得到东盟有关国家领导人的积极回应,在第三届中国—东盟商务与投资峰会和第十次中国与东盟领导人会议上,时任国务院总理温家宝代表中国政府正式提出要"积极探讨泛北部湾经济合作的可行性"的倡议。[①] 2008年中央批准实施《广西北部湾经济区发展规划》,国家发改委通知强调指出:广西北部湾经济区是我国西部大开发和面向东盟开放合作的重点地区,对于国家实施区域发展总体战略和互利共赢的开放战略具有重要意义。要把广西北部湾经济区建设成为中国—东盟开放合作的物流基地、商贸基地、加工制造基地和信息交流中心,成为带

---

① 中国新闻网:《泛北部湾经济合作战略获东盟国家广泛认同》,2007 年 6 月 3 日,https://www.chinanews.com/cj/hgjj/news/2007/06-03/949554.shtml,引用日期:2020 年 12 月 3 日。

动、支撑西部大开发的战略高地和开放度高、辐射力强、经济繁荣、社会和谐、生态良好的重要国际区域经济合作,广西北部湾经济区成为全国第一个国际区域经济合作区。广西和云南作为地方政府参与次区域合作的地位得到了国际组织和国内中央政府的认可,同时这两个省级地方政府在次区域合作中不仅仅是参与者和执行者,也扮演着一定意义上的倡议者和推动者的作用,甚至在决策过程中也起到某种程度的重要作用。

## 四、友好城市交流合作

友好城市即姐妹城市(twin cities),是地方政府对外交往的一种初级形式。友好城市是指不同国家的城市(或省州、县等)开展交往,往往以签署友好城市协议为标志,积极开展经济、文化、科技、教育、卫生、环境保护、青少年等各个领域的交流合作。友好城市最初起源于西欧国家,20世纪50年代,法国、德国等一些国家开始推动国内地方政府与国外对应的地方政府进行交流活动,目的是在二战后缓和敌对情绪、维护和平、增进友谊交流。友好城市运动在20世纪70年代之后迅速发展起来,地方之间的交流合作也逐步从文化领域逐步扩展到经济、社会治理、环境保护等领域,各国也越来越重视友好城市交流,将其作为促进总体外交的一种手段。1973年6月,我国天津市与日本神户市结成中国第一对国际友好城市。改革开放以后,我国友好城市进入快速发展阶段。仅1979年一年就有14个城市分别与日本、美国、意大利、澳大利亚、荷兰等国家对应城市建立国际友好城市关系。1985年,中华人民共和国外交部指出:"友好城市是我国人民外交的重要组成部分,是我国各地贯彻对外开放政策、开展对外交流与合作的一条重要渠道。"[1]1992年,中国人民对外友好协会发起成立了中国国际友好城市联合会作为协调全国友好城市发展的牵头机构。1999年中国人民对外友好协会作为中国地方政府代表加入了地方政府国际联盟(IULA),IULA即世界城市与地方联合组织(UCLG)的前身。2004年,上海、天津、湖南、广州等中国省市作为创始会员加入了UCLG。[2] 党的十八大以来,习近平总书记提出了

---

① 刘庚寅:《为了友谊的和平——民间外交亲历记》,世界知识出版社2006年版,第21页。
② 李小林:《城市外交:理论与实践》,社会科学文献出版社2016年版,第62页。

"一带一路"伟大构想,中国外交呈现向多层次发展趋势。2014年,习近平主席在中国国际友好大会暨中国人民对外友好协会成立60周年纪念活动的讲话中指出:"要大力开展中国国际友好城市工作,促进中外地方政府交流,推动实现资源共享、优势互补、合作共赢。"①友好城市工作进入全方位发展阶段,到2018年底,我国各地方省区市(包括31个省、自治区、直辖市和491个城市)已经与世界136个国家的543个省、州、区以及1675个城市建立了2629对国际友好城市关系。②

我国的友好城市对外交往发展呈现出以下几个特点:一是友好城市对外交往呈现"梯度"发展趋势。友好城市对外交往的开展和改革开放的发展趋势较为一致,形成了"沿海—沿江—沿边"的发展趋势,沿海、沿江、沿边区域城市在缔结友好城市数量上明显占比较大,北京、上海已经发展成为具有全球影响力的世界中心城市。二是近年来友好城市对外交往逐步向高质量发展阶段迈进。以往我国缔结的不少友好城市存在一些空有虚名而没有实际交流合作的情况,根据全国友协估计,约有30%的友好城市仅仅签署了协议,未能进行后续的交流合作,还有30%的友好城市在签署协议后开展的交流活动非常少。③近两年我国友好城市对外交往逐步开始向高质量方向发展,中国对外友城结交数量增幅有所下降,但友好城市之间的交流合作深度和质量却不断提升,友好城市交流合作向经济产业、科技、卫生医疗等方面深度拓展。三是与发展中国家城市、"一带一路"相关国家城市缔结友好城市数量比重不断上升。我国以往缔结的国际友好城市主要是发达国家,随着国际形势的变化,以及中央提出的"一带一路"倡议,我国对外友好城市交往工作也开始注重向"一带一路"相关国家和发展中国家拓展,近年来我国与发展中国家城市、"一带一路"相关国家缔结友好城市数量增加较快,体现了友好城市对外交往服务国家外交战略大局的作用。四是我国友好城市对外交往在维护国家主权、服务国家外交大局、明确对外交往底线方面体现出了重要作用。捷克布拉格市市长贺瑞普等屡屡在台湾、涉藏等涉及中方核心利

---

① 习近平:《在中国国际友好大会暨中国人民对外友好协会成立60周年纪念活动上的讲话》,2014年5月15日,http://www.xinhuanet.com/politics/2014-05/15/c_1110712488.htm,引用日期:2020年9月3日。

② 中国国际友好城市联合会网:《中国国际友好城市统计数据》,2019年1月15日,http://www.cifca.org.cn/Web/YouChengTongJi.aspx,引用日期:2019年2月8日。

③ 根据课题组赴全国友协调研材料整理所得。

益的重大问题上采取错误行动并发表不当言论,2019 年 10 月,北京市人民政府外事办公室发表《关于北京市解除与捷克布拉格市友城关系的声明》,宣布解除与布拉格市友城关系,暂停双方一切官方往来。上海市也发表声明,宣布解除与捷克布拉格市友城关系。五是一些地方省市加强了友好城市对外交往的战略规划和制度化安排,推动友好城市对外交往纳入国家治理体系现代化。例如 2019 年沧州市发布的《沧州市国际友城发展实施方案(2019—2021 年)》。

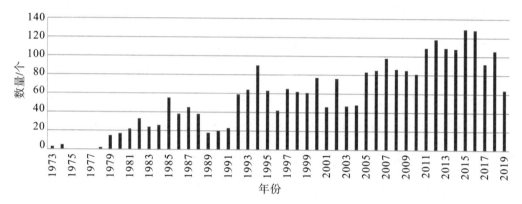

图 3-2　1973—2019 年中国缔结国际友好城市数量

资料来源:中国国际友好城市联合会网站(http://www.cifca.org.cn/)引用日期:2019-03-01。

## 五、地方政府开展的各类经贸、文化、教育等各领域的交流合作活动

我国地方政府还开展了多种多样的经贸、文化、教育等各领域的交流合作活动。经贸交流合作是当前我国地方政府对外交往的核心内容。改革开放以来,我国逐步融入世界市场和全球产业链,在 2001 年加入 WTO 之后,地方经济社会发展与世界经济更加紧密联系在一起,对外经贸交流合作一直是我国地方政府对外交往的重中之重,具体来看,主要分为贸易促进、投资促进、旅游推介三个方面。这三个方面对地方经济发展发挥着举足轻重的作用,地方政府有动力通过对外交往合作发展当地经济,以取得更多地方财政收入。同时,地方经济增长也是地方政府官员业绩考核的重要标准,两方面的动力促进了地方政府积极开展对外经贸交流合作。[1] 此外,地方政

---

① 任志成、巫强、崔欣欣:《财政分权、地方政府竞争与省级出口增长》,《财贸经济》2015 年第 7 期,第 59～69 页。

府之间、地方政府官员之间存在"晋升锦标赛"模式的竞争,①更进一步激发了地方政府开展对外经贸交流合作的热情。1979 年我国出口总额为 136.6 亿美元,2013 年达到 22096 亿美元,平均每年增长约 16.1%;2020 年我国出口总额进一步增长到 25906 亿美元,货物进出口规模保持全球第一;1979—1984 年我国实际利用外资为 281.3 亿美元,2002 年当年实际利用外资达 550.1 亿美元,2011 年则超过 1200 亿美元,与 2002 年相比实际使用外资金额增长了 120.0%,年均增长 9.2%;2020 年非金融类利用外资达到 1444 亿美元,规模创历史新高,跃居全球第一;1978 年来华旅游入境人数为 180.9 万人次,2019 年入境旅游人数达到了 1.45 亿人次。② 可以说,地方政府的对外经贸交流合作在我国改革开放以来的经济发展中起到了非常重要的作用。

党的十八大以来,随着我国"主场外交"频率的加快,地方政府承办国家外交的相关国际会议和外交外事活动逐步增多,除北京、上海外,在浙江乌镇举办了世界互联网大会,在海南博鳌举办了博鳌亚洲论坛,在大连、天津举办了夏季达沃斯论坛,杭州、厦门、青岛、成都等城市也举办过主场外交活动。外交部有意识地将一些中央的外交外事活动放在地方举办,这种"中央主办、地方承办"的模式为我国地方政府对外交往拓展了空间、提供了更大的舞台,有助于丰富地方政府对外交往的经验,提升地方政府对外交往的能力,得到了地方政府的积极响应,同时也有利于减轻中央外交外事的部分工作压力。在地方举办中央外交外事活动还有助于地方广大人民加强对国家大国外交的认知,有利于培养社会更加开放和积极的大国心态。

"一带一路"提出以来,我国地方政府积极与外国开展基础设施、航线航路、标准协调等各类互联互通相关的国际交流合作。福建省开展的"丝路海运"是其中的典型案例。福建省是 21 世纪海上丝绸之路"核心区",港口海运是其参与"一带一路"建设的重要优势,福建省和厦门市政府制订了"丝路海运"的实施方案,2018 年 12 月,福建交通集团、厦门港务控股集团、中远海运集团共同提出建立"丝路海运"联盟的倡议,并开行了第一批以"丝路海运"命名的集装箱航线。"丝路海运"联盟倡议很快得到了中国和众多"一带一路"相关国家航运港口企业、贸易企业、行业协会和科研机构

---

① 周黎安:《中国地方官员的晋升锦标赛模式研究》,《经济研究》2007 年第 7 期,第 36～50 页。

② 国家统计局网站:https://data.stats.gov.cn/,引用日期:2021 年 3 月 5 日。

的响应,在"丝路海运"联盟框架下,厦门港与釜山港、澳大利亚达尔文港、巴拿马玛岛港等签订了战略合作协议。2019 年 9 月,在国家发改委、交通运输部、海关总署以及相关央企的支持下,福建省在厦门举办了首届"丝路海运"国际合作论坛,海上丝绸之路相关的港口航运部门、相关企业、咨询公司、行业协会、航运国际组织等参加了会议。2020 年,"丝路海运"联盟发布了《"丝路海运"港口服务规范》,韩国现代商船公司、汉班托塔国际港口集团、波兰格但斯克港务局、海丰国际等成员加入"丝路海运"联盟。2020 年截至 11 月底,福建 60 条"丝路海运"航线共开行 2203 个航次,完成集装箱吞吐量 207.87 万标箱,已超过去年全年总量,"丝路海运"的影响力进一步扩大。[1] "丝路海运"是由福建省地方政府建设的港口航运物流服务平台,在"一带一路"航线网络建设、合作伙伴拓展、服务标准提升、品牌宣介推广等方面发挥了重要作用。"丝路海运"是有特定服务标准的高质量海运服务,是"一带一路"物流服务的重要品牌,加强了中国港口与 21 世纪海上丝绸之路相关国家和地区港口的海运物流服务合作,是地方政府在"一带一路"背景下开展专业领域标准、服务"走出去"、开展交流合作的重要创新。

境外经贸合作园区也是我国地方政府参与"一带一路"对外交往合作的重要创新形式。截至 2020 年底,我国已经在 46 个国家建设了 141 个境外经贸合作区,累计投资 3094 亿元,为当地创造了 37.3 万个就业岗位。[2] 这些境外经贸合作区大多是由我国地方政府主导推动,地方企业参与建设的。例如,截至 2019 年底,浙江省已经建设了 15 家省级以上境外经贸合作区,地域遍布东南亚、欧洲、北美和非洲等。[3] 我国中央政府也创新建设了"两国双园"模式,2012 年在广西启动中国—马来西亚钦州产业园,2013 年启动了中马关丹产业园。2014 年 11 月,习近平主席会见时任马来西亚总理纳吉布时提出,要"将钦州、关丹产业园区打造成中马投资合作旗舰项目和中国—东盟合作示范区"。[4] 2021 年 1 月,中华人民共和国商务部、福建省政府和印尼海洋

---

① 根据课题组福建发改委调研材料整理所得。

② 中国政府网:《商务部召开 2020 年商务工作及运行情况新闻发布会》,2020 年 1 月 29 日,http://www.gov.cn/xinwen/2021-01/29/content_5583641.htm,引用日期:2020 年 9 月 3 日。

③ 《高质量对接"一带一路"浙江省境外经贸合作区示范提升工程正式启动》,《浙江日报》2020 年 6 月 12 日第 1 版。

④ 中国政府网:《习近平会见马来西亚总理纳吉布》,2014 年 11 月 10 日,http://www.gov.cn/xinwen/2014-11/10/content_2776936.htm,引用日期:2020 年 9 月 6 日。

与投资统筹部签署了《关于中印尼"两国双园"项目合作备忘录》,开始推动中国与印尼"两国双园"合作,2021 年 3 月合作方召开了联合工作委员会会议,正式启动联合工作委员会机制。[①]

境外经贸合作园区对"一带一路"交流合作起到了重要的推动作用:首先,"一带一路"境外经贸合作区在产业领域能够形成与当地经济产业的交流互动,从与当地企业上下游产业链合作、共同研发新技术新工艺、联合建设相关企业生产设施等方面实现在境外与"一带一路"相关国家的产能领域的交流合作;其次,"一带一路"境外经贸合作区能够通过境外园区工作人员与当地城市社区的生活、工作、消费和娱乐的互动,增进人民之间的相互了解,促进中国与"一带一路"相关国家的民心相通;第三,中国境外经贸合作区的相关企业往往在当地主动履行企业社会责任,参与当地社会公益。例如,中国—白俄罗斯工业园区的多家企业为当地的小牛村修建了 1.2 公里的公路,为白俄罗斯国际儿童村捐赠取暖设备等举动[②],均产生了积极的社会影响,树立了良好的国际形象,有利于中国的国际软实力建设。

---

① 《深度融入共建"一带一路"中国—印尼"两国双园"经贸合作机制启动》,《福建日报》2021 年 3 月 29 日第 2 版。

② 施一峰:《境外园区与地方城市互动发展及影响因素研究——以中国—白俄罗斯工业园为例》,《城市发展研究》2019 年 3 期,第 49~58 页。

# 第四章 中国地方政府对外交往案例研究

## 第一节 云南省地方政府对外交往

云南省位处中国西南,东部与贵州省、广西壮族自治区为邻,北部与四川省相连,西北部紧依西藏自治区,西部与缅甸接壤,南部和老挝、越南毗邻。云南省有4061公里的陆地边境线,是国内离印度洋最近的省份。2020年,云南省生产总值总量为24521.90亿元人民币,全年外贸进出口总额389.46亿美元,其中对东盟进出口178.5亿美元。[①] 截至2019年末,云南省总人口为4858.3万人。云南省处于边境并与多个东南亚国家接壤,这种独特的地理条件使得云南省在中国与东南亚国家跨境合作、开展对外交往中具有更多的比较优势,云南省也成为中国地方政府参与国际事务、开展对外交往的典型实践者。

### 一、云南省开展对外交往活动的背景与动因

#### (一)国家层面:中央政府的鼓励政策与权力下放

自1978年改革开放以来,中国开始积极融入全球发展,中国的各个省份地方政

---

[①] 云南省人民政府:《云南省2020年国民经济和社会发展统计公报》,2021年3月25日,http://www.yn.gov.cn/zwgk/zfxxgkpt/fdzdgknr/tjxx/tjsj/202103/t20210325_219186.html,引用日期:2021年3月30日。

府也被鼓励积极参与国际经济合作、开展对外交往活动。中央设立了经济特区和一批沿海开放城市,沿海地区各省市加快了对外交流合作并取得了很好的成效,促进了地方经济社会的发展,在这个过程中,沿海地区地方政府一些积极主动的对外交往和经济合作活动得到了中央的默许和鼓励,并被给予了更多政策资源,这些对云南等内陆和边境地方政府起到了重要的"示范"作用。改革开放以来的权力下放也使得云南省逐步树立了自身的发展目标,也具备了一定的资源配置能力。1992 年邓小平南方谈话后,中国的改革开放进一步深化。1992 年 5 月,中共中央 4 号文件决定授予昆明沿海开放城市政策,之后国务院批准瑞丽、畹町、河口实行沿边开放城市政策,在滇缅边境设立瑞丽、畹町两个国家级口岸,在滇老边境设立磨憨为国家级口岸,恢复开通滇越边境的 3 个口岸,推动了云南省地方政府开展对外交流合作。[①] 1994 年中国正式以国家身份加入大湄公河次区域经济合作,并授权云南省承担参与合作的主体角色,给予其较大的自主权。2000 年,中央"十五"规划提出了"西部大开发"战略,党的十八大以来中央强调要完善周边外交战略布局,突出周边在我国发展大局和外交全局中的重要地位。2013 年习近平总书记提出"一带一路"倡议,这些中央的战略规划为云南省政府对外开放和开展对外交往明确了方向并给予了大量的政策支持。云南省作为与多个东南亚国家接壤的省份,在历史上就长期与相关国家有一定的交流,积累了大量跨境问题的治理经验,能够更好地把握周边国家和地区发展的特点和趋势,加上作为地方政府贴近基层、灵活性较强、在处理跨境事务上效率较高的优势,这也是中央支持其开展对外交流合作的原因。

### (二)省际层面:发展压力与竞争动力

首先,地方经济发展的压力推动云南省政府积极开展对外交往。在早期的改革开放中,沿海省份得到了大量的政策支持。云南作为内陆和边境省份,对外开放落后于沿海省份,云南的经济发展水平与沿海省份的差距也被日益拉大,云南省人均GDP 长期低于全国水平。1978 年,云南省生产总值为 69.05 亿元,福建省为 66.37 亿元,云南省高于福建省。2015 年,福建省生产总值总量达到 25979.82 亿元,而当年云

---

① 资料来源于云南省外事办。

南省生产总值总量为 13717.88 亿,双方差距巨大。2000 年之后,中央提出了"西部大开发"战略,并采取了一系列政策来扶植中西部省份发展经济,但是资本、技术和劳动力等生产要素仍然不断向沿海地区聚集。2010 年,云南省 GDP 在全国各地方省区排名倒数第 8,仅高于新疆、贵州、甘肃等省区。① 地方经济发展的压力是云南地方政府积极开展对外交往合作的内在动力,云南结合自身的发展优势特点和资源禀赋,力图在全球化日益深化的趋势下通过加强对外交流合作带动自身经济社会发展,积极面向南亚、东南亚国家,推动湄公河流域次区域经济合作,以此来拓展自己的经济发展空间,试图开辟一条不同于沿海地区的开放发展模式。

其次,其他省份的竞争促使云南省政府积极谋划对外交往创新。云南省和广西壮族自治区地域相邻,经济发展特点相似,对外交往合作的重点主要都在南亚和东南亚地区,具有相似的利益诉求。20 世纪 90 年代,云南省和广西壮族自治区在对外经济合作方面的竞争趋势还不是很明显,两省在诸多方面建立了合作机制共同开发东南亚市场。云南省积极推动大湄公河次区域合作,提升了云南在国家对外开放和总体外交战略中的地位。但是自 2004 年以来,广西凭借中国—东盟博览会等国际多边合作平台,加大了对东盟国家交流合作的力度,并提出了"泛北部湾经济合作区"的构想,2005 年之后中央又批准广西加入大湄公河次区域合作,广西在国家对东南亚总体外交战略中的地位快速上升,使得云南省原有的与东南亚国家合作的主体地位发生动摇。此外,由于两省的地理位置相近、经济发展特点相似,云南和广西在与东南亚国家进行合作时的规划有不少相似的政策,如在互联互通领域,两个省份都提出要成为连接东南亚国家的地区枢纽,云南提出要建立连接东南亚地区的跨境铁路、公路、电力、能源以及电信等不同运输系统的互联互通网络,广西则表示要成为新的西部陆海通道的入口,并将该通道打造为中国西南部与东南亚国家联系的重要运输渠道;在区域金融发展方面,两省都提出要成为区域内的金融中心,云南提出要进一步改善金融服务业营商环境,促进该区域的金融分支机构发展,广西则致力于推进人民币的跨境交易来融入东南亚金融市场。两省之间的竞争态势进一步推动云南加快对外交流合作并积极与国家战略对接,探索创新更有效的对外交流合作模式。

---

① 数据来源于国家统计局网站,https://data.stats.gov.cn/index.htm。

## 二、云南省开展地方政府对外交往的实践

### （一）积极主动谋划参与次区域合作

云南在 20 世纪 80 年代末就提出了开通发展"澜沧江—湄公河"水上航路的设想。1989 年,云南省领导认可了云南交通厅提出的开发澜沧江国际航运的设想;1990 年,云南省领导与老挝交通部副部长就考察澜沧江—湄公河进行了会晤,随后云南省交通厅与老挝交通部联合进行了首次澜沧江—湄公河考察;同年 10 月,云南省组织了 4 艘轮船完成了澜沧江—湄公河由中国景洪港至老挝万象的首次载货航行。[①] 1992 年,亚洲开发银行的顾问到云南进行大湄公河次区域合作的前期考察调研,时任云南省省长会见了亚洲开发银行的顾问团,向对方介绍了云南省对外开放的规划,并表达了开放合作的积极意愿,亚洲开发银行的顾问团认为云南与湄公河流域国家的合作实践起步早,成效较好。[②] 云南省领导与亚洲开发银行的这次会晤对澜沧江—湄公河次区域经济合作的启动具有重要意义。这次会晤 2 个月之后的 1992 年 10 月,第一届澜沧江—湄公河次区域经济合作会议在菲律宾召开,云南省政府代表受邀参加会议,此次会议中央方面派了人民银行相关人员参加,主要是对澜沧江—湄公河次区域经济合作进行观察,但是云南省政府态度非常积极,认为这是云南对外开放的一个重要机遇,云南代表在会议上提出了"一条铁路、两条公路、一个机场"的规划建议,即建设昆泰铁路、昆洛公路、昆畹公路和昆明机场的建议,会后被写入合作纲要。第二届澜沧江—湄公河次区域经济合作会议于 1993 年召开,亚洲开发银行发表了题为"次区域经济合作——关于柬埔寨、老挝、泰国、越南和中国云南省进行合作的可能性"的报告,把"柬埔寨、老挝、泰国、缅甸、越南和中国云南省"界定为大湄公河次区域,将云南省作为次区域经济合作的直接参与方确定下来。[③]1994 年,中国正式以国家身份加入大湄公河次区域经济合作,这显然也是对云南省政府前期所进行的

①③ 李秀芳:《次国家行为体参与区域合作的实践逻辑解析——以云南参与大湄公河次区域合作为例》,《印度洋经济体研究》,2020 年第 3 期,第 94～116 页。

② 资料来源于课题组云南省发改委调研。

对外交流工作的一种认可。同时,中央认可了云南省作为次区域合作的参与主体和具体执行主体,云南省作为中国代表团副团长参与了连续多届大湄公河次区域经济合作部长会议。1994年,中央成立"国家澜沧江—湄公河流域开发前期研究协调组",云南省政府是其中的副组长成员单位。在得到中央的初步认可后,云南积极组织对接中央协调组和次区域经济合作,成立了由省长直接领导的"云南省澜沧江—湄公河次区域经济合作协调小组",协调小组由省内交通、能源、电信、环境、农业、人力资源开发、旅游、贸易便利化与投资、禁毒等各个相关部门联合组成,云南省政府各相关部门都专门设立了办公室并增加专门人员来处理次区域经济合作中本部门职能范围的事务。① 两级协调组的方式推动云南省政府作为副组长直接参与到有关澜沧江—湄公河次区域经济合作的相关决策过程中,云南省地方政府在这样的机制架构中可以将地方的诉求和设想更加便利地与中央进行充分沟通,其主动性创造性能够得到进一步的实践空间,同时由于地方政府在跨境事务、次区域合作上的信息掌握更加全面,更具有基层治理和对外交流合作的经验,其工作也得到了中央的进一步认可,且由于云南的积极参与,中央对澜沧江—湄公河次区域经济合作也更加重视。之前中国参加大湄公河次区域经济合作部长会议的中国代表团均由中央和云南省代表担任团长和副团长,中央方面原先由中国人民银行副司长担任团长,后来逐步提高为由国家计委副主任、海关总署副署长等担任。1996年,时任国务院副总理姜春云出席了在昆明举行的第六届大湄公河次区域经济合作部长级会议,中国方面参会领导级别的提高显示了中央对大湄公河次区域经济合作的重视程度的提高,云南省代表团继续担任中国代表团副团长,显示了云南在合作中的重要地位。在云南省的积极推动和参与下,中央加大了对大湄公河次区域经济合作的支持力度,1998年,我国派出以财政部副部长为团长、代表人数最多的代表团参加第八届大湄公河次区域经济合作部长级会议。

从中央政府派代表参加大湄公河次区域经济合作部长会议的情况来看,一开始大湄公河次区域经济合作并未引起足够的重视,仅安排了较低级别官员参加,后来,云南省政府多次向中央报告申明大湄公河次区域经济合作的重要意义,在云南省政

---

① 陈迪宇:《云南与"大湄公河次区域经济合作机制"》,《国际观察》2008年第6期,第16~21页。

府的努力沟通下,中央政府逐步认识到大湄公河次区域经济合作不仅关系到西南地区的地方发展利益,还关系到国家总体外交和对外开放的战略利益,随后便逐步派出级别更高的代表参加大湄公河次区域经济合作部长会议①(见表4-1)。

表 4-1　1992—2002 年中方参加 GMS 部长级会议代表团团长情况

| 时间 | 地点 | 代表团团长 | 代表团副团长 |
|------|------|------------|--------------|
| 1992 | 马尼拉 | 中国人民银行代表周越群 | 云南省政府秘书长吴光范 |
| 1993 | 马尼拉 | 中国人民银行国际司副司长李若谷 | 云南省政府秘书长吴光范 |
| 1994.4 | 河内 | 中国人民银行副行长殷介炎 | 云南省政府秘书长吴光范 |
| 1994.9 | 清迈 | 中国人民银行代表李若谷 | 云南省政府秘书长吴光范 |
| 1995 | 马尼拉 | 国家计委副主任陈耀邦 | 云南省政府秘书长吴光范 |
| 1996 | 昆明 | 姜春云副总理 | |
| 1997 | 马尼拉 | 国家计委副主任陈耀邦 | 云南省副省长牛绍尧 |
| 1998 | 马尼拉 | 财政部副部长金立群 | 云南省副省长邵琪伟 |
| 2000 | 马尼拉 | 财政部副部长金立群 | 云南省副省长牛绍尧 |
| 2001 | 仰光 | 海关总署副署长端木君 | 云南省副省长牛绍尧 |
| 2002 | 金边 | 财政部副部长金立群 | 云南省副省长李汉柏 |

资料来源:作者整理。

2002 年 11 月,大湄公河次区域经济合作首次领导人会议在柬埔寨金边举行,我国时任国务院总理朱镕基出席,会议批准了《次区域发展未来十年(2002—2012)战略框架》,并决定其后每三年在成员国轮流举行一次领导人会议。大湄公河次区域经济合作开始上升到国家领导层次。在这次会议上,中国政府发布了《中国参与湄公河次区域合作国家报告》,明确提出"云南省是中国参与湄公河次区域合作的主要省份,也是中国通往东南亚各国的陆路桥梁;云南将以大西南为依托,省会昆明市为中心,边境开放城市为前沿,建设中国连接次区域以及东南亚的陆路经贸通道"。② 同年,中国和东盟将大湄公河次区域经济合作定位为中国—东盟自由贸易区的先行示范区,并纳入双边合作框架,大湄公河次区域经济合作在我国周边外交战略中的地位进一步提升,中央层面开始给予合作更多的支持,如减免老、缅、柬、越四国到期部分债务,

---

① 杨洪常:《云南省与湄公河次区域合作——中国地方自主性的发展》,香港中文大学亚太研究所 2001 年版,第 115 页。

② 资料来源于课题组云南省外事办调研。

实行"早期收获"计划,提供资金和技术支持等。2003 年,时任中国国家副总理曾培炎在东盟—湄公河流域开发合作第五次部长级会议上指出:"位于中国西南边陲的云南省既是中国实施西部大开发战略的重要省份又是中国参与东盟—湄公河流域开发合作的主体",可以说,云南参与大湄公河次区域合作的主体地位得到了中央政府的正式认可。[①] 在大湄公河次区域合作的框架下,云南省政府积极搭建合作平台、开展与区域内国家经贸合作、旅游合作、金融合作、能源合作等,云南省在参与大湄公河次区域合作的过程中进行了不少创新,学习并探索参与次区域合作的宝贵经验,在与次区域国家建立稳定的工作合作机制、利用亚洲开发银行贷款、与次区域国家开展多领域合作等方面都取得了突破。[②] 在云南的努力下,大湄公河次区域合作积累了合作经验,为澜湄合作奠定了良好的基础。2014 年,时任国务院总理李克强在大湄公河次区域经济合作第五次领导人会议上提出要"打造中国同次区域国家经济合作升级版"[③],得到了湄公河国家的积极响应。2016 年澜沧江—湄公河合作首次领导人会议建立了以政治安全、经济和可持续发展、社会人文为三大支柱的澜湄合作机制,成为首个由流域六国共商、共建、共享的新型次区域合作机制。云南省政府继续发挥优势积极参与,配合外交部在云南举办了澜湄合作外长会议、高官会议、联合工作组会议等系列会议。2017 年,云南省政府成立了"澜湄合作中国秘书处云南联络办公室",成为首个且唯一一个在省级层面设立的澜湄合作联络机构。2019 年又成立了中国(云南)—柬埔寨(外交与国际合作部)合作工作组,实现了云南省与澜湄国家双边合作机制全覆盖。此外,云南省还谋划参与了"黄金四角"次区域合作、东盟——湄公河流域开发合作、孟中印缅地区合作等次区域合作。

### (二)积极开展对次区域国家交流合作

在次区域合作的框架下,云南省积极开展与相关国家的交流合作,主要包括以下

---

① 王敏正:《大湄公河次区域合作情况及云南的地位和作用》,《珠江经济》2006 年第 8 期,第 2~9 页。

② 黄玉霞:《云南对外开放的全景透视——评〈末梢变前沿——云南面向西南开放纪实〉》,《南亚东南亚研究》2019 年第 4 期,第 136~149 页。

③ 中国政府网:《李克强在大湄公河次区域经济合作第五次领导人会议开幕式上的讲话(全文)》,2014 年 12 月 20 日,http://www.gov.cn/guowuyuan/2014-12/20/content_2794565.htm,引用日期:2020 年 9 月 15 日。

几个方面：

一是云南省领导人积极出访相关国家开展交流。例如，2007 年云南省主要领导率领云南省政府和经贸代表团出访大湄公河五国，会见了 11 位国家领导人和 40 位部级官员，举办了 5 场经贸洽谈会，签订了 42 个项目，达成意向性合同 100 多个①。

二是在次区域合作框架下积极搭建合作平台。云南省国际区域合作办公室先后主导和建立了云南—泰北工作组、东盟—湄公河流域开发合作组、中国—越南五省市经济协商会、云南—老北工作组、云南—南亚商务论坛、云南—缅甸合作论坛、滇越边境五省联合工作组等双多边平台。云南省积极推进中越河口—老街跨境经济合作区、中缅瑞丽—木姐跨境经济合作区、中老磨憨—磨丁跨境经济合作区建设，先后举办了大湄公河次区域项目洽谈会、大湄公河经济走廊活动周、澜湄周等平台活动。

三是积极与次区域国家开展经贸交流合作。2006 年 3 月云南省出台《云南省外来投资促进条例》，鼓励次区域国家在云南投资；2012 年云南省出台了《关于加快推进边境经济合作区建设的若干意见》，批准天保、孟定、猴桥、勐阿、片马、磨憨为省级边境经济合作区。云南省企业主导建设了老挝万象赛色塔海外经贸园区并通过商务部境外园区考核，此外，缅甸曼德勒缪达保山工业园区、密支那工业园区等境外园区建设正在积极推进。2004—2009 年，云南省与次区域五国贸易额增长了 136.3％。2019 年，云南省与越南、老挝、缅甸、泰国贸易同比增长分别为 7.7％、18.8％、23.4％和 53.1％。② 云南省还积极与老挝等国家开展农业合作，在橡胶种植和毒品替代种植领域合作得到联合国肯定。

四是开展"云电外送"等互联互通合作。云南水电资源丰富，2001 年云南实现向老挝北部供电，2004 年对越南北部供电，2012 年实现云南电网与越南、老挝、缅甸国家电网互联互通。中缅油气管道（缅甸皎漂—云南瑞丽—昆明）建设初步完成，中越、中老泰、中缅、中缅印铁路通道积极推进，截至 2019 年，云南开通至澜湄国家国际航线 40 多条；五是积极开展旅游合作。云南先后运营开通了澜沧江—湄公河黄金旅游、昆明—西双版纳—琅勃拉邦跨境旅游、腾冲至缅甸密支那边境旅游。云南与泰国北部 17 府共同规划了"黄金四角"旅游区，在云南和老挝、缅甸、越南的边境地区实行

① 课题组云南省外事办调研材料。
② 云南省商务厅：《云南商务报告》，2004—2019 年各卷。

互免签证。目前云南现有 13 个国家一类口岸、7 个二类口岸、90 个边民互市通道、103 个边民互市点,形成了水陆空全方位开发的格局。[1]

六是积极开展金融合作。2010 年,云南省启动人民币跨境结算试点;2011 年,富滇银行全国首家推出老挝基普兑人民币现汇交易业务,实现中国—老挝本币跨境结算,实现了对缅、老、越三个澜湄接壤国家瑞丽、磨憨、河口三大口岸的金融全覆盖。中国建设银行云南省分行已与越、缅、泰等国的 11 家银行建立了跨境人民币业务合作关系。

### (三)加强城市、民生、文化、媒体等领域对外交往

云南省与泰国、老挝、越南、缅甸、印度、马尔代夫、以色列等国家建立了双边合作机制。截至 2019 年,与 34 个国家缔结了 96 对国际友好城市关系,充分利用友城渠道持续深化与南亚、东南亚传统友好国家的深度交往;[2]云南省积极开展澜湄国家职业教育培训工作,建设澜湄职业教育培训基地,近五年培训澜湄国家人员达 4 万人次。在澜湄合作专项基金的支持下,云南省政府还主导实施了大量民生援助项目,包括"中医针灸进澜湄""咖啡增产项目""太阳能光伏"等项目,推动老挝、缅甸、越南等贫困区域民生发展;云南省还积极组织各类对外文化交流和形象展示活动,策划了"七彩云南—'一带一路'""澜湄文化周"等活动,打造了"香格里拉""云南印象"等一批文化精品,提升了云南文化的影响力;云南省政府注重加强与国外媒体的交流合作,树立云南形象。云南省外事办、党委宣传部等长期组织与外国媒体开展交流,引导外国媒体积极采访报道云南省的经济社会发展新成就,努力树立云南省开放包容、透明和谐的形象,为云南对外交往营造友好的国际舆论环境。2019 年云南举办了首届中国—南亚媒体论坛,为云南省与南亚各国媒体交流合作搭建了重要平台,全年协调安排来滇采访外国记者 48 批 451 人次。[3]

---

[1] 黄玉霞:《云南对外开放的全景透视——评〈末梢变前沿——云南面向西南开放纪实〉》,《南亚东南亚研究》2019 年第 4 期,第 136~149 页。

[2] 云南省外事办:《2019 年度云南省外事港澳年鉴》,2020 年 9 月 29 日,http://yfao.yn.gov.cn/ynwb/wsganj/202009/t20200929_1027535.html,引用日期:2020 年 10 月 31 日。

[3] 云南省外事办调研材料。

## 三、云南省地方政府对外交往的特点

经过改革开放 40 多年的发展,云南省的对外交往能力大幅度提升,并更加具有弹性和竞争力,在一定程度上已经具有参与国际关系、经济合作和地区事务的准外交能力。云南省作为内陆边境省份,在改革开放的过程中没有获得沿海省份快速发展的机遇,发展相对落后,但是其努力结合自身的地理位置优势,对接国家对外开放和总体外交战略,积极谋划开展与周边邻国经济合作。在这种发展背景下,云南省形成了独特的地方政府对外交往发展模式。

### (一)形成了"理解中央精神—主动谋划—探索实践—中央认可"的模式

从世界各国的政治经济实践看,在对外交往领域往往存在着中央和地方权力划分模糊的现象,在我国也存在这种情况,云南省地方政府在开展对外交往活动中呈现了理解中央精神—主动谋划—探索实践—中央认可的实践逻辑,为中国特色地方政府对外交往探索了独特的模式。以云南开展边境贸易为例,在改革开放初期,云南省政府根据国内形势和云南实际情况,决定以发展边境贸易作为对外开放的先导。1980 年,云南省政府出台《关于中缅、中老边境边民互市管理办法》,把互市限额提高到每人每天 20 元。1980—1983 年,云南德宏州的边境贸易快速发展,但是管理没有及时跟上,出现了一些混乱问题,遭到了上级批评,中央部门也派人来调查,德宏州边境小额贸易被暂停。德宏州政府认为边境贸易要继续开放,并就管理问题和开放边境贸易向省政府提出建议。1984 年,国务院正式发文,将边境小额贸易授权有关省、区人民政府管理,提出了"五自"方针,即自找货源、自找销路、自行谈判、自行平衡、自负盈亏的原则。1985 年,云南省政府颁布了《云南省关于边境贸易的暂行规定》,将互市范围扩大到沿边 27 个县(市),对 165 种商品实施关税减免,将互市交易额提升为每人每天 100 元,并取消了原来边民互市要在边境 20 公里范围内进行的限制,同时进一步将德宏州设立为边境开放贸易区,成为我国开放最早的沿边地区。随后几年里,德宏州贸易额出现了成倍的增长,吸引了大量外资。1986 年,德宏州边境贸易额为 1.7 亿元,1990 年就增长到 10.7 亿元。[①] 1987 年,德宏州通过云南省向中央提出申请批准设立"德宏傣族景颇族自治州民族经济贸易实验区"的报告;1989 年 4 月,国家体改委和国家民委派出联合调查组赴云南专门进行调研论证。[②] 1991 年,云南省政府进一步对边境贸易谋划创新实践,提出了云南边境贸易发展的"三个转变",即"变等客上门的单边贸易为双边贸易,变零星多头经营的小宗贸易为联合起来经营的大宗进口贸易,变单纯的商业中转贸易为开发型的两头在外的工业开发区"。云南发展边境贸易的经验得到了中央的肯定,认为其作用可以概括为"利国、富民、睦邻、安邦"。邓小平同志南方谈话后,1992 年 5 月,中共中央 4 号文件决定让昆明实行沿海开放城市政策;同年 6 月,国务院批准瑞丽、畹町、河口实行沿边开放城市政策,在滇缅边境设立瑞丽、畹町两个国家级口岸,在滇老边境设立磨憨为国家级口岸,恢复开通滇越边境的 3 个口岸。德宏州成为我国沿边地区拥有沿边开放城市和边境经济合作区最多的边疆少数民族自治州。[③]

从课题组访谈以及获取的调研材料看,云南省地方政府在中央精神框架内主动谋划地方对外交流合作的主动性很强,并且非常注重与中央的沟通协调。改革开放初期,我国中央对边疆省份更多的是强调政治社会稳定,对其经济发展关注较少,在这样的背景下,1980 年代中期,云南省政府实施的边境贸易政策其实一开始并没有得到中央政府的正式批准,云南省是依据 1985 年中央向地方下放贸易权的相关政策采取了"擦边球"的做法,实际上是一种基层的创新,当时中央政府对云南的边境贸易政策采取了默认的做法。1990 年代初以后,云南边境贸易蓬勃发展,中央领导人来云南考察给予相关工作肯定后,中央政府最终对云南省的做法予以确认。[④] 云南在 1990 年代初重点开展了澜沧江—湄公河次区域合作,但是从经贸合作角度看,区域内国家市场狭小,一些国家当时还面临政治局势动荡等问题,云南省希望进一步扩大开放的空间,将印度纳入云南对外开放的重点对象中,但是当时中国与印度关系仍比较冷淡。之后外交部授权云南副省长去拜会印度外交部,逐步开展了云南与印度的

---

① 云南省地方志编纂委员会:《云南省志——外事志》,云南人民出版社 1996 年版,第 93~96 页。
② 云南省德宏州政府调研材料。
③ 任佳、李丽:《末梢变前沿——云南面向西南开放纪实》,云南人民出版社 2017 年版,第 156~157 页。
④ 云南省发改委调研材料。

交流合作活动。[①] 云南省根据中央精神主动谋划,然后在合理范围内探索实践并积极向中央提出建议意见,获得认可(授权)后进一步加强实践,在地方政府对外交往的实践中形成了非常有效的探索模式,其地方政府对外交往的实践探索和创新在早期的边境贸易、后来的次区域合作领域均对中央的总体开放战略都产生了积极的影响,一些地方政府对外交往的创新上升为国家战略,同时也大大提升了云南省在国家对外开放战略中的地位,促进了地方经济社会的发展。

### (二)高度重视对外交流合作的系统规划

改革开放以后,云南早期的开放与对外交流合作战略是边境贸易为先导。1986年,云南省领导提出"走向东南亚应该是云南省对外开放的方向"。1988年,云南省领导又提出了"东联沿海、西向南亚"的口号。20世纪90年代以后,中国与老挝、越南关系实现了正常化,柬埔寨问题得到解决,东南亚和南亚地区和平发展趋势较为明确。1990年,中共云南省第五次代表大会第一次明确提出要把加强同东南亚和南亚国家友好往来和经济合作作为云南对外开放的重点。1992年2月,云南省委五届三次会议提出"打开南大门、面向亚太、走向世界"的对外合作思路,进一步确定了面向东南亚和南亚开放的发展战略。1992年6月,时任云南省省长发表了《东联沿海省,西向东南亚——加速云南对外开放的思考》的文章。[②] 1993年,云南省政府工作报告指出,要在"八五"期间完成"通往缅甸、越南、老挝和泰国的陆路和水上通道建设,逐步形成云南与邻国交通较为方便、经济联系密切的格局,使得云南省的商品在东南亚市场中占有一席之地"。1995年云南省第六次党代会提出:"要紧紧抓住建设中国—东盟自由贸易区建设的历史机遇,实现对东南亚合作的突破,按照推进合作、促进繁荣发展、云南服务全国的思路,加快大通道建设""力争在中国东盟自由贸易区建设、大湄公河次区域合作中参与更广、作用更大、融入更深"。[③] 云南省政府还印发了《关于进一步扩大对外开放若干政策的通知》,云南128个县市全面实现对外国人开放。

---

① 云南省社科院访谈材料。

② 任佳、李丽:《末梢变前沿——云南面向西南开放纪实》,云南人民出版社2017年版,第55~56页。

③ 云南省外事办调研材料。

1998 年,云南省政府工作报告指出:"云南具有毗邻东南亚,南亚国家的良好区位条件,是我国面向东南亚开放的重要通道""积极参与澜沧江湄公河次区域合作,争取更多的合作项目在我省实施。"同年还成立了云南省对外开放领导小组。1999 年,中央做出西部大开发的战略决策,2000 年,云南省政府明确提出要把云南建设成为中国连接东南亚、南亚的国际大通道,即"东连黔桂通沿海,北经川渝进中原,南下越南老挝达泰国,西接缅甸连印巴"的国际大通道格局。建设国际大通道的计划后来得到中央认可并被列入国家的基础设施建设计划。①

2009 年 7 月,时任中共中央总书记胡锦涛同志到云南考察时指出:"要充分发挥作为南亚陆上通道的优势,深化同东南亚、南亚和大湄公河次区域合作交流,不断提升沿边开放的质量和水平,使云南成为我国向西南开放的重要桥头堡。"②2010 年,国家发改委启动制定《支持云南加快建设我国向西南开放桥头堡的指导意见》。2013 年,云南省制定了《云南省加快建设面向西南开放重要桥头堡总体规划》并获得中央批准。2013 年,国务院又正式批准在云南临沧市设立边境经济合作区。2015 年 1 月,习近平总书记考察云南时强调:"云南的优势在区位,出路在开放",要求云南"主动服务和融入国家发展战略,闯出一条跨越式发展的路子来,努力成为我国民族团结进步示范区、生态文明建设排头兵、面向南亚东南亚辐射中心,谱写好中国梦的云南篇章"。③ 2015 年 3 月,我国发布《推动共建丝绸之路经济带和 21 世纪海上丝绸之路的愿景与行动》,把孟中印缅经济走廊作为"一带一路"及建设的六条经济走廊之一写入文件。2015 年 8 月,云南省出台《关于加快建设我国面向南亚东南亚辐射中心的实施意见》,明确了建设辐射中心的重大意义、总体要求和主要任务。2017 年,云南省又发布了《云南省建设我国面向南亚东南亚辐射中心规划(2016—2020)》,进一步明确了云南省建设我国面向南亚东南亚辐射中心的基本思路、基本原则、战略布局、战略支撑和发展目标,提出建设区域性国际经济中心、区域性科技创新中心、区域性金融服务中心、区域性人文交流中心等四大重点。

---

① 云南省外事办调研材料。

② 中国政府网:《胡锦涛同志到云南考察》,2009 年 7 月 28 日,http://www.gov.cn/jrzg/2009-07/28/content_1377506.htm,引用日期:2020 年 9 月 18 日。

③ 新华网:《习近平在云南调研》,2015 年 1 月 22 日,http://www.xinhuanet.com/politics/2015-01/22/c_1114082834.htm,引用日期:2020 年 9 月 18 日。

云南省非常注重地方政府对外开放与合作的战略规划,战略方向非常明确,结合中央精神和地方发展利益,根据国际国内形势的变化不断调整充实,逐步形成了地方规划与中央规划有效对接、地方规划为中央规划提供思路、中央规划为地方规划拓展空间的模式。

## (三)学术界发挥重要作用

云南省政府非常注重学术界作为智库的作用,在对外交往合作的战略规划、形势研判、对策分析等方面与云南学术界联系紧密,重视学者的研究成果,在地方政府对外交流合作中,云南的学术界发挥了非常重要的作用。由学术界交流合作倡议、带动政府和商界,推动多轨合作,可以说是云南省地方政府对外交往合作的一个创新。孟中印缅地区合作就是由云南学者提出,由云南省政府推动,成功地将地区合作机制从地方层面上升到国家层面的一个范例,云南省学术界为孟中印缅合作的机制化建设作出了重要的贡献。[①] 1998 年,云南省委政策研究室、云南省社科院与相关研究机构组团参加了在印度举办的"中印地区合作研讨会",在这次会议上,云南学者提出了开展"中印缅孟地区合作"的动议,受到了各方的重视。随后,云南省方面决定在云南召开"中印缅孟地区经济合作国际学术研讨会",得到了印度等各方的积极响应,1999年,会议正式举办,这是有史以来 4 个国家代表第一次坐在一起探讨地区经济合作问题,这次会议可以说是对孟中印缅四国合作具有里程碑意义,彼此之间的沟通和友好关系得到加强。会议形成了《昆明倡议》,首次提出了孟中印缅四国的新合作机制,产生了广泛的国际影响。[②] 之后中国南亚国家商品博览会落户昆明、建立中国南亚商务理事会、4 国成立联合研究工作组均为会议的成果。2013 年,时任国务院总理李克强访问印度,孟中印缅经济走廊被写入两国联合声明,2014 年习近平主席访问印度,2015 年莫迪访华均被写入两国联合声明,2014 年也被写入中国与孟加拉国联合声明,孟中印缅经济合作正式上升到国家层面。

云南省政府非常重视支持学术界开展南亚和东南亚研究、重视支持学术界和智

---

[①]　任佳、李丽:《末梢变前沿——云南面向西南开放纪实》,云南人民出版社 2017 年版,第 168～169 页。

[②]　云南省社科院访谈材料。

库开展对外交流合作。1983 年,云南省社科院东南亚研究所创办了《东南亚(季刊)》,成为全国第一家公开出版发行的有关东南亚的学术刊物。2001 年云南省委省政府在云南省社科院加挂云南省东南亚南亚研究院的牌子,进行了大量经费和其他资源投入,开展了一系列基础性、战略性的研究。例如在南亚方面开展的"环孟加拉湾地区经济协作系统研究""开辟印度洋出海通道研究""中国与印度经贸合作研究"等,出版了"中国南亚书系""印度投资环境蓝皮书"等系列著作,以及在东南亚方面主要开展的"中国云南东盟区域合作研究""国际禁毒合作与境外罂粟替代种植研究"等,出版了《东南亚研究蓝皮书》《中国东盟自贸区建设与云南》等著作。2015 年,中国南亚东南亚研究院正式在云南社科院挂牌成立,并在已有的东南亚研究所和南亚研究所的基础上设立了越南研究所、老挝研究所、缅甸研究所、印度研究所和孟加拉国研究所。在云南省政府的支持下,云南各个高校纷纷成立关于东南亚和南亚的研究机构,如云南大学成立的缅甸研究院、云南民族大学成立的南亚学院等。其次,云南学术界提出的不少建议被采纳上升为国家层面的战略。在云南省政府的大力支持下,云南学术界的产生了大量有价值的、富有前瞻性的研究成果,有些被省政府乃至中央采纳成为国家总体外交和对外开放战略中的一部分。在云南省政府的支持下,学术、智库交流成为云南地方政府对外交往的重要渠道。云南省政府大力支持学术界与东南亚、南亚国家开展交流活动,目前这种交流已经常态化,双方定期举办大量学术会议,形成了如孟中印缅地区合作论坛、中国—南亚智库论坛、中印经济合作论坛等一系列有影响力的学术交流活动。1997 年,云南省第一个学术代表团访问印度。1999 年,时任云南省委副书记率领学术界代表团应邀赴印度访问,会见了印度前总理。各类学术交流活动为云南省地方政府对外交往创造了良好氛围,对中国和云南省在国外精英阶层和学术界产生了有利的影响。

### (四)与相关国家的地方政府建立有效的交流合作机制

云南省开展地方政府对外交往非常重视与相关国家的地方政府建立有效的交流合作机制。云南先后与接壤国家的地方政府建立了中国云南—越南北部 5 省市、云南—老北、云南—泰北和滇印经济协商会议等合作机制。这些合作机制的建立对推动双方交流合作的深化起到了非常重要的作用。云南省建立的地方政府与地方政府之间的交流合作机制有以下几个特点:一是往往采用"一对多"的形式有效推动合作。例如 2004 年时任云南省省长带领云南代表团参加在河内召开的"中国云南与越南河内、老街、海防、广宁五省区经济合作协商会",会议签署了会议纪要,建立了云南与越南北部四省经济协商合作机制;同年,又建立了中国云南对老挝北部九省合作机制。这些机制往往采用云南与多个外国地方政府的模式;二是合作机制常态化,往往采用轮值模式。例如,云南—老北合作机制每两年召开一次工作组会议,自成立以来双方以轮值形式召开了 6 次工作组会议,而且在大会层面下还设立了专业小组的双边合作会谈,务实推动了双方在农林及替代种植、贸易、金融、交通、通信等专业领域的深入合作。"中国云南省与印度西孟加拉邦合作论坛"合作机制 15 年来召开了 11 次会议,促成双方省邦高层领导多次交流,民间交往不断拓展,成为中国与印度之间建立的唯一一个省邦合作机制;三是合作机制的多层次化和深入拓展。在地方政府的合作机制框架下,地方的各层级政府机构、民间团体、企业、商会等纷纷参与,在各个层面都建立起了完善的沟通对接渠道。例如西双版纳傣族自治州和普洱市与老挝相关地方政府以及相关部门形成定期对话机制,不少地方职能部门甚至可以直接与老挝部级机构对接;四是云南省内部各级政府部门都设置了较为完善的对外交往合作相关的专门机构和专门负责人。例如云南省设置了云南省澜沧江—湄公河次区域经济合作协调小组办公室、国际区域合作办公室;云南省发改委专门设立了云南省建设中国面向南亚东南亚辐射中心领导小组办公室;云南省商务厅专门设立了东盟贸易处、境外罂粟替代发展办公室等。

# 第二节 吉林省地方政府对外交往

吉林省作为我国东北地区的边境省份,地处东北亚地理中心位置,与俄罗斯、朝鲜接壤。吉林省具备较好的重工业基础,也是重要的粮食生产基地,是我国参与东北亚国际区域经济合作的重要地方省份,在东北亚区域国际合作中的地方政府对外交往实践具有一定的代表性和典型性。

## 一、吉林省对外交往合作的主要方向

改革开放以来,吉林省作为东北边境省份和老工业基地,与东南沿海省份相比区位优势并不明显,虽然与俄罗斯和朝鲜接壤,但接壤地区都是经济较为落后、人口稀少的地区,因此吉林省对外交往合作主要是希望能建立更为便捷的交通物流通道来带动经济合作;同时作为老工业基地,吉林省结合国家发展战略和自身的发展优势,立足东北亚区域经济发展需求,重点在于发展制造业合作和贸易区建设。

### (一)图们江区域国际合作是吉林省对外交往合作的主线

吉林省地处在东北亚地理中心位置,其最东端的珲春市处于图们江的前沿地带,与俄罗斯、朝鲜接壤,建设有国家级边境贸易区和加工区,是吉林省对外在东北亚地区参与经济合作的重要窗口。地理位置优势使得吉林省成为东北亚经济合作与图们江区域国际合作的重要参与者。图们江区域国际合作是东北亚地区区域经济合作的核心,也是吉林省拓展对外发展空间的重要渠道。图们江区域国际合作囊括了中国、俄罗斯、朝鲜、韩国以及蒙古国等地区和国家,其中日本也以观察员国的身份参与其中。在图们江地区国际合作发展过程中,中国一直采取了积极的合作态度,吉林省作为地方省份也是该合作计划的重要参与者。吉林省积极推动图们江区域国际合作框架下的互联互通、经济开发区建设以及国际物流运输等领域,将图们江区域国际合作置于其对外交往合作的中心位置,并凭借合作契机推动建立吉林省国内国际的联动合作机制,致力于将图们江区域国际合作打造为吉林省对外交往和开放的重要载体和平台。

### (二)振兴老工业基地是吉林省对外交往合作的核心目标

吉林省作为新中国成立后重工业制造、机械设备等产业集聚地区,是中国工业基础和工业发展的重要支撑。但是随着产业结构、资源禀赋的变化,吉林省等东北老工业基地开始出现发展停滞等诸多问题。中央针对该地区出台和制定了一系列振兴东北的扶持政策,加大对东北地区经济发展的支持力度。吉林省在东北地区具有优越的地理条件,不仅处于东北和华北地区的重要连接地带,具备高效便捷的铁路和公路运输系统,而且还处于朝鲜、韩国、日本、蒙古国以及俄罗斯远东地区等国家的中心位置,拥有较好的工业基础、农业基础和自然资源,这些优势为吉林省积极参与国际积极合作创造了坚实的合作基础。吉林省积极利用中央支持东北老工业基地的扶持政策,提升本地方在国际上的合作层次,尽可能地发挥吉林省的工业基础和产业优势,以此为突破口展开国际合作,加强吸引外资的力度。

## 二、积极参与图们江次区域经济合作

图们江是中国与朝鲜的界河,位于吉林省东南边境,吉林省离日本海最近的地方只有 15 公里,但由于历史原因,吉林一直没有能恢复图们江的出海权,无法通过图们江出海航行。改革开放以来,吉林省政府方面希望通过实现图们江的出海权来带动吉林省的对外开放和经济发展,围绕这个目标,吉林省通过地方政府积极对外交往活动并积极与中央沟通,努力将相关议程纳入中央总体外交框架,并最终推动中央政府将恢复图们江出海权这一问题纳入中苏两国的外交谈判中。

1985 年,东北师范大学、吉林省社会科学院等单位一些专家学者向吉林省政府提出利用图们江开辟吉林省对外贸易口岸的建议,得到吉林省政府的重视并开始积极谋划推动图们江开发。吉林省政府就恢复图们江出海权问题积极向中央高层反映,得到了时任国务委员兼国家科委主任宋健同志的支持,宋健同志指示就开发图们江航道开展立题论证,随后国家科委与吉林省进行了调研,提出通过国际合作研究来推进工作。1987 年,吉林省政府和国家海洋局向国务院提出了恢复图们江出海权的申请和建议。1989 年,由吉林省牵头,组织国家科委、交通部、国家海洋局、中国社科院等召开了图们江通海航行研讨会,就图们江开发开展讨论。在吉林省的积极争取下,时任国务院总理李鹏对吉林省的申请表示支持并指示外交部将恢复图们江出海权问题纳入中苏谈判议题当中。[①] 经过外交部的努力,1991 年中苏两国签订了《中苏国界东段的协定》,苏方同意中国船只悬挂中国国旗并可沿协定有关界点以下的图们

---

① 沈万根:《图们江地区开发中延边利用外资研究》,北京民族出版社 2006 年版,第 14 页。

江通海指定航行。

1990年,由中国亚洲太平洋研究会、美国东西方研究中心和联合国开发计划署联合主办的"东北亚地区经济发展国际学术研讨会"在长春召开,来自中国、美国、前苏联、日本、朝鲜、蒙古国、韩国等国家和代表参加了会议,会议的中心议题是图们江地区开发与东北亚区域经济合作。[①] 吉林省政府关于图们江开发的观点和研究成果通过这些国际会议引起了联合国开发计划署的注意。经研究后,联合国开发计划署希望以图们江的开发为契机,使联合国在推动地区经济发展方面取得突破,因此提出设立一个由联合国开发计划署援助的东北亚合作方案。1991年联合国开发计划署与中国、朝鲜、韩国、蒙古国、日本、俄罗斯召开会议(日本与俄罗斯以观察员国身份参加),中国方面由当时的经贸部和吉林省政府代表参加。联合国开发计划署提出了中、朝、俄三国在图们江口接壤处建立经济特区并开展协调合作或设立跨国经济特区的方案。随后国家科委等有关中央部委与吉林省政府组成了图们江开发协调小组,吉林省委政策研究室受省委领导委托召开了"联合国开发计划署图们江地区开发项目对策研讨会"。1992年联合国开发计划署与中国、朝鲜、韩国、蒙古国东北亚四国召开会议,决定在图们江开发等方面开展合作。1992年4月,国务院办公厅正式发函参加图们江地区开发项目,同时要求国家科委、国家计委、经贸部、交通部、吉林省人民政府、国家海洋局等组成前期研究协调小组,同时组建图们江地区开发项目管理委员会中方代表团、中国专家组和中国项目办公室。1993年,吉林省图们江地区开发交流团访问了日韩朝俄四国,进一步完成了相关合作的前期调研报告。[②]

1994年以后,图们江开放开发逐步进入实质性运作阶段。1994年,吉林省成立了图们江地区开发领导小组,先后接待了朝鲜对外经济协力委员会、俄远东地区"金环"公司等,与对方签订了港口合作、铁路合作等协议。1994年8月,时任吉林省副省长与省外办主任专门赴北京向时任外交部副部长专题汇报吉林省图们江出海工作情况,同时向外交部争取对吉林省利用图们江出海的进一步支持,提高对朝鲜谈判级别,加大交涉力度。之后中央提出几点意见:一是支持将图们江地区开放开发纳入国家领导人访问俄罗斯会谈内容;二是图们江地区开放开发的重大问题需由国务院决

---

① 孙永福、王粤:《图们江开放开发纪实》,社会科学文献出版社2007年版,第12~13页。

② 孙永福、王粤:《图们江开放开发纪实》,社会科学文献出版社2007年版,第15~17页。

策,请吉林省统筹考虑,多与国家计委、科委协调,可联名向中央报告。<sup>①</sup> 1996 年,中央把搞好图们江区域开发项目写入了国家《国民经济和社会发展"九五"计划和 2010 远景目标纲要》,吉林省批准珲春市开展对朝边民互市贸易,批准珲春市的防川区对外国人开放。<sup>②</sup>

早期的图们江地区开发主要由联合国开发计划署主导,但是其提出的向各国租借土地,共同管理经济特区的方案构想难以实现,俄罗斯和朝鲜均拒绝租借土地的方案。此后,项目开发的主导权逐步转移到相关各国,成立了由中国、俄罗斯、朝鲜、韩国和蒙古国五国代表组成的管理委员会,最高级别为副部长。图们江区域合作转变为各国在其境内建设经济开放开发区,图们江经济开发与国际合作进展缓慢,加上由于缺乏国际协调,次区域合作产生了诸多矛盾与困境。<sup>④</sup>为了挽救图们江区域合作,推动图们江合作的持续发展,吉林省政府一直积极推动图们江区域合作开发提升规模和层次级别。2001 年,国家正式批准延边朝鲜族自治州享受国家西部大开发政策。这为图们江地区开发在提高开放程度、吸引外资、促进对外贸易方面提供了更多机遇。2003 年国家制定振兴东北老工业基地战略,要求加快东北地区对外开放和东北亚区域合作,给图们江地区合作带来了新的发展机遇。2005 年 9 月,在吉林省的努力推动下,各国代表共同签署《成员国关于大图们倡议的长春协定》,各国一致同意将合作区范围扩大,新增蒙古国东部、韩国东部港口、将中国整个东北地区纳入并将合作框架的名称改为"大图们倡议(GTI)"。2006 年以后,在大图们倡议框架下,双边开发开放获得显著成果。2009 年,由吉林省牵头编制的《中国图们江区域合作开发规划纲要——以长吉图为开发开放先导区》(以下简称《规则纲要》)获得国务院批准,吉林省此次的规划将内部产业转型升级与对外区域合作、内外统筹与沿边开放创新战略融为一体,政策含义深远。<sup>③</sup>《规划纲要》将吉林省确定为图们江开发开放的主体地方省份,指出中国图们江地区开发项目协调小组要搞好省部区际关系协调,代

---

① 吉林省外事办调研材料。

②④ 杨东亮、王科惠:《"新常态"下大图们江次区域合作新机制研究》,《东北师大学报(哲学社会科学版)》2016 年第 4 期,第 104～110 页。

③ 王胜今、赵儒煜:《关于长吉图开发开放先导区建设与发展的战略思考》,《光明日报》2010 年 1 月 25 日,第 7 版。

表中国政府参与合作开发机制,重大问题及时向国务院报告。《规划纲要》还提出要适度扩大我国地方政府参与图们江区域合作开发的权限等,提出定期举办东北亚经济合作论坛、图们江区域城市论坛等活动,搭建交流合作平台。《规划纲要》明确提出"在基本建成中朝、中俄跨境经济合作区以及图们江区域国际大通道的基础上,探讨在珲春市建立更加开放的经贸合作区域,提高边境地区的开放合作水平""大胆创新和率先示范、建设富有活力、运行高效的我国沿边开放新机制"。① 2009 年中国与俄罗斯政府确定了《中国东北地区与俄罗斯远东及东西伯利亚地区合作规划纲要》,2010 年吉林省延边自治州取得朝鲜罗津港 10 年租用权。2012 年,国务院同意建立中国图们江区域(珲春)国际合作示范区,范围约 90 平方公里,包括国际产业合作区、边境贸易合作区、中朝珲春经济合作区和中俄珲春经济合作区等功能区。2013 年,习近平总书记提出"一带一路"倡议后,吉林省抓住机遇,进一步加强对外合作,加快沿图们江鸭绿江、沿中蒙俄两个开发开放经济带建设,推动中俄、中韩、中日韩经济合作区发展。2019 年吉林省发布《沿中蒙俄开发开放经济带发展规划(2018—2025年)》,提出吉林省要全面加强与俄蒙政策沟通,推进基础设施互联互通,积极参与"冰上丝绸之路"建设,全力打造对外开放新平台,推动扩大与俄蒙贸易规模,提升对俄蒙投资合作水平,加强与俄蒙人文交流合作等,强调要打造连接中蒙俄经济走廊、推动与东北亚全面合作的新载体和深度融入"一带一路"建设、向北开放重要窗口的新样板。②

## 三、吉林省政府对外交往合作的特点

### (一)积极参与图们江区域合作和开放开发的规划

从图们江区域合作发起伊始,吉林省政府就积极参与谋划,在与中央部门共同调

---

① 中国新闻网:《国务院批准图们江区域合作开发规划(纲要全文)》,2009 年 11 月 17 日,https://www.chinanews.com/cj/news/2009/11-17/1968343.shtml,引用日期:2020 年 9 月 21 日。

② 中国一带一路网:《吉林发布〈沿中蒙俄开发开放经济带发展规划(2018—2025 年)〉》,2019 年8 月 1 日,https://baijiahao.baidu.com/s? id=1640662197160251457&wfr=spider&for=pc,引用日期:2020 年 9 月 21 日。

研、规划、论证的过程中起到了主体作用,专门成立了吉林省人民政府图们江地区开发领导小组和办公室,组织专家和中央部门开展调研,全面落实规划制订工作。作为地方政府,吉林省对本地方的经济产业发展特点、交通基础设施情况、对外经济合作情况等非常了解,各种信息掌握全面,能够更好分析地方的资源禀赋条件、相对优势和短板以及经济发展的需求。吉林省牵头编制的《中国图们江区域合作开发规划纲要——以长吉图为开发开放先导区》对吉林省参与图们江区域合作进行了全面细致的规划,《规划纲要》在服务国家总体对外战略大局的前提下,紧密结合地方经济发展情况,全面考虑交通物流、产业发展、旅游合作、人文交流等领域,2009 年国务院批准了《规划纲要》并给予吉林省大力支持。

### (二)积极利用地方政策配套和地方资源服务区域合作

吉林省在图们江区域合作和开放开发过程中积极调动、推出各项地方配套政策,利用各种地方资源,提升自身参与国际区域合作的能力。吉林省政府出台了一系列与中央政策相配套的支持图们江次区域合作的政策。例如,2006 年出台的《关于进一步加快推进开放带动战略的意见》,以及 2007 年出台的《吉林省人民政府关于加快推进图们江区域开放开发的意见》等都对长吉图开放开发先导区建设进行了多方面的鼓励和支持。除中央政策外,吉林省为中俄、中韩、中日韩经济合作园区提供了各类优惠措施,包括各类地方税收优惠减免、土地使用支持、工业用水用电优惠、办公用房支持等政策,形成了地方层面支持国际次区域合作的政策体系。此外,吉林省还利用地方资金和资源建设与俄罗斯、蒙古国等国家的交通基础设施积极举办东北亚博览会、东北亚地方经济合作论坛、东北亚旅游商务论坛等活动。

### (三)积极寻求中央支持提升次区域合作的层级

图们江次区域合作受东北亚安全、政治影响因素很大,以经济合作推动政治安全互信是次区域合作在中央层面的考量逻辑,因此在联合国开发计划署提出图们江合作项目之后,吉林省迅速向中央寻求支持并积极参与谋划,先后与国家科委、国家计委、外交部以及相关领导等进行沟通,推动提升中国方面参与图们江区域合作的层级,推动中央进行高层次谈判协调,为地方政府参与次区域合作打开了空间。

# 第三节 广东省地方政府对外交往

改革开放以后广东一直走在全国经济发展的前列,创办经济特区、实行改革开放、发展市场经济,实现了经济发展的奇迹,广东省将中央的改革开放精神通过自身的努力实践转化为实实在在的发展成果,在改革开放中发挥了重要的窗口作用、试验作用、排头兵作用。广东省从 1989 年起经济总量就始终位居全国第一,同时也是全国人口第一大省。2020 年广东省生产总值总量达 11.08 万亿元,截至 2019 年底,人口约为 1.15 亿人,2018 年广东省外贸进出口总额为 7.16 万亿元人民币,连续 33 年居全国首位。①

## 一、中国—新加坡广州"知识城"

中国—新加坡广州"知识城"是广东省政府开展对外交往合作的重大项目,与之前的苏州工业园、天津生态城不同,中国—新加坡广州"知识城"是由广东省地方政府谋划、推动并落地实施的,并上升为国家层面的双边合作项目。

### (一)中国—新加坡广州"知识城"的合作过程

2008 年,国务院批准了《珠江三角洲地区改革发展规划纲要》,明确提出"支持广东与新加坡等东盟国家加强经济、技术、园区管理、人才培训等多方面的合作"。2008 年 9 月,时任中共中央政治局委员、省委书记汪洋率广东代表团访问了包括新加坡在内的东盟四国,开启了广东省对外合作的"东盟战略"。在代表团访问新加坡时,汪洋与新加坡总理李显龙会谈,提出广东省与新加坡合作在广州共同打造中新"知识城"的构想。2009 年 3 月,新加坡国务资政吴作栋率团进行回访,双方签署了"中国广东

---

① 广东省统计信息网:《2020 年广东省国民经济和社会发展统计公报》,2021 年 3 月 1 日,http://stats.gd.gov.cn/tjgb/content/post_3232254.html,引用日期:2021 年 3 月 28 日。

省与新加坡建立合作理事会备忘录"和"知识城项目备忘录"。汪洋指出,广州开发区与新加坡企业集团合作开发的"知识城"项目是广东与新加坡经贸投资领域合作的标志性项目,坚持企业先行,政府引导,运用市场模式运作该项目,对于扩大和巩固新加坡的国际市场空间、促进广东产业转型升级,以及双方携手共同提升经济整体素质、提高国际竞争力有着积极的作用。[①] 2009 年 8 月,"知识城"项目列入中新两国合作联合委员会第六次会议议题,2010 年 4 月,"知识城"项目列入中国—新加坡投资促进委员会第二次联席会议议题。2010 年 6 月,中新广州"知识城"项目在广州市萝岗区九龙大道奠基。知识城总体规划面积约 123 平方公里,建设用地规模约 60 平方公里,远期规划总人口 50 万人。2012 年 8 月,中新广州知识城投资开发有限公司获得中华人民共和国商务部正式批准,注册资本 40 亿元,中新双方各占 50％,中新广州知识城成为中国地方政府与新加坡全方位战略合作的标志性项目。[②] 2018 年 11 月,《中华人民共和国政府和新加坡共和国政府关于中新广州知识城升级合作的框架协议》正式在新加坡签订,广州知识城上升为国家级双边合作项目。2019 年 10 月,中国—新加坡双边合作机制会议在重庆召开期间,中新广州知识城管委会、知识城投资集团有限公司与新加坡凯德集团进一步签署了《关于中新广州"知识城"之中新国际科技创新合作示范区合作协议》。2020 年,中新广州"知识城"经过十年的建设发展,已经成为 178 平方公里的国家级双边合作项目、粤港澳大湾区重大创新载体和广深港澳科技创新走廊核心平台。[③]

## (二)中国—新加坡广州知识城合作的启示

首先,地方政府对外交往合作对国家总体外交关系起到了重要的稳定作用。中国—新加坡广州"知识城"合作前期是中国地方政府与新加坡开展合作的重大项目,作为以经贸合作为核心的地方对外交往成果,对稳定两国双边关系也起到了重要作用。2016 年,新加坡方面不恰当地介入"南海仲裁"问题,导致中新关系受到不利影

---

① 新浪网:《广州与新加坡联手打造"知识城"》,2009 年 3 月 24 日,http://news.sina.com.cn/o/2009-03-24/040715354933s.shtml,引用日期:2020 年 8 月 3 日。

② 吴春燕:《广州知识城上升为国家级双边合作项目》,《光明日报》2018 年 11 月 17 日,第 6 版。

③ 黄海涛:《中新合作中城市次国家行为体的地位与作用——以中新广州"知识城"为例》,《东南亚研究》2020 年第 3 期,第 114～132 页。

响,但是广州"知识城"作为广东省与新加坡双方经贸合作的重要项目仍然继续推进,两国高层还出席了广州知识城的相关合作活动,2017 年 2 月,中央政治局常委、国务院副总理张高丽和新加坡副总理张志贤出席了中国国家知识产权局、新加坡知识产权局和广东省政府签署《推进知识城知识产权改革试验三方合作框架协议》的活动。2018 年 8 月,时任广东省省长马兴瑞率广东省政府代表团赴新加坡出席新加坡——广东合作理事会第九次会议,双方围绕中新广州知识城升级背景下的创新发展等议题进行了交流,理事会通过了《广东省与新加坡合作五年规划(2018—2022)》,双方签署了 14 项合作协议,马兴瑞还与新加坡副总理张志贤进行了会晤。可以说,广东省通过中新广州"知识城"合作,以地方政府对外"低级政治"领域的合作对稳定推动国家间关系发展起到了积极作用。

其次,地方政府对外交往成果需要中央的认可和支持。2010 年中新广州"知识城"项目启动后,中新广州"知识城"管委会作为广州市人民政府的派出机构,对"知识城"实行统一领导和管理,广州市政府发布《关于明确中新广州知识城管理委员会管理权限的决定》,给予知识城管委会在规划用地、投资管理、项目审批等方面市一级管理权限。但是,2013 年,中新广州知识城管委会与广州开发区管委会合署办公,在园区管理方面仅设立中新广州知识城合作事务办公室为广州开发区管委会直属机构,实际上限制了"知识城"管委会市一级职能的行使,加上广东省作为地方政府主体,与中央政府相比在政策协调、项目审批等方面存在制约,"知识城"缺乏国家层面有力的政策支持和机制支撑,到 2017 年一季度,知识城"累计注册企业 376 家,累计注册资本 611 亿元,发展不尽如人意。2018 年中新广州知识城升级后,国家发改委、商务部、外交部、自然资源部、生态环境部、住建部等国家部委在项目报批、土地指标等方面给予其充分的支持,广东省政府也进一步授予"知识城"管委会部分省级管理权限。中新双方成立了中新广州知识城联合实施委员会作为协调机构。作为中国—新加坡国家级双边合作项目,目前中新广州知识城已建立国家和省、市三级工作机制,初步形成以知识城为核心、联动周边区域协调发展的新格局。截至 2019 年 10 月,知识城累计注册企业 1605 家,累计注册资本 1360.3 亿元,展现出中新合作的广阔空间和巨大潜力。2020 年 8 月,广东省和商务部《中新广州知识城总体发展规划(2020—2035年)》(以下简称《规则》)获得国务院批准,国务院在批复中指出,国务院有关部门和单位要按照职责分工,加强对《规划》实施的协调和指导,在项目安排、政策实施、体制机制创新等方面给予积极支持,协调解决中新广州知识城建设中遇到的困难和问题。《规划》提出,要深化与新加坡的科技创新和产业合作,加快中新国际科技创新合作示范区建设,推进与新加坡在知识产权、人才培养、城市治理等领域的交流合作,同时强调要积极发挥"中新广州知识城联合工作委员会""中新广州知识城联合实施委员会"和"新加坡—广东合作理事会"作用,构建中新双边高效合作机制,构建由商务部牵头,外交、发展改革、教育、科技、住房和城乡建设、知识产权、移民管理等相关国家部委(局)及广东省政府共同参与的部际协调机制,定期召开联席会议,研究确定并推进落实知识城发展重大政策和重点事项,加强相关部委对知识城建设工作的支持和指导。

## 二、广东省地方政府对外交往的特点

### (一)经贸交流合作为核心,"政府搭台、企业唱戏"市场化趋向明显

广东省政府对外交往合作较为成熟,对外交往能力强,涉及国家和地区范围广,与广东省整体经济发展水平高、市场化程度高相关联。广东省政府对外交往合作的市场驱动非常明显,各类交往合作以经贸领域为核心,经贸合作在广东省对外交往中显然占据了最大的比重。2013 年中央提出"一带一路"倡议以来,广东省对外交往合作获得了更大的空间,加强与共建"一带一路"国家的经贸合作成为近年来广东省地方政府对外交往合作的主线。2014 年,时任广东省委书记胡春华率代表团访问越南、马来西亚、新加坡等海上丝绸之路国家,促进交流合作。2015 年 6 月,广东省在全国率先出台《广东省参与建设"一带一路"的实施方案》,提出要打造世界一流粤港澳大湾区,建设国际金融贸易中心、科技创新中心、交通航运中心、文化交流中心,建设粤港澳大湾区物流枢纽;提升对外贸易合作水平,赴共建国家设立建材、酒店用品等广东特色商品展销中心;在共建国家筹建经贸代表处,设立商会,开展经贸洽谈会;加快产业投资步伐,支持企业赴共建国家开展矿产资源合作开发,在先进制造业、现代服务业和跨国经营方面开展深度合作;推进海洋领域合作,积极推进与共建国家在

海洋防灾减灾、生态保护、海洋渔业等方面的合作;健全外事交流机制,强化友城合作,完善与共建国家交流合作机制,加强与共建国家的民间交流往来,构建多层次沟通协商机制,建立对口部门交流联系机制。2013至2017年,广东与共建"一带一路"国家货物进出口值从1.1万亿元增长至1.5万亿元,年均增长率高达7.8%,2020年广东对共建"一带一路"国家和地区货物进出口值增长到1.8万亿元,其中广东对东盟进出口1.1万亿元,东盟成为广东第一大贸易伙伴。[①] 根据国家信息中心连续三年发布的"一带一路"大数据系列报告显示,广东在全国各省市"一带一路"参与度指数排名连续3年位居第一。

### (二)省领导出访和涉外活动频繁且重视落实后续工作

广东省作为沿海经济发达的省份,对外交往活动频繁。广东省领导出访活动也较多,这些出访几乎全部是经贸合作代表团。例如:2005年广东省委书记率广东省代表团出访澳大利亚、菲律宾、印尼、泰国等,经贸合作签约86.3亿美元;2007年广东省省长率团访问马来西亚,此次访问在经贸合作领域签约总金额达63.4亿美元。2013年广东省委书记访问了德国、意大利、瑞士,广东省省长访问了英国、法国、以色列,推动了广东省与上述国家的务实合作,为广东与欧洲的交流合作打开了新局面;2019年,广东省省长率广东省政府代表团到俄罗斯进行友好访问,务实推进两地交往,深化中俄地方合作。[②] 以2017年11月到2018年底为例,广东省委省政府领导访问了12个国家,包括越南、印度、斯里兰卡、孟加拉国、新加坡、俄罗斯、德国、美国、意大利、英国、瑞士、捷克等,还参与了260多场涉外活动,包括会见来访外国使团、开展双边交流会议、参与国际圆桌论坛、国际展会、驻穗领馆活动等。[③]

广东省政府整体工作效率高、执行力强,非常重视省领导出访的后续工作落实。如2008年9月,时任中共中央政治局委员、广东省委书记汪洋率广东省经贸代表团访问印尼、越南、马来西亚和新加坡东南亚4国,被东盟媒体称为"广东旋风",此次访

---

① 广东省统计信息网:《2020年广东省国民经济和社会发展统计公报》,2021年3月1日,http://stats.gd.gov.cn/tjgb/content/post_3232254.html,引用日期:2021年3月28日。
② 广东省外事办调研材料。
③ 根据广东对外交往大数据平台整理,网址:http://fbh.southcn.com/gdbigdata/database/login.html,引用日期:2020年9月28日。

问显著提升了广东在东盟国家的影响力,共签署了 109 亿美元的经贸合作合同,推动了广东与东盟合作的发展。[①] 此次访问汪洋拜会了东盟秘书长素林,双方签署了《广东省人民政府与东南亚国家联盟秘书处合作备忘录》(以下简称《备忘录》),《备忘录》提出双方要积极促进包括农业、信息通讯技术、能源与环境、人力资源开发、贸易和投资、旅游业、物流基础设施、教育、科技、文化、公共卫生等 11 个领域的合作,并将本着相互协作的精神,共同协调和落实合作项目,进一步促进两地人民之间的友好交往。出访后广东省很快就建立了广东省与东盟合作联席会议制度,出台了广东与东盟合作的战略规划《中共广东省委办公厅广东省人民政府办公厅关于深化与东盟战略合作的指导意见》等,后续工作包括邀请新加坡国务资政吴作栋访粤,邀请马来西亚副首相纳吉布访粤,派工作组出访东盟秘书处及相关国家,举办中国广东—新加坡发展论坛,与印尼贸易部、越南工贸部、马来西亚贸工部、新加坡贸工部建立经贸合作对话协调机制等,均得到贯彻落实。

## (三)建立了大量地方政府对外交往的合作机制

2008 年,汪洋在与东盟秘书长会见时指出,广东与东盟建立一个经常性的对话机制十分必要,希望通过此次访问,促进广东与东盟各国政府、企业建立一系列经常化的联系制度,使合作得到有效的制度保障。2009 年广东省建立了广东省与东盟合作联席会议制度,2010 年更名为广东省对外交流合作联席会议制度。广东省在此项制度的设立中指出要"在我国总体外交方针的指引下,在中国与东盟(10+1)全面经济合作框架协议下""积极推动我省与东盟及欧美、日韩等区域在经济、贸易、农业、通讯、能源、基础设施、旅游、教育、科技、文化、卫生等各个领域的全面合作"。广东省对外交流合作联席会议的主要职能包括研究制定广东与东盟合作的工作规划,统筹协调省内各单位、各部门与东盟各国的交流与合作,组织实施《中华人民共和国广东省人民政府与东南亚国家联盟秘书处合作备忘录》确定的相关合作事宜,跟踪、督查广东省与印尼、越南、马来西亚、新加坡等东盟国家的重点交流合作项目等,联席会议办公室设在省外事办,由副省长担任第一召集人,省外事办主任担任办公室主任,成员

---

① 丘杉、梁育民、刘伟:《携手蓝海——国际视野下广东与东盟的战略合作》,人民出版社 2010 年版,第 23 页。

单位包括省委组织部、省委宣传部,省发展和改革委、经信委、外经贸厅等 35 家单位。[①] 广东省还建立了新加坡—广东合作理事会、中国(广东)—韩国发展交流会、中国(广东)—澳大利亚经贸合作交流会、泰国—广东合作协调会第五次会议、越南—广东合作协调会等交流合作、日本—广东经济促进会机制,这些机制一般由高级别省领导担任主席,以发挥实质性作用。例如:2009 年成立的新加坡—广东合作理事会广东方面主席一般由省长担任,新加坡一方主席由部长级别官员担任,理事会每年召开一次会议,对推动双方合作效果明显,尤其是对两地合作旗舰项目——中新广州知识城建设起到积极作用;2010 年建立的中国(广东)—韩国发展交流会由广东省政府和韩国产业通商资源部每年举办,推动了中韩(惠州)产业园的设立,该产业园是广东省唯一经国务院批准设立的中外共建产业园,也是全国 3 个中韩产业园之一。

### (四)国际友好城市交往质量较高

1979 年 5 月,广州与日本福冈市缔结了国际友城关系;同年 9 月,广东同澳大利亚新南威尔士州签署建立中澳之间第一对友好省州关系,自此拉开了广东友好城市结好的序幕。1979 至 1989 年是广东发展国际友好城市工作的起步与探索阶段。在这 10 年里,广东共缔结 18 对国际友好省州(城市),其中广东省 4 对、广州 9 对、深圳 1 对、珠海 1 对、佛山 2 对、中山 1 对。此时,广东国际友城交流的主体集中在珠三角几个经济发达城市,结好的国际友城全部都是发达国家较为发达的省份或城市,与国际友城间的交往主要是高层互访,建立友谊,其他实质性交流与合作项目较少。1990年代,广东省国际友城工作进入全面拓展阶段,其间共缔结 28 对友好城市;到 2000年,与广东结好的国际友城总数达到 46 对,汕头、梅州等城市也缔结了国际友好城市。在这 10 年间,广东缔结的友城由亚洲、欧洲、北美洲、大洋洲扩展到非洲与南美洲,包括了牙买加、多哥、塞舌尔等多个发展中国家,双方交流合作的领域也从经济、文化交流拓展到体育、农业、教育、医疗卫生和人才培训等。[②]

2000 年以来,广东国际友城工作进入数量与质量并重、友好交流与务实合作并

---

① 广东省外事办调研材料。

② 搜狐网:《广东目前已缔结国际友城关系 193 对,覆盖六大洲 63 个国家,居全国前列》,2018 年
12 月 27 日,https://www.sohu.com/a/284808781_222493,引用日期:2020 年 9 月 28 日。

重的阶段。截至 2019 年底,全省正式缔结友城关系 203 对,其中省级 49 对,地级市 141 对,县级市(区)13 对。广东省友好城市发展主要有以下几个特点:一是平台多边化。广东友好城市不仅局限于建立友好城市关系或承办重要外事活动,还涵盖构建地方间集体协作网络、参与全球治理等多边模式,如广州市与友城奥克兰、洛杉矶组成三城经济联盟。深圳发起创建国际友好城市大学联盟,共吸引了 12 个国家的 27 所友城高校参与。2012 年,广州市与世界大都市协会及世界城市和地方组织一同设立广州国际城市创新奖,旨在通过评估和表彰在全世界具有推广意义的城市治理创新案例,激励和推动全球城市治理创新,广州国际城市创新奖形成了一个全球开放的多边共建共享平台,通过这个平台,广州与众多国际组织机构建立了更加务实、紧密的合作伙伴关系,吸引了全球众多的城市领导者和专家学者关注广州。二是参与主体多元化。国际地方交流合作主体逐步多元化,包括结为友好港口、友好学校、友好医院等,也包括友好城市对口部门建立友好合作关系,签署了一批友好合作备忘录。例如,广州缔结了 41 对友好港口,深圳缔结了 22 对友好港口。三是友好城市合作机制化。广东国际友城发展比较成熟,逐步建立了一些固定的交流合作机制,如广东—澳大利亚新南威尔士州联合经济会议、广东—俄罗斯圣彼得堡联合工作组会议、广东—吉尔吉斯斯坦奥什州联络小组等省级友好城市交流合作机制。[①]

2013 年“一带一路”倡议提出到 2019 年是广东省友好城市数量增长最快的时期,与“一带一路”国家缔结了 66 对友好城市,居全国前列。例如,深圳与巴林首都麦纳麦市、尼泊尔首都加德满都、斯里兰卡首都科伦坡、白俄罗斯首都明斯克、泰国首都曼谷、柬埔寨首都金边等“一带一路”重要城市缔结了国际友城。广东省友好城市主要以服务国家总体外交大局、服务广东省社会经济发展为目标,力求强化友城在服务地方经济社会发展中的作用。

### (五)发挥华侨华人优势开展地方对外交往

广东是中国第一大侨乡,目前旅居海外的粤籍侨胞有 3000 多万人,分布在世界 160 多个国家和地区。广大粤籍华侨华人不但为住在国的经济和社会发展作出贡

---

① 广东省外事办调研材料。

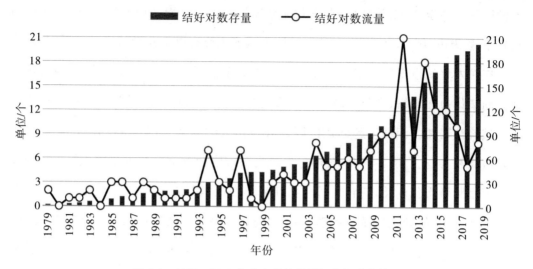

**图 4-1　1979—2019 年广东省缔结国际友好城市情况**

资料来源:广东省外事办网站,http://www.gdfao.gd.gov.cn/Item/27038.aspx。

献,还热心祖国发展,在广东对外开放与交流合作中发挥着桥梁和纽带作用。广东开展对外交往注重发挥华人华侨的优势:一是通过华人华侨牵线搭桥缔结国际友好城市。例如祖籍广东中山的美国著名侨领胡顺,为促成广州与洛杉矶结为友好城市积极奔走,后被推选为洛杉矶广州友好城市协会副会长;祖籍广东新会的曾伦赞多次组织美国友好人士访华,并促成江门市与美国河滨市于 1996 年结成友好城市,促进了两地经贸的方面的合作。①　二是发挥华侨华人优势促进广东对外经贸、文化与科技合作。2000 年,广州市市长率团出席由新加坡广东会馆举办的第一届粤侨大会。2005 年以来,广东省侨办已经连续十多年举办海外杰出华人广东行系列活动,邀请海外侨领等数千人出席。广东省侨办还推出以华裔新生代精英人士为对象的"华裔寻根计划"。2008 年起,广东省政协率先在全国省级政协建立邀请海外华侨华人列席省政协会议制度。三是积极建设华侨华人交流合作平台。2019 年,《粤港澳大湾区发展规划纲要》发布,提出"支持江门建设华侨华人文化交流合作重要平台"。广东省批准江门市出台了《江门市华侨华人文化交流合作重要平台建设方案》,2020 年江门市启动了《江门市华侨华人文化交流合作促进条例》立法调研,推动华侨华人交流合作的制度化。

---

①　张小欣:《海外华侨华人与广东改革开放 40 年》,中山大学出版社 2018 年版,第 254～255 页。

# 第四节 宁波市地方政府对外交往

宁波是副省级市、计划单列市和中国东南沿海重要的港口城市,是海上丝绸之路的重要始发港之一。宁波港货物吞吐量位居全球第一,集装箱量位居世界前三,是一个集内河港、河口港和海港于一体的多功能、综合性的现代化深水大港。2019 年,宁波市生产总值达 11985.1 亿元,常住人口约 854.2 万人。

## 一、宁波开展地方政府对外交往的基础

### (一)自主权的扩大

改革开放以来,宁波作为东南沿海的重要城市获得了更多的自主权,对宁波开展地方政府对外交往起到了重要的作用。1984 年,宁波成为我国第一批进一步对外开放的 14 个沿海开放城市之一和经济体制综合改革试点城市;同年,国务院批准宁波在小港镇设立宁波经济技术开发区。1987 年,国务院批复宁波市实行计划单列,赋予省一级经济管理权限,增强了宁波自主管理经济的能力。1988 年,国家经贸部赋予宁波自营进出口权。1992 年,中央出台了把宁波建成长江三角洲及沿江地区区域性中心城市的规划,确定宁波为长江沿江区域四个中心城市之一和华东地区重要贸易口岸,提出将宁波建成重化工业基地和国际远洋中转枢纽的战略决策,并对宁波提出了建设社会主义现代化国际港口城市的要求;同年,国务院批准设立宁波保税区。1994 年,国务院进一步批准宁波成为副省级城市。2002 年,国务院批准宁波设立国家级出口加工区并同意宁波口岸大榭港区对外国籍船舶开放。2004 年,宁波开展自营进出口经营权备案登记,取代了原来的进出口经营审批权。2005 年,宁波—舟山港成立。2008 年,国务院批准设立宁波梅山保税港区,这是中国第五个保税港区。2017 年,宁波"一带一路"建设综合试验区获浙江省政府批复成立。2018 年 6 月,全

国首个"16+1"经贸合作示范区在宁波正式启动建设,成为我国地方政府参与"一带一路"建设的示范平台。2020年,中国(浙江)自由贸易试验区宁波片区挂牌。宁波在改革开放以来自主权不断扩大,对宁波开展对外交往尤其是对外经贸合作起到了重要的推动作用。

### (二)港口优势

1978年,宁波北仑港正式对外开放。1979年,国务院正式批准宁波港对外开放。港口是宁波开放的起点,宁波从改革开放伊始就将开放战略围绕"港"字展开,并不断丰富和发展港口战略的内涵。1992年,宁波市提出"以港兴市,以市促港"的战略思想。1999年,国务院批复了宁波城市总体规划,正式确定宁波为中国东南沿海的重要港口城市和长江三角洲南翼经济中心的发展地位。2005年,宁波—舟山港成立。宁波港口的不断建设,形成了完善的港口集疏运网络。港口的发展带来了大量的境外人员、货物、资本的聚集,1986年,宁波临时入境人员约为1.7万人,2007年已经上升到62万人左右,包括外国出差人员近15万、华侨6千多人、港澳台居民4万多人、临时停靠宁波港口的外轮人员2万多人和海员20多万人,2019年临时入境人员达到约152万人。[①] 目前宁波舟山港已经成长为世界一流大港,货物吞吐量连续10年位居世界第一,集装箱吞吐量跃居世界第三。2018年,宁波外贸自营进出口总额突破1300亿美元,是全国第8个外贸超1000亿美元的城市;跨境电商进出口额达1093.7亿元,是全国首个跨境电商进口年交易额突破100亿美元的城市。大量境外人员、货物贸易推动了宁波城市的国际化进程,也为宁波开展对外交往、建设对外交流合作平台创造了非常有利的条件。

## 二、打造中国—中东欧国家合作中心城市

2012年,首届中国—中东欧国家领导人会晤在波兰华沙举行,中国与中东欧国家建立了固定的"16+1"高层交流合作机制,中国提出了《中国关于促进与中东欧国

---

① 根据宁波市公安局数据整理,网址:http://gaj.ningbo.gov.cn/col/col1229026962/index.html,引用日期:2020年9月29日。

家友好合作的十二项举措》,其中提到中方将向中东欧地区国家派出"贸易投资促进团"并采取切实措施推进双方经贸合作,推动中国企业在未来 5 年同各国合建 1 个经济技术园区,倡议成立"中国—中东欧国家旅游促进联盟""中国—中东欧国家文化合作论坛"等。2013 年 7 月,经国务院批准,由中国外交部、重庆市人民政府举办的中国—中东欧国家地方领导人会议在重庆召开。2013 年 11 月,中国国务院总理李克强在罗马尼亚布加勒斯特出席中国—中东欧领导人会晤时提出深化中国—中东欧国家合作的六点建议,其中就包括深挖地方合作潜力,促进各自地方发展。此外,时任国务院总理李克强还将 2014 年定为"中国—中东欧国家合作投资经贸促进年"。2014 年 12 月,第三次中国—中东欧国家领导人会晤在塞尔维亚贝尔格莱德举行。与会各方发表了以"新动力、新平台、新引擎"为主题的《中国—中东欧国家合作贝尔格莱德纲要》,提出 2015 年要在中国宁波国际日用消费品博览会期间举办中国—中东欧国家投资贸易博览会。2015 年 11 月,国家主席习近平在第四次中国—中东欧国家领导人会晤期间指出,"16＋1 合作"诞生以来,形成了全方位、宽领域、多层次的合作格局,下一步要实现"16＋1 合作"同"一带一路"建设充分对接。[1] 地方合作与交往是国家与"16＋1"合作中的一个重要组成部分,为地方政府开展与中东欧交流合作提供了契机、打开了空间,宁波市一直以高度热情参与中国—中东欧合作,将地方对外开放战略融入国家对外开放大局,将地方政府对外交往融入国家总体外交大局,推动中国与中东欧国家地方合作不断深入。

### (一)地方领导高度重视,加强整体规划

宁波市委、市政府高度重视与中东欧的合作,从全市的高度进行了全面的规划并调动地方资源推动地方政府与中东欧交流合作。2015 年,宁波市出台了《关于加强与中东欧国家全面合作的若干意见》,提出了"三个首选地"的目标,即"把宁波打造成为中国与中东欧国家双向投资合作的首选之地、中东欧商品进入中国市场的首选之地、中国与中东欧国家人文交流的首选之地"。推出了一系列支持政策,主要包括:一是支持中国—中东欧国家投资贸易博览会(市财政每年从会展资金统筹 2000 万元支

---

[1]　徐刚:《中国与中东欧国家地方合作:历程、现状与政策建议》,《欧亚经济》2019 年第 3 期,第71～87 页。

持),打造好中东欧特色商品常年展;二是鼓励扩大双向投资,支持宁波企业赴中东欧国家投资创业(市财政每年安排 2000 万元资金),支持建设中东欧产业园区,加强与中东欧国家港口合作;三是鼓励扩大贸易规模,支持中东欧商品经由宁波进入中国市场(市财政每年统筹 2000 万元支持),支持外贸综合服务平台、跨境电商平台开展中东欧商品进口业务;四是加大旅游合作,重点促进宁波和中东欧国家的客源互送(市财政每年统筹 1000 万元支持),支持旅行社争取中东欧团组的直接送签权;五是加大与中东欧国家人文交流合作力度;六是创新货物通关通检政策,为中东欧商品进入打造更加便利的口岸通道;七是加大对中东欧国家合作的金融支持;八是建立宁波与中东欧国家合作的工作体系和长效机制,专门设立资金用于推动宁波与中东欧国家的相互交流,涉及范围包括经贸、投资、人文以及旅游等诸多领域的合作。[1] 2016 年,宁波又发布了《宁波市中东欧经贸合作补助资金管理办法》,2018 年发布《"16 ＋1"经贸合作示范区建设实施方案》。

此外,宁波还加强了一些专门机构的设置。2015 年宁波市率先在全国成立了以市长为组长、以分管副市长为副组长的宁波市中东欧合作促进领导小组。领导小组下设办公室,办公室设在宁波市商务委。宁波市商务委作为领导小组核心部门,统筹全市与中东欧合作,协调解决与中东欧国家合作存在的问题,形成分工明确、相互支持、密切合作的工作机制。宁波市商务委成立中东欧处,负责中东欧合作领导小组办公室的日常工作。2017 年宁波中东欧博览与合作事务局正式挂牌成立,是全国首次地方政府部门专门成立与中东欧事务有关的局级机构。宁波中东欧博览与合作事务局机构规格相当于副局级,编制 15 人,4 个内设机构,为宁波市商务委委属公益二类事业单位,作为负责推进宁波与中东欧合作的专门工作机构,日常主要承担中东欧博览会的组织实施,以及与中东欧国家之间及共建"一带一路"国家投资贸易领域的合作促进事务。后宁波中东欧博览与合作事务局改为宁波市中东欧博览与合作促进中心,属宁波市商务局局属公益一类事业单位机构,级别为副局级,核定编制增加到 32人,内设机构 6 个。此外,宁波还先后设立了中东欧国家贸易便利化国检试验区和中东欧质检合作办公室。[2]

---

① 宁波市外事办调研材料。
② 宁波市商务局调研材料。

## （二）建立系列常态化合作机制

宁波市将建立与中东欧交流合作平台与本市发展国际会展中心城市的建设目标相结合，先后举办了各类会议等交流活动。宁波市先后承办了3次中国中东欧国家经贸促进部长级会议、4届中国—中东欧国家投资贸易博览会、9届中国—中东欧国家经贸论坛，还举办了中国—中东欧国家合作发展论坛、中国—中东欧国家商协会商务合作大会、中国—中东欧国家市长论坛、中东欧国家特色产品展、中国—中东欧国家海关论坛、中国—中东欧国家质检合作论坛等。首个以投资贸易为主题的"中国—中东欧国家投资贸易博览会"永久落户宁波，并在2019年升格为国家级展会，与"中国国际日用消费品博览会"合并更名为"中国—中东欧国家博览会暨国际消费品博览会"。以中东欧博览会为核心平台，宁波还创建了"两园两馆两中心"等系列平台载体，即中东欧工业园（中捷产业园）、中东欧贸易物流园、中东欧特色商品常年馆、中东欧会务馆、中东欧青年创业创新中心和数字17＋1经贸促进中心等。其中，中东欧特色商品常年馆已成为全国规模最大、品类最全的中东欧商品展销平台。在中东欧国家启动建设中国（宁波）—拉脱维亚跨境电子商务港湾、罗马尼亚境外经贸合作园、世贸通中东欧营销促进服务中心、宁波品牌商品匈牙利展示中心、中国—中东欧纺织服装面辅料博览会（罗马尼亚布加勒斯特）等项目。

2017年6月，全国首个以贸易便利化为主题的中国—中东欧国家贸易便利化国检试验区在宁波正式授牌。中国—中东欧国家专项贸易便利化服务先后推进2批14项举措，开辟了中东商品进口查验绿色通道，加快了中东欧食品农产品准入进程，提升了与中东欧国家贸易便利化程度。截至目前，宁波已成功引入匈牙利、拉脱维亚、立陶宛等国的商务机构代表处，设立了全国首个"17＋1"农业合作促进联合会联络处。此外，宁波还建立了"17＋1"投资促进机构联系机制、交通基础设施合作联合会、联合商会执行机构、物流合作联合会等一系列交流合作机制。

## （三）强化经贸合作

经贸合作一直是宁波与中东欧交流合作的重中之重。宁波与中东欧国家贸易额由2014年的24.4亿美元增至2018年的37.0亿美元，占当年全国贸易额的比重由

4％提至4.5％。2020年，宁波与中东欧国家贸易总额近300亿元，双向投资项目160个，投资额5.6亿美元，占当年全国投资额的比重超5％。2017年，《中国—中东欧国家合作布达佩斯纲要》明确提出"支持宁波等城市设立'16＋1'经贸合作示范区"，作为国家与中东欧外交多边协定，首次明确支持一个城市设立经贸合作示范区，这是中央外交明确给予地方政府开展对外交往的平台建设的任务和机遇，也是中央和地方在对外交往合作中的相互配合协调的典型。2018年4月，宁波市政府印发《"16＋1"经贸合作示范区建设实施方案》，提出将重点建设好中国—中东欧国家投资贸易博览会、中国—中东欧国家贸易便利化检验检疫试验区、索非亚中国文化中心三大国家级平台，实施贸易促进、投资合作、机制合作、互联互通、公共服务、人文交流"六大示范工程"，完成提升贸易便利化水平、推进中东欧商品分销体系建设、提升中东欧特色商品常年馆运营水平、建设数字"16＋1"经贸促进中心和中东欧青年创业创新中心等20项重点工作。

2016年宁波企业对中东欧地区的投资达1.6亿美元，为2015年的15倍多。截至目前，宁波与中东欧国家累计双向投资项目141个，双边投资总量位居全国同类城市前列。中捷（宁波）国际产业合作园一期2万平方米高标准厂房已建成开园，捷克户外保温箱、中东欧玻璃艺术馆、宁波（中东欧）邮政跨境电商创新园等项目入驻园区。境外中东欧产业园已初具雏形。宁波中东欧商品常年展销中心已开设23个中东欧国家馆，常年展示3000余种中东欧特色商品。宁波保税区设立了中东欧贸易物流园，在西安、青岛等地设立了30余个中东欧商品直销中心。

宁波作为我国和全球重要的港口城市，2013年，依托宁波航运交易所推出了海上丝路指数（MSRI）体系，对衡量国际航运和贸易市场整体发展水平、反映国际航运和贸易市场变化趋势具有重要作用。2018年，宁波市政府向全球发布了"16＋1"贸易指数（CHINA-CEEC Trade Index，CCTI）。该指数是宁波航运交易所编制的海上丝路指数的重要组成部分，由进出口贸易指数、出口贸易指数和进口贸易指数构成，从中东欧16国和分国别两个维度衡量中国与中东欧16个国家间的贸易发展水平，反映发展趋势，为中国与中东欧国家间贸易、投资、运输等领域的市场参与者把握市场动态提供方向和视角，为金融和学术研究机构提供信息参考和趋势判断，也为评价"16＋1合作"的实施效果和宏观政策调整提供重要依据。

### （四）加强友好城市和人文交流

宁波已与中东欧 16 国的 20 个城市建立了友好关系，是我国第一个与中东欧各国都有友城的城市。宁波与中东欧之间的科教、人文、旅游等领域的合作也在纵深推进。宁波市利用"中国—中东欧投资博览会"同步召开中国（宁波）—中东欧国家教育合作交流会和中国（宁波）—中东欧国家旅游合作交流会。在教育领域，宁波建设了宁波外事学校罗马尼亚分校——中罗（德瓦）国际艺术学校、宁波中东欧国家合作研究院、波兰语言文化中心等一批合作项目和平台，宁波市高校与中东欧 16 国 78 所院校建立了合作关系，签署了近 100 项教育合作项目。在旅游合作方面，宁波推出了"百团千人游中东欧"活动，累计组团超过 200 个，至少 5000 余人次，宁波市与斯洛伐克日利纳州旅游局、匈牙利国家旅游局、塞尔维亚旅游局、捷克旅游业联盟总会等签署了各类合作协议。在文化交流方面，2017 年，宁波市与原文化部共建的索非亚中国文化中心正式启用。

## 三、宁波开展地方政府对外交往的经验

宁波聚焦于中东欧合作，服务国家总体外交大局，积极开展地方政府对外交往合作，推动地方经济社会发展，可以说是国家总体外交为地方提供机遇和空间、地方政府对外交往配合推动国家总体外交的典型范例，其经验值得进一步深入思考。

### （一）国家总体外交为地方提供机遇和空间

中国—中东欧国家合作框架内将地方合作交流作为一个重要的组成部分，中央需要地方去贯彻落实国家总体外交的相关成果，同时也有意识地将相关的交流活动交给地方政府举办，为地方提供机遇和空间。

2013 年 11 月，时任国务院总理李克强与中东欧 16 国领导人共同出席在罗马尼亚布加勒斯特举行的中国—中东欧国家领导人会晤，在会晤中，李克强提出了今后一个时期深化中国—中东欧国家合作的六点建议，其中一点就是"深挖地方合作潜力。

发挥好中国—中东欧国家地方交流短、平、快的优势,推动双方合作更加顺畅有效"。① 会后,各方发表了《中国—中东欧国家合作布加勒斯特纲要》,提出"为鼓励和支持地方合作,将地方合作作为中国—中东欧国家合作的重要支撑之一。支持建立中国—中东欧国家地方省州长联合会,中国和中东欧国家省州市将根据自愿原则参与。每两年举行一次中国—中东欧国家地方领导人会议",决定要举办中国和中东欧国家经贸促进部长级会议、在中国举办中东欧国家商品展、建立中国—中东欧国家投资促进机构联系机制、支持建立中国—中东欧国家联合商会等。②

为落实《中国—中东欧国家合作布加勒斯特纲要》,也为地方政府参与中国—中东欧国家合作提供机遇,外交部联系浙江省和宁波市政府,宁波市政府高度重视,并认为这是宁波对外交往合作的重大机遇,积极与外交部接洽并承办相关活动。③2014 年 6 月,宁波举办了中东欧国家特色产品展、中国宁波—中东欧国家城市市长论坛、中国宁波—中东欧商务合作大会、中国宁波—中东欧教育交流会、中国宁波—中东欧旅游推介会等,宁波与中东欧 16 国的 16 座城市共同发布友好合作宣言,强调将加强彼此之间的人员互访、经贸合作,并扩大在人文领域的交流。宁波市政府的工作得到了中央的认可,同时宁波市政府也积极向中央争取到更多的参与中国—中东欧合作的机会。

2014 年 12 月,第三次中国—中东欧国家领导人会晤 16 日在塞尔维亚贝尔格莱德举行。与会各方发表《中国—中东欧国家合作贝尔格莱德纲要》,明确提出"2015年在中国宁波国际日用消费品博览会期间举办中国—中东欧国家投资贸易博览会",且特别指明由地方来举办,同时《中国—中东欧国家合作贝尔格莱德纲要》再次将"深化人文交流和地方合作"专门作为一个部分,提出"支持地方全面积极参加中国—中东欧国家合作框架下的各领域交流与合作,共同办好中国—中东欧国家地方省州长联合会,将其打造成为地方合作最重要的平台"。④ 2017 年 11 月,第六次中国—中东

---

① 中国新闻网:《中国中东欧领导人会晤 李克强提深化双方合作战略框架》,2013 年 11 月 27 日,https://www.chinanews.com/gn/2013/11-27/5550156.shtml,引用日期:2020 年 10 月 9 日。

② 中国政府网:《中国—中东欧国家合作布加勒斯特纲要》,2013 年 11 月 26 日,http://www.gov.cn/jrzg/2013-11/26/content_2535458.htm,引用日期:2020 年 11 月 5 日。

③ 宁波外事办调研材料。

④ 新华网:《中国—中东欧国家合作贝尔格莱德纲要(全文)》,2014 年 12 月 17 日,http://www.xinhuanet.com/world/2014-12/17/c_1113667695.htm,引用日期:2020 年 12 月 16 日。

欧国家领导人会晤在匈牙利布达佩斯举行。时任国务院总理李克强与中东欧 16 国领导人共同出席,在讲话中他表示要支持在宁波等中国城市建立"16+1"经贸合作示范区。会晤后发布的《布达佩斯纲要》明确,各方支持在宁波等中国城市设立 16+1 经贸合作示范区,并继续在宁波举办中国—中东欧国家经贸促进部长级会议和中国—中东欧国家投资贸易博览会。[①] 显然,宁波近年来作为地方政府对中东欧开展的交流合作进一步得到中央的认可,未来中央将从国家层赋予宁波在中国—中东欧合作中承担更重要的角色并给予更多机遇。

### (二)地方政府对外交往配合推动国家总体外交

在中央给予宁波市在参与中国—中东欧国家合作重要角色的基础上,宁波市政府抓住机遇,在积极开展对中东欧交往、推动地方经济社会发展的同时也配合推动了国家总体外交,为深化中国—中东欧国家合作作出了重要贡献,实现了"双赢"。2017 年,宁波发布的"海上丝路贸易指数"被写入首届"一带一路"国际合作高峰论坛成果清单,2019 年,宁波研发的"16+1 贸易指数""宁波港口指数"被列入第二届"一带一路"国际合作高峰论坛成果清单。在 2020 年中国—中东欧国家领导人峰会期间举办的合作成果线上展上,145 项成果中涉及宁波的成果达 18 项。根据中国社科院欧洲所的评估报告,宁波连续两年在地方参与"17+1"合作中综合排名位居全国第一。宁波市也基于中央的对外战略确定了自己的对外开放与合作方向,将与中东欧合作作为宁波地方政府对外交往的核心领域,2021 年 2 月,宁波市委常委会召开会议,传达学习贯彻习近平总书记在中国—中东欧国家领导人峰会上的主旨讲话精神,提出了宁波"要提高站位、找准定位,服务大局、主动作为,为谱写中国—中东欧国家合作新篇章做出示范性贡献"的要求。[②]

---

① 单玉紫枫:《〈布达佩斯纲要〉发布,中国与中东欧十六国达成共识——宁波将设立 16+1 经贸合作示范区》,《宁波日报》2017 年 11 月 29 日,第 A1 版。

② 宁波外事办调研材料。

# 第五节　厦门市地方政府对外交往

厦门市位于台湾海峡西岸中部,其境域由福建省东南部沿厦门湾的大陆地区和厦门岛、鼓浪屿等岛屿以及厦门湾组成。厦门一直走在我国改革开放的前沿,是经济特区、副省级城市和计划单列市,具有独特的区位优势。厦门是"海上丝绸之路"支点城市,是我国"海上丝绸之路"与"陆上丝绸之路"无缝对接的海陆枢纽。[①] 近年来,厦门积极融入共建"一带一路",进行了卓有成效的对外交往实践。

## 一、近年来厦门市的主要对外交往实践

### (一)积极承办中央外事活动,服务国家外交大局

厦门将承办中央外事活动作为服务国家总体外交和扩大厦门国际影响力的契机,近年来先后承办了金砖国家领导人第九次会晤以及相关配套活动、G20财政和央行副手会议、"10+3"财政和央行副手会、十二国出口信用保险机构负责人会议等高级别国际会议,结合国家主场外交活动,做好外交部、中联部等上级部门安排来访团组的接待工作,做好双边、多边及重大国际会议保障,同时积极通过各种渠道宣传厦门,提升厦门对外影响力。

### (二)搭建高级别国际交流合作平台,服务地方经济社会发展

厦门积极利用自身优势,搭建各类国际展会活动平台,促进对外交流与合作。经过多年经营,厦门"9.8"洽谈会升格为中国国际投资贸易洽谈会,已经成为中国目前唯一以促进双向投资为目的的国际投资促进活动,也是通过国际展览业协会(UFI)

---

① 厦门市人民政府网:http://www.xm.gov.cn/zjxm/,引用日期:2020-3-16。

认证的全球规模最大的投资性展览会。此外,厦门还搭建了国家茶叶博览会、国际佛事展览会、国际石材展览会等高级别国际交流合作平台。金鸡百花电影节、厦门国际马拉松、国际铁人三项等国际文体活动也大大增强了厦门的国际影响力。

### (三)积极发展对外经贸合作,打造国际化现代化城市

厦门一直致力于开展对外经贸交流合作,目前外贸综合竞争力位列全国外贸百强城市第 5 位。厦门市政府积极鼓励支持本地企业参加境外展览,打造境外"精品厦门"展会,推动厦门品牌亮相国际舞台。同时,还支持鼓励企业建设全球营销网络,目前全市企业在境外建设各类经营销售网点超过 600 个。近年来,厦门先后获批全国服务外包示范城市、服务贸易创新试点城市、数字服务出口基地、文化出口基地等。2019 年,厦门市与韩国光阳湾圈自由经济区签订了合作协议,将加强产业合作,促进重点产业投资流动。①

### (四)发挥华人华侨优势开展对外交往合作

厦门市是著名的侨乡和华侨华人出入境的重要口岸。厦门充分发挥"侨"的优势,全国首创设立"海外华侨华人社团厦门联络总部",目前已有来自 39 个国家和地区的 73 家侨团入驻。该机构采取"集中办公、统一管理"运作模式,发挥侨团聚集效应,拓展联谊交流、服务侨商、引资引智三大功能,涵养并发挥侨务资源作用,将海外侨务工作涵养侨务资源与地方经济社会发展紧密对接,得到海外侨胞的热烈响应。②厦门市还积极承办了中央统战部主办的"海外华商中国投资峰会"等活动,进一步推动华商投资,以商务经济纽带加强合作。

### (五)发挥领事资源优势,提升城市国际影响

厦门是目前国内 9 个设有三家以上外国总领事馆的城市之一,在经济特区中是唯一设有外国总领事馆的城市。厦门目前有三家领事馆,包括菲律宾驻厦门总领事馆、新加坡驻厦门总领事馆和泰国王国驻厦门总领事馆。厦门专门建设了新的领事

---

① 厦门市商务局调研材料。
② 厦门市侨联调研材料。

馆区,包含外交人员办公集中区、经贸文化交流展厅、外交官活动中心、多功能会议厅、会见厅及会议室、外交官餐厅等,将为国际组织、外国领事机构、签证中心等提供一个便利高效的平台。厦门积极依托领馆资源,举办各类"一带一路"人文交流活动,如南洋文化节、各领事馆国家文化展览、国际友好音乐会等活动,同时也通过与使领馆交流沟通,推动双方经贸对接合作。

### (六)积极推进友好城市、友好港口交流合作

厦门已经与世界 21 个城市结为国际友城,其中多个城市都位于共建"一带一路"国家。同时,厦门还与世界 11 个城市结为国际友好交流城市。厦门港与 15 个港口签署了友好港口协议,形成了以国际友城为交流基点,友好交流城市、友好港口和友好学校等对口友好交流单位为补充的通达五大洲的交流交往新格局。[①] 厦门市以"友城经济地图"等为抓手加速友城经贸合作信息共享,挖掘"友城＋"合作潜力,稳步推进与现有友城及友好交流城市的交往项目,并以经贸合作为重点,积极拓展经贸、教育、旅游、体育、人才等各领域交流合作,连续六次荣获"国际友好城市交流合作奖"。厦门充分利用和整合国际友好城市、使领馆和社会各界等资源,打造公共外交平台,让厦门市民广泛参与,主办或承办"国际友城市长论坛"、"厦门国际友好音乐会"、"行·摄"友城国际摄影交流、国际青少年足球夏令营、友城马拉松等一系列活动,以国际友城为主渠道,以人文交流为主题,为"一带一路"人文交流合作提供平台。

### (七)携手抗击疫情,助力命运共同体构建

新冠疫情严重阻碍了国际人员往来,厦门市通过创新"云"上工作模式,开展地方对外交流。疫情发生后,厦门的友好城市等纷纷表达关心支持,厦门在取得疫情防控初步胜利后也积极向主要交往城市表达慰问和捐赠医疗物资,目前已经对涵盖五大洲的 28 个主要交往城市去函致电表达慰问,交流分享抗疫经验,并对其中 15 个城市共计捐赠了医用 N95 口罩 14 万枚,普通医用口罩 13 万枚。同时,厦门还积极牵线搭桥,促成国际防疫需求和厦门生物医药相关企业精准对接。厦门的国际交流和城

---

① 厦门市外事办调研材料。

市影响力得到进一步巩固和提升。①

总之,厦门的地方对外交往的实践非常有效地发挥了对国家外交大局的补充和辅助作用,同时也开展了不少工作方式方法的创新,有力地促进了地方经济社会发展,提升了地方的国际影响力,成为国家外交和对外合作交流的重要组成部分。

## 二、厦门市地方政府对外交往的特点

厦门的 GDP 规模、人口和城市面积在全国副省级城市中都处于相对靠后的位置,但是却能够利用好本地方在华侨华人、港口航运、开放窗口等多方面的优势,打造了一批高层次国际交流合作平台,在城市国际化与对外交往方面走在了全国前列。

### (一)高质量缔结国际友好城市

厦门至今缔结了 21 对国际友好城市,数量相对不多,但在缔结友好城市的过程中厦门市政府更加重视交流合作的质量,而不是单纯追求数量。厦门在缔结国际友好城市方面设置了专门的一套标准,核心内容就是城市形态相似和经济互补,同时强调双方要有实质性的交流合作,要保证在科教文卫、经贸往来等各方面的交流合作中有项目、有实效、有影响,近年来缔结友好城市的重点方向主要是"一带一路"相关国家的城市。厦门主要从以下几个方面深化对外交往、实现国际友好城市高质量合作:一是将国际友好城市交流合作与地方产业发展相结合。例如,厦门市近年来积极发展邮轮产业,并依托国际友城资源开通了到友好城市日本佐世保市的邮轮航线,同时即将开通到菲律宾宿务市、马来西亚槟城市、印度尼西亚泗水市和韩国木浦市等厦门友好城市的特色邮轮航线,对地方邮轮产业发展起到了积极的推动作用;20 世纪 90年代初厦门会展业刚刚起航,在打造厦门投资贸易洽谈会品牌时,也是首先邀请国际友好城市组织代表团来参会,成为早期厦门投资贸易洽谈会的主要参会力量。二是注重国际友好城市交流合作中的细节。厦门市政府在国际友好城市交流合作中特别

---

① 厦门市外事办调研材料。

重视细节的落实,在一些小微环节把工作做得特别到位。例如,注重"厦门元素"在国际友好城市的落地,厦门在日本佐世保市建设了厦门公园,开满了厦门市花三角梅,在澳大利亚阳光海岸市建设了具有象征意义的小白鹭和黑天鹅的"姐妹鸟"雕塑,菲律宾宿务市把每年 10 月 26 日定为"厦门日"等。三是注重国际友好城市工作的市民参与和带来的获得感。厦门的友好城市交流合作积极从经贸合作向科教文艺、医疗卫生、城市建设等领域拓展,推动市民参与并致力于让市民具有获得感。例如,利用国际友好城市资源,推动加拿大白求恩医学发展协会心血管外科专家组、美国霍普金斯医院分别与厦门大学附属第一医院、厦门妇幼保健院开展学术和临床交流,推动厦门中小学与法国尼斯、德国特里尔等友好城市的足球俱乐部、特色校互派学生学习等,全方位、多层次的友城交流中,越来越多厦门市民从中受益。

## (二)发挥历史文化特色优势,积极开展侨务公共外交

2011 年,国务院发布的《国家侨务工作发展纲要(2011—2015 年)》第一次正式提出"侨务公共外交"的概念,强调"海外华侨是中国公共外交的重要抓手,侨务公共外交有巨大优势"。[①] 厦门市集美区是华侨领袖陈嘉庚先生的故乡,陈嘉庚先生倾力兴资办学,在集美建设了从幼儿园一直到高等教育的学校体系,形成了"集美学村"。厦门市充分利用这种历史文化特色优势,积极开展地方政府侨务工作:一是打造以"嘉庚精神"为支撑的"最美侨乡"。集美区政府提出"凝聚侨心、汇聚侨智、发挥侨力、维护侨益"为核心,推动落实"知侨、爱侨、为侨、富侨",建设"中国最美侨乡",集美区政府加大投入力度,建设完善了陈嘉庚纪念馆、嘉庚体育馆、嘉庚剧院、诚毅科技探索中心,翻修了文确楼等一批具有华侨文化历史留存的建筑,还专门组织编写了《嘉庚精神简明读本》,出版了《嘉庚弟子》《集美学村的先生们》《嘉庚家风家训》等书籍,从软硬两个方面加强"嘉庚精神"的宣传。二是积极开展多渠道华人华侨交流合作。集美区充分发挥海外乡亲多、海外校友多、与海外侨团联系密切的优势,多渠道、多层次、多形式地拓展海外联谊,开展招商引资、招财引智,传播中国声音,传递中国发展的理念。例如,积极打造"嘉庚论坛",2016 年和 2018 年先后举办了两届"嘉庚论坛",第

---

① 中国政府网:国务院印发《国家侨务工作发展纲要(2016—2020 年)》,http://www.gov.cn/xin-wen/2017-01/12/content_5159193.htm,引用日期:2021-3-7。

二届"嘉庚论坛"有"一带一路"沿线 32 个国家和地区的 150 多名华侨华人参会。三是注重加强对华裔新生代的影响力。厦门市先后组织了"嘉庚风·中华情"华裔学生看集美活动、华裔子女厦门研学夏令营、加拿大海外华人子女夏令营、集美海外华裔子女冬令营等活动,注重加强对华裔新生代的影响力,通过各种交流活动培养和加强海外华人青少年一代其对中国的认同感。

### (三)创新打造高级别国际经贸交流合作平台

厦门整体城市规模并不大,但是厦门市政府自改革开放以来一直注重各类国际经贸、产业合作、科技、文化等高层次高级别交流合作平台的建设,厦门地方政府打造的一些地方国际交流合作平台成功地升格为国家级别的平台,并发挥越来越大的作用,这其中最为典型的就是中国(厦门)国际投资贸易洽谈会的创新发展。

今天的中国国际投资贸易洽谈会可以追溯到 1987 年厦门市政府牵头策划的"闽南三角区外商投资贸易会",当时由厦门、泉州、漳州、龙岩四个地市联合主办。1991年,投资贸易洽谈会经过国家外经贸部批准由福建省内的地方洽谈会升级为几个省联合主办的口岸洽谈会。厦门市政府在投资贸易洽谈会上倾注了大量心血,经过几年的创新发展,1996 年洽谈会的参会客商超过 5000 人,在国际国内具有较大的影响力。在此基础上,1997 年国家外经贸部将之正式升格为中国投资贸易洽谈会,并作为投洽会的主办单位。厦门地方政府的对外交往合作平台在得到中央的认可后,中央给予了层次升级的支持,为厦门市地方拓展对外交往空间提供了重大机遇。2002年,世界投资促进机构协会(WAIPA)成为投洽会的首家联合主办单位并参与投洽会的组织与推介工作,随后联合国贸发会议(UNCTAD)、联合国工发组织(UNIDO)、世界银行国际金融公司(IFC)、经济合作与发展组织(OECD)等也相继成为投洽会主办单位。2013 年,世界贸易组织(WTO)也成为投洽会的联合主办单位。厦门市的地方经贸交流合作平台成功地发展为具有重大国际影响力的全球投资贸易洽谈会。2013 年,习近平总书记寄语投资贸易洽谈会指出,正是因为投洽会本身不断推陈出新,才发展到今天的规模和水平。[①]

---

① 闽南新闻网:国家领导人对 98 投洽会寄予重望,http://www.mnw.cn/xiamen/news/788614.html,引用日期:2021-3-21。

表 4-2　历年中国国际投资贸易洽谈会情况

| 年份 | 届次 | 与会国家和地区/个 | 境外客商数/个 | 签订合同项目/个 | 合同利用外资金额/亿美元 |
|---|---|---|---|---|---|
| 1997 | 第一届 | 52 | 6200 | 1668 | 62.2 |
| 1998 | 第二届 | 60 | 6377 | 1606 | 55.2 |
| 1999 | 第三届 | 80 | 6418 | 1228 | 51.8 |
| 2000 | 第四届 | 89 | 8500 | 1261 | 50.0 |
| 2001 | 第五届 | 97 | 8950 | 1027 | 48.0 |
| 2002 | 第六届 | 96 | 10107 | 1151 | 63.6 |
| 2003 | 第七届 | 102 | 11781 | 1259 | 66.5 |
| 2004 | 第八届 | 118 | 11841 | 1110 | 81.2 |
| 2005 | 第九届 | 125 | 12015 | 1053 | 122.4 |
| 2006 | 第十届 | 113 | 12650 | 752 | 76.2 |
| 2007 | 第十一届 | 119 | 13158 | 669 | 96.2 |
| 2008 | 第十二届 | 126 | 13685 | 517 | 81.0 |
| 2009 | 第十三届 | 125 | 13768 | 515 | 75.3 |
| 2010 | 第十四届 | 144 | 15581 | 484 | 99.6 |
| 2011 | 第十五届 | 112 | 15118 | 339 | 104.6 |
| 2012 | 第十六届 | 132 | 16112 | 485 | 270.4 |
| 2013 | 第十七届 | 118 | 15173 | 1386 | 321.6 |
| 2014 | 第十八届 | 126 | 15685 | 1455 | 345.0 |
| 2015 | 2015 届 | 105 | 15382 | 1571 | 352.9 |
| 2016 | 第十九届 | 109 | 15832 | 1502 | 349.3 |
| 2017 | 2017 届 | 107 | 15877 | 1577 | 366.7 |
| 2018 | 第二十届 | 128 | 16100 | 1982 | 365.2 |
| 2019 | 2019 届 | 151 | 15321 | 2100 | 5591.5(亿元人民币) |

　　资料来源:中国国际投资贸易洽谈会官方网站,https://www.chinafair.org.cn/#/MaterialSeaGroup?name=％E5％8E％86％E5％B1％8A％E6％88％90％E6％9E％9C％E5％9B％BE％E8％A1％A8,引用日期:2021-03-09。

## 三、建设金砖国家新工业革命伙伴关系创新基地

　　2020 年 11 月,习近平主席在金砖国家领导人第十二次会晤上宣布在福建省厦门市建立金砖国家新工业革命伙伴关系创新基地(以下简称"金砖创新基地"),开展

政策协调、人才培养、项目开发等领域合作。这是中央首次在地方层面建设特定领域的国际合作机制,具有重要的对外领域制度创新意义。对地方政府来说,这是继2017年在中央在厦门召开金砖国家领导人会晤后又一次赋予厦门在金砖合作领域的重大任务,也同时为厦门地方政府对外交往合作带来了重大机遇。2020年12月,金砖国家新工业革命伙伴关系论坛在厦门举办,正式启动金砖创新基地建设工作。厦门市委、市政府加强动员部署,要求统一思想认识,紧紧围绕"国家所需、厦门所能、金砖国家所愿",增强主动服务国家战略的政治自觉和使命担当,在工信部、省委省政府领导支持下,加快形成合力,全面推进金砖创新基地建设。[①] 厦门市主要从以下几个方面开展了相关工作:

### (一)建立机制机构

一是建立部省市共建机制。2021年9月,工信部、福建省、厦门市签署合作协议,建立部省市三方共建机制。工信部负责业务指导,在政策及资源方面给予支持,福建省负责统筹全省优势资源和项目,指导和支持金砖创新基地建设,厦门市负责调动全市资源和力量,积极承接部省资源和项目。在部省市共建机制下,成立工作推进领导小组,领导小组组长由工信部、福建省委省政府主要负责同志共同担任,领导小组下设办公室,办公室主任由工信部国际司、福建省工信厅主要负责同志和厦门市政府分管负责同志共同担任,负责领导小组日常工作;二是建立金砖创新基地三级架构运行机制。2021年8月,工信部、科技部、外交部和福建省联合印发《金砖创新基地建设方案》,基地采用理事会、战略咨询委员会、实体机构三级架构运行机制;三是建立厦门市金砖创新基地建设领导小组。由厦门市委、市政府主要领导担任组长,领导小组下设办公室,分管市领导兼任主任,定期向理事会各成员单位汇报工作进展。明确厦门火炬高新区和自贸片区为金砖创新基地核心区。

### (二)加强政策协调合作

一是举办各类金砖活动。积极承接、举办金砖国家相关会议、论坛等活动,举办

---

① 课题组参加厦门市委金砖创新基地建设专题协调会记录。

金砖国家新工业革命伙伴关系论坛、金砖国家青年科学家论坛、金砖国家政党智库和民间社会组织论坛、金砖国家工业互联网与数字制造发展论坛等各类金砖活动,吸引包括金砖国家代表在内的全球500万人次线上线下参与和关注,广泛增信释疑,争取形成共同声音。发布了《金砖国家制造业数字化转型合作倡议》及金砖国家工业互联网指数、金砖国家数字制造发展指数等;二是开展智库合作。工信部国合中心会同相关智库,加快编制《金砖创新基地发展规划》。厦门市金砖办牵头组建厦门金砖创新基地智库合作联盟,邀请22家国内知名高校和智库加入,为基地发展建言献策。联合华侨大学、福建师大、厦门理工学院等开展专项课题研究,发布《金砖创新基地发展报告》和《金砖国家国别研究报告》等智库研究成果;三是促进政策交流。厦门市工信局对接中国电子技术标准化研究院,编制《金砖国家新工业革命标准体系研究报告》,探索金砖国家标准化互认工作机制和路径;依托工信部人才交流中心和教育考试中心联合推动开展面向金砖国家的培训和资格互认。厦门海关与南非德班海关开展通关便利化、智慧海关等政策交流,开展与俄罗斯"经认证经营者(AEO)"互认课题研究。

## (三)深化人才培养合作

一是开展培训活动。厦门市金砖办牵头组建金砖新工业能力提升培训基地联盟,已授牌厦门大学、盈趣科技等16家院校和企业,共同开发智慧产业、智慧城市、智能制造、工业互联网等领域培训项目。围绕金砖国家及受邀国需求,联合金砖国家使领馆、工商理事会、国际友城、商协会等机构,举办线上线下人才培训和交流活动;二是创新培训模式。厦门市金砖办牵头对接金砖国家工商理事会中方理事会技能工作组,落地厦门市金砖未来技能发展与技术创新研究院。联合工信部、教育部、人社部、金砖国家工商理事会举办金砖国家工业创新大赛、金砖国家职业技能大赛等系列赛事;三是促进人文交流。厦门市外办拓展与巴西福塔莱萨、南非德班、俄罗斯喀山等城市的友好交流,厦门市与巴西福塔莱萨、智利首都大区圣地亚哥结为友好交流城市。厦门市科技局联合相关部门建立全国首个外国人才服务站与出入境事务服务站联动平台,为金砖及其他国家人才提供便利化服务。

### （四）促进项目开发合作

一是推动科技创新合作。加强与金砖国家孵化器、科技园区和高校院所的交流，促进金砖国家间技术项目对接和转移转化。厦门火炬集团与深圳北理莫斯科大学签署战略框架协议，厦门火炬高新区开展与俄罗斯、巴西产业科技园区交流，落地俄罗斯斯科尔科沃创新中心厦门交流中心、巴西马托格罗索州科技园厦门合作中心；二是推动工业化、数字化合作。以数字经济为驱动，以工业创新发展为主线，聚焦新一代电子信息、高端装备、生物医药、新材料、新能源等重点产业，厦门市金砖办会同各副主任单位制定并出台《关于加快金砖创新基地建设的若干措施》，推出金砖创新基地示范单位（项目），涉及工业智造、绿色健康等4个领域，充分展示创新基地与金砖国家各领域合作成果。厦门市工信局对接工信部部属机构，引进中国信通院、国合中心、工信部产业促进中心、中国电子标准化研究院等4家部属单位来厦设立分支机构，共同建设金砖创新基地工业能力共享平台、产业链供应链协同创新平台等8个新工业革命领域赋能平台；三是推动经贸往来合作。商务部在厦门主办"买在金砖"活动，厦门跨境电商产业园区设立"金砖国家精品馆"，落地亚马逊、阿里速卖通等跨境电商平台，线上线下促进金砖国家优质产品对接中国市场。厦门自贸委、商务局积极推进金砖国家间产业链供应链合作和互联互通。厦门海丝中央法务区设立"金砖法务特色专区"，出台专项措施，推广面向金砖国家法律服务机制。[1]

---

[1]　厦门市金砖创新基地建设领导小组办公室调研材料。

# 第五章 构建中国特色地方政府
# 对外交往制度体系

## 第一节 地方政府对外交往的制度视角

党的十九届四中全会提出了"坚持和完善中国特色社会主义制度、推进国家治理体系和治理能力现代化"的重大命题,地方政府对外交往属于中国特色社会主义外交外事领域制度的范畴,在当前国际制度竞争日益凸显的背景下,我们需要从制度的视角去研究我国地方政府对外交往,并考察地方政府在对外领域所发挥的制度创新作用。

### 一、我国对外事务运行环境的变化与外交转型

当今世界政治经济格局正在发生结构性变化,西方力量日渐衰退,中国等发展中国家的实力快速增长,但美国仍是唯一的超级大国,中美关系趋于紧张,美国正竭尽全力遏制中国崛起;世界格局的深刻转变推动国际政治、经济、安全、科技格局发生重大变化,逆全球化浪潮导致保护主义、单边主义抬头,部分国家民粹主义、民族主义势力扩张,经济一体化趋势受阻,全球产业链受到各种非经济因素的严重冲击;新冠疫情加速了百年未有之大变局的进程,人类面临环境问题、贫困问题、恐怖主义、重大传染性疾病等各种危机,传统安全与非传统安全交织在一起,全球治理举步维艰。我国也面临着改革开放以来最复杂最艰难的国际环境,对外事务运行环境面临着诸多变化与挑战。

## （一）对外事务多元化、多层化、碎片化推动中国外交向高级政治与低级政治结合转变

以互联网和信息技术为动力的全球化改变了国际行为体存在和活动的方式,推动权力向多元化、多层化和去中心化的方向转移。首先是对外事务参与主体的多元化。主权国家之外的各种行为体越来越多地参与到对外事务当中,除了超国家层面的国际组织,国家以下层面的地方政府、跨国公司、民间组织、利益团体乃至个人都成为了对外事务的参与者。尽管主权国家在对外事务中仍然占据绝对的主导地位,但是非主权国家行为体在对外事务中的作用日益增强,并且在一定程度上改变着国际秩序。我国对外开放已经达到新的高度,政治、经济、社会、文化等各个方面也深深融入全球网络当中,在共建"一带一路"的背景下,我国的地方政府、国企民企、民间组织、政协人大、半官方机构乃至个人等也更加深入地参与到对外事务当中,并在其中发挥着重要作用,如 2020 年李子柒的个人网络粉丝已经突破千万,点击次数超过13.5 亿次,超过 CNN、BBC、ABC、福克斯新闻、NBC 等各大媒体①,对中国文化的对外交流起到了传统媒体难以起到的作用。其次是对外事务领域的多层化。全球化已经深入到一国社会领域的各个层面,从我国来看,中央到省、市、区、县等各个层级也都不可避免地要开展对外交往合作,不同层次的地方政府从其所处的层级出发均能够在国家法律法规范围内和上级的授权下开展对外事务,并具有一定的自主性。国家总体外交也往往需要由中央以下各个层次的地方政府等去贯彻落实。最后是对外事务的碎片化。对外事务分散在各个层面各个领域,呈现出碎片化特征,国家事务、地方事务、机构事务、企业事务等均在各个方面、各个环节上呈现出不同程度的涉外性。在具体内容上,对外事务涉及政治、经济、社会、文化、教育、科技、环境、卫生等各个领域并相互交织在一起,分散在国家社会复杂网络的不同节点上。在新中国成立以后到改革开放前,我国外交主要侧重于高级政治,以国际政治和安全领域为主导。改革开放以来,在和平与发展的大环境下,对外事务多元化、多层化、碎片化使得对外工作遍布到各个层级和各个领域,经济、文化、社会、环境等低级政治议题不断进入我

---

① 搜狐网:《李子柒成为首位 YouTube 粉丝破千万的中文女创作者》,2020 年 5 月 3 日,https://www.sohu.com/a/392776552_737818,引用日期:2020 年 8 月 5 日。

国外交领域,并占据越来越重要的地位,中国外交的内涵和外延也在不断拓展,正在向高级政治与低级政治相结合的方向转型。

### (二)对外事务与对内事务的融合化推动中国外交向服务国内发展转变

全球化推动了资本、信息、货物、人员等各种资源要素跨越国界的全球流动,信息化、网络化进一步模糊了主权国家的边界,改变着主权国家传统意义上的存在方式和管辖空间,原来属于一国内部的事务需要在国际网络体系中进行解决,不可避免要涉及对外领域,国际问题产生的影响也往往波及国内,国内事务与国际事务边界被打破,并逐步交织融合在一起,形成对外事务与对内事务融合化的趋势。在经济领域,降低利率等一国内部的经济政策调整将会影响到资本的跨国流动,因此必须考虑其他相关国家的利率水平,其他国家之间缔结自由贸易协定可能对本国对外贸易产生转移效应从而对本国国内经济产生重大影响;在安全领域,本国与他国的国际争端可能会带来国内民族主义情绪,影响国内的社会稳定,一国的内部问题往往发生溢出,对周边国家带来影响;在政治领域,国内政治国际化、国际政治国内化的趋势凸显,如美国国内的社会撕裂、阶层固化等问题导致其在国际事务上的保护主义、单边主义倾向。[①] 党的十八大以来,中央多次强调我国外交要为国内发展服务、为内政服务,外交要统筹国内和国际两个大局。2013 年,习近平总书记在中共中央政治局集体学习时强调,要"更好统筹国内国际两个大局"。[②] 2015 年,习近平总书记在中央政治局集体学习时再次强调"要坚持对外开放基本国策,善于统筹国内国际两个大局,利用好国际国内两个市场、两种资源""坚决维护我国发展利益。"[③] 自此,我国外交更多地开始体现作为内政延伸的特点,在外交实践中,"外交为民""外交为地方发展服务"的理念和做法也逐步凸显。

---

① 朱立群:《外交环境变化与中国外交能力建设》,《国际问题研究》2013 年第 2 期,第 102~113 页。

② 人民网:《习近平:更好统筹国内国际两个大局夯实走和平发展道路的基础》,2013 年 1 月 30 日,http://theory.people.com.cn/n/2013/0130/c40531-20370765.html,引用日期:2020 年 10 月 5 日。

③ 人民网:《习近平发展中国经济的两个大局观》,2016 年 3 月 28 日,http://politics.people.com.cn/n1/2016/0328/c1001-28231742.html,引用日期:2020 年 10 月 5 日。

### （三）对外事务的专业化推动中国外交向服务型转变

当今世界国际事务的议题在不断丰富和扩大，经济贸易、环境气候、重大传染病、技术援助、人权民生等问题进入一国的外交领域①，这些问题既需要传统的外交外事能力，又需要专业化的知识和相关经验，仅依靠职业的外交官已经无法满足需要，必须将大量的专业化机构和专业化人员吸纳进入解决对外事务的力量，如在关于国际金融的谈判中就必须吸收相关的专业人员以及相关的专业部门参与。在这样的背景下，外交领域的权力实际上是从外交部逐步从横向和纵向两个方向进行分散，横向是外交领域的权力向发改委、商务部、财政部、工信部等相关部门分散，纵向则是外交领域的权力由中央政府向各级地方政府分散。对外事务的专业化要求中国外交的治理能力和在各个专业对外领域的服务能力进一步提升，处理问题的效率进一步提高，且更多考虑国内民众和相关主体的需要，这就需要中国外交从原来的以管制为主向服务为主转变，不仅要树立起对外工作的服务意识，还要提升服务的效率和专业化能力。

总之，当前全球国际关系和外交环境正在发生结构性的变化，外交转型已经成为大势所趋，我国外交需要适应当前不断变化的国际国内形势，转变观念，从传统外交完全垄断的模式向传统外交和非传统外交相互配合的模式转变，积极推动以地方政府对外交往为切入点的制度创新。

## 二、制度优势视角：中国特色地方政府对外交往是中国特色社会主义制度优势的体现

外交外事是中国特色社会主义国家治理体系和治理能力的重要领域。我国在长期实践和探索中形成的中国特色社会主义制度，是具有强大生命力和巨大优越性的

---

① 赵可金：《非传统外交：外交社会化及其后果》，《世界经济与政治》2013 年第 2 期，第 99～117 页。

制度和治理体系。① 党的二十大报告指出，当前“中国特色社会主义制度更加成熟更加定型，国家治理体系和治理能力现代化水平明显提高”。② 中国的外交外事制度是中国特色社会主义制度的一部分。但是从学术界来看，大量的研究多集中在外交政策领域，相对忽视了对外交外事制度和机制本身的研究，尤其是对中国特色的外交外事制度研究就更为缺乏。在当前百年未有之大变局背景下，现代外交外事制度需要进一步重塑，我国也迎来和平崛起并迈向第二个百年奋斗目标的关键时期，面对西方国家各种遏制和打压行为，需要准确把握我国国家制度和国家治理体系在外交外事方面的显著优势，同时注重增强和发挥这些制度优势，中国特色的地方政府对外交往制度体系正是我国相对于西方国家的重要制度优势的体现。

### （一）中国特色地方政府对外交往的制度优势

早期西方学术界对地方政府对外交往的关注主要来源于对美国联邦制的研究，他们提出的“平行外交论”就是基于美国等西方国家联邦制的实践。西方联邦制乃是联邦主义理念的具体体现。联邦制从本质上体现了西方的“竞争论”“制衡论”的价值观，它反对单一中心的治理结构，希望通过联邦制实现一体治理与多元自治的结合。③ 从美国的联邦制实践来看，美国的联邦政府与各州政府之间不是行政隶属关系，而是一种平等分立的关系，联邦政府负责管辖全国性的公共事务，各州政府主要负责管辖地方性的公共事务，联邦政府与州政府的管辖是重叠的。1787 年美国宪法将外交权授予联邦政府，但是同时也并未完全否定州的对外交往权力，通过对宪法的不同解释，美国的州实际上获得了较大的对外交往空间，加上美国联邦制下各州对自

---

① 新华网：《〈授权发布〉中国共产党第十九届中央委员会第四次全体会议公报》，2019 年 10 月 31 日，http://www.xinhuanet.com/politics/2019-10/31/c_1125178024.htm，引用日期：2020 年 10 月 5 日；新华网：《〈授权发布〉中共中央关于坚持和完善中国特色社会主义制度推进国家治理体系和治理能力现代化若干重大问题的决定》，2019 年 11 月 5 日，http://www.xinhuanet.com/politics/2019-11/05/c_1125195786.htm，引用日期：2020 年 10 月 5 日。

② 习近平：《高举中国特色社会主义伟大旗帜 为全面建设社会主义现代化国家而团结奋斗——在中国共产党第二十次全国代表大会上的报告》，2022 年 10 月 25 日，http://www.gov.cn/xinwen/2022G10/25/content_5721685.htm，引用日期：2022 年 12 月 29 日。

③ 肖滨：《从联邦化的双向进路与两面运作看西方联邦制》，《中山大学学报（社会科学版）》2005 年第 4 期，第 77～82 页。

身事务的处理拥有相当大的自主性,当联邦政府要求的政策目标无法保证各州利益的时候,州政府往往独立采取行动,从而导致州政府与联邦政府经常出现摩擦矛盾的情况。在美国的历史发展过程中,联邦政府与州政府在包括对外事务领域在内的各个领域进行拉锯纠缠一直是美国政治领域中的重要构成要素①,这导致了美国在国家治理方面的低效,也反映出深层次上美国联邦制及联邦政府与州政府关系等制度上的问题和弊端。随着全球化的深入发展,美国联邦制等政治体制未能及时调整以适应世界政治经济结构的巨大变化,进而走上了政治衰败的道路,2020 年新冠疫情在美国泛滥蔓延,美国联邦政府与州政府利益协调困难的问题再次显现,反映出美国联邦制等政治制度紊乱失序,在应对危机时各自为政。从本质上来说,美国的联邦制等政治制度内在地构造了一种竞争格局,在形成一种相互制衡态势的同时,也导致难以有效协调全国不同地方、不同领域、不同阶层的利益,这其中也包括难以有效协调美国联邦政府与州政府在对外事务领域的利益。在地方政府对外交往领域,美国州政府与联邦政府之间的摩擦也屡屡出现,如 1999 年伊利诺伊州州长不顾华盛顿的反对访问古巴。②

相对于美国,我国在地方政府对外交往领域具有制度优势。从新中国成立以来中国共产党就一直在对中国特色社会主义制度进行不懈地探索与创新,1978 年以后更是根据时代的变化和国情特点进行了改革开放、大胆创新,不断推动中国特色社会主义制度的创新、发展与完善,取得了历史性成就。我国已经建立起中国特色社会主义的中央—地方关系框架,坚持在维护中央权威的基础上推动中央集权和地方适度分权有机结合,在激发地方积极性的同时加强央地关系的制度化和法制化。③ 我国的中央—地方关系以充分发挥中央与地方两个积极性为目标,形成了"动态调整"的模式④,同时在不同维度上实行集权分权的多元组合,形成了一个动态的、多维的权

---

①　李海东:《美国联邦制运转紊乱导致疫情泛滥》,《人民论坛》2020 年第 17 期,第 24~27 页。

②　陈志敏:《次国家政府与对外事务》,长征出版社 2001 年版,第 189~193 页。

③　杨小云:《论新中国建立以来中国共产党处理中央与地方关系的历史经验》,《政治学研究》2001 年第 2 期,第 12~21 页。

④　韩奇:《市场化转型中的中央权威再造——基于中国中央—地方关系的考察》,《科学社会主义》2021 年第 1 期,第 136~145 页。

力和资源分配结构。① 总体来说,我国已经形成了能够有效协调中央和地方利益、维护中央权威的同时充分发挥地方积极性的中央—地方关系,这种央地关系制度相对于美国等西方联邦制国家具有比较优势。这里所说的优势并非指单一制优于联邦制,实际上联邦制与单一制不应该被僵硬地对立,二者存在着一种量变的关系。事实上世界没有哪个国家是绝对的联邦制或单一制,单一制国家的地方政府也可以有很大的自主权,联邦制国家的中央政府也可能具有相当程度的集权。这里的优势是指在特定的国家和特定的条件下,在中央—地方关系以及地方政府对外交往领域的具体制度上,我国具备相应的制度优势。这种优势从根本上来源于中国特色社会主义制度和国家治理体系的显著优势。党的十九届四中通过了《中共中央关于坚持和完善中国特色社会主义制度、推进国家治理体系和治理能力现代化若干重大问题的决定》,总结了我国国家制度和国家治理体系 13 个方面的显著优势②,“坚持党的集中统一领导”“坚持全国一盘棋”能够将全国地方团结凝聚在党中央周围,协调兼顾各方利益,集中力量实现政策目标;“坚持人民当家作主”“以人民为中心”能够将中央和地方利益统一到共同的价值取向上来;“坚持改革创新、与时俱进,善于自我完善、自我发展”能够面对形势的不断变化积极进行中央—地方关系的调整,适应时代的发展,实现中央与地方两个积极性的充分发挥。

改革开放以来,我国地方政府对外交往进行了丰富的实践并取得了巨大的成就,中国特色社会主义地方政府对交往的优势充分彰显:一是各个地方省市通过对外交往合作对地方经济社会发展起到了重要作用。我国地方政府积极贯彻中央对外开放、改革创新的精神,发挥能动性创造性,在对外贸易、吸引外资、旅游推介等领域成功地开展了多种多样的对外交流合作,有力推动了地方的经济社会发展。二是各个地方省市对外交往在配合补充国家外交大局方面发挥了重要和独特的作用。云南、广西积极谋划参与与南亚、东南亚国家的次区域合作,吉林省积极参与推动与东北亚

---

① 朱旭峰、吴冠生:《中国特色的央地关系:演变与特点》,《治理研究》2018 年第 2 期,第 50～57 页。

② 新华网:《〈受权发布〉中共中央关于坚持和完善中国特色社会主义制度推进国家治理体系和治理能力现代化若干重大问题的决定》,2019 年 11 月 5 日,http://www.xinhuanet.com/politics/2019-11/05/c_1125195786.htm,引用日期:2020 年 10 月 5 日。

国家的合作,宁波体现出在中国—中东欧合作中的独特作用,厦门则在金砖合作中努力扮演重要角色等,各个地方政府通过自身对外交往有效贯彻落实中央委托的任务并积极拓展创新对外交往方式,在国家总体外交中作用日益凸显;三是在地方政府对外交往中实现了国家总体外交政策目标和地方利益目标的有机结合与"双赢"。中央从全国大局出发为地方政府对外交往拓展空间并提供平台和机遇,地方政府对外交往为国家外交的贯彻落实、丰富创新方面提供实践支撑。

## (二)增强和发挥中国特色地方政府对外交往的制度优势

习近平总书记指出:"制度优势是一个国家的最大优势,制度竞争是国家间最根本的竞争。"[①]当前大国关系深刻调整,中美关系发生质变,美国借助其综合国力等各方面优势拉拢其他国家遏制我国发展,我国面临着改革开放以来最艰难的国际环境,制度优势是我国突破阻碍、实现第二个百年奋斗目标的根本依托。成功抗击新冠疫情使中国再次展现了中国特色社会主义制度的强大优势,我们需要在深刻理解和把握的基础上去发挥并增强这些优势。地方政府对外交往正是中国特色制度优势的体现之一。如前所述,我国地方政府对外交往能够更好服务国家整体外交大局,有效协调中央和地方利益,形成合力以达成政策目标,具有相对制度优势。

在我国地方政府对外交往具有制度优势的前提下,可以将地方政府对外交往作为国家总体外交战略布局中的一个环节,并且依托这种优势,利用相关国家地方政府与中央政府协调困难、利益存在冲突摩擦的制度劣势,将外国的地方政府作为外交战略的对象,注重地方政府—地方政府的对外交往合作,通过对外国地方政府的影响,进而影响其国家的外交政策,最大限度地寻求合作,团结一切可以团结的力量,打破其孤立中国的企图。通过影响地方政府进而对外国外交政策产生作用的例子并不罕见,如1987年美日"东芝事件"中,日本东芝公司偷偷向苏联出口可以用于军事目的的先进数控机床,美国掀起了要求严厉制裁东芝公司和日本政府的浪潮,日本方面支出大量经费对田纳西州、得克萨斯州和加利福尼亚州等州政府进行游说,田纳西州州

---

① 习近平:《坚持和完善中国特色社会主义制度推进国家治理体系和治理能力现代化》,2020年1月1日,http://www.qstheory.cn/dukan/qs/2020-01/01/c_1125402833.htm,引用日期:2020年10月27日。

长等对田纳西国会代表团施加压力，要求其反对实施制裁。东芝公司在田纳西州、得克萨斯州和加利福尼亚州有大量投资和工厂，如果受到制裁将导致减少 4000 个就业岗位，“东芝事件”中相关地方政府反对过分制裁东芝公司并起到了一定的作用。[①]

## 三、制度创新视角：地方政府是中国特色外交外事制度创新的重要主体

学者们对外交制度[②]概念的理解各有不同，但总体来说，外交制度是国家围绕外交构造和形成的、由各个不同的外交要素相互联系相互作用的系统，包括外交价值原则、外交组织机制、外交领域的各类正式和非正式规范等。[③] 制度创新是指对现有的制度安排进行积极主动的变革，替换旧的制度安排，构造更加有效率的新的制度安排。外交在传统上一直被认为是重大的国家高层政治，因此改革创新的概念一直未能明确进入外交领域，[④]但是实际上随着国内国际环境的发展变化，我国外交也在不断地发生变化。党的十八大以来，世界格局出现结构性变化，大国关系深刻调整，国家之间的制度竞争日益激烈，我国面临的外交外事环境发生巨大变化并面临各种挑战[⑤]，我国外交迫切需要从制度上进行改革创新。2013 年，习近平总书记在周边外交工作座谈会上发表重要讲话首次提出“要推进外交工作改革创新”[⑥]，2018 年召开的中央外事工作会议上，习近平总书记强调，“对外工作体制机制改革是推进国家治理体系和治理能力现代化的内在要求”“要根据党中央统一部署，落实对外工作体制机制改革”。[⑦] 2019 年党的十九届四中全会提出了国家治理体系和治理能力现代化的

---

① 侯文富：《“东芝事件”及其影响刍议》，《日本学刊》2000 年第 1 期，第 44～54 页。

② 这里“外交制度”概念中的“外交”是指广义上的外交。

③ 赵可金：《中华人民共和国外交制度变迁的理论阐释》，复旦大学 2005 年版博士学位论文，第 6 页。

④ 外交改革课题组：《打造中国外交改革创新的机制》，《国际政治科学》2014 年第 4 期，第 36～63 页。

⑤ 更详细的论述见本章第一节。

⑥ 新华网：《习近平在周边外交工作座谈会上发表重要讲话》，2013 年 10 月 25 日，http://www.xinhuanet.com//politics/2013-10/25/c_117878897.htm，引用日期：2020 年 11 月 2 日。

⑦ 新华网：《（受权发布）中共中央关于坚持和完善中国特色社会主义制度推进国家治理体系和治理能力现代化若干重大问题的决定》，2019 年 11 月 5 日，http://www.xinhuanet.com/politics/2019-11/05/c_1125195786.htm，引用日期：2020 年 10 月 5 日。

命题,并专门将外交作为单独一个章节进行阐释,提出要"深入推进涉外体制机制建设,统筹协调党、人大、政府、政协、军队、地方、人民团体等的对外交往,加强党总揽全局、协调各方的对外工作大协同格局"。[①] 外交工作的制度创新是一个永恒的命题,是我国外交领域实现治理体系和治理能力现代化的重要路径。

我国 1978 年以后的改革开放实际上就是一场全面的制度创新过程,在这一过程中,地方政府是非常重要的制度创新主体。诺斯把制度变迁的主体划分为政府、团体和个人三种类型,并把制度变迁分为强制性制度变迁和诱致性制度变迁两种模式。同时,诺斯又根据在制度变迁过程中的作用和角色把制度变迁参与的主体划分为"第一行动集团"和"第二行动集团"。[②] 但是诺斯并未将政府进一步进行区分,未能关注地方政府作为主体在制度变迁中的作用。[③] 国内不少学者从制度经济学的角度探讨了我国地方政府与制度创新的关系。周黎安认为,中国地方政府在改革以来的经济增长和制度创新中扮演了非常重要的角色,提出了"中国地方官员的晋升锦标赛"模式。[④] 张兴祥、庄雅娟构建了诱致性制度变迁与强制性制度变迁相融合的理论分析框架,进而提出了一个两阶段的制度变迁模式,认为地方政府创新主要应采用诱致性制度变迁模式。[⑤] 范逢春认为,我国的地方政府基层制度创新具有工具性与价值性双重意义。[⑥] 杨瑞龙提出了"中间扩散型"制度变迁方式的理论,认为改革开放以来中央逐步向地方下放权力和市场经济的发展,使得我国地方政府成为具有一定独立利益的行为主体,地方政府在中间扩散型制度变迁方式中起到了非常重要的作用。[⑦] 杨瑞龙、杨其静进一步分析了在我国市场化改革中中央政府、地方政府与微观

---

① 新华网:《(受权发布)中共中央关于坚持和完善中国特色社会主义制度推进国家治理体系和治理能力现代化若干重大问题的决定》,2019 年 11 月 5 日,http://www.xinhuanet.com/politics/2019-11/05/c_1125195786.htm,引用日期:2020 年 10 月 5 日。

② 卢现祥:《新制度经济学》,武汉大学出版社 2004 年版,第 145～146 页。

③ North, D. C., *Institutions, Institutional Change and Economic Performance*, Cambridge: Cambridge University Press, 1990.

④ 周黎安:《中国地方官员的晋升锦标赛模式研究》,《经济研究》2007 年第 7 期,第 36～50 页。

⑤ 张兴祥、庄雅娟:《两阶段制度变迁模式与地方政府制度创新》,《经济学动态》2017 年第 10 期,第 68～80 页。

⑥ 范逢春:《多重逻辑下的制度变迁:十八大以来我国地方治理创新的审视与展望》,《上海行政学院学报》2017 年第 2 期,第 4～13 页。

⑦ 杨瑞龙:《我国制度变迁方式转换的三阶段论——兼论地方政府的制度创新行为》,《经济研究》1998 年第 1 期,第 3～10 页。

主体三者之间的博弈,认为地方政府是连接中央的制度供给意愿和微观主体制度需求的重要中介,对我国制度创新的作用至关重要。① 地方政府在我国制度创新中起到了关键的重要作用,这已经是学界的共识。

政府、团体和个人三种制度变迁主体中,政府的作用最为重要,这里的政府既包括中央政府,也包括地方政府。外交外事领域的制度创新中,既需要顶层设计,也需要基层创新,地方政府作为外交外事领域的制度创新主体较少受到关注,其主要原因在于,传统观念中地方政府对外交往未被纳入国家总体外交的范畴,外交一直被认为仅仅是国家高层和外交部的事务。而在现实中,随着全球化的深入、互联网和信息技术的渗透,外交的内涵和外延也在不断丰富和拓展,尤其是地方政府对外交往合作已经成为世界各国国家总体外交战略的重要组成部分,地方政府参与国际事务正在从常态化向制度化转变,因此,外交领域的制度创新在注重中央政府顶层设计的同时,也应更加关注地方政府的基层创新作用。地方政府作为外交外事领域的制度创新主体具有以下优势:

一是地方政府能够把握基层领域更全面、更准确的制度创新信息。地方政府直接与地方团体和个人密切交流和接触,能够更全面、更准确地掌握地方团体和个人对制度供给的需求,同时也能及时对团体和个人的创新进行跟踪评估,对新产生的非正式制度创新给予局部范围的合法性,避免这些自然产生的制度创新在没有评估效果之前就被扼杀。国际环境要素变化激发地方团体和个人自发的非正式制度创新,随后地方政府及时掌握信息并进行评估后对其进行局部的默认或肯定,最后获得中央的全面肯定,这是在我国改革开放过程中大量制度创新的形成路径。在外交外事领域,地方政府在对外交流合作中往往也能掌握对外领域更全面的信息并跟踪环境变化,及时调整制度安排进行应对,如云南作为我国边境地方政府对边境贸易合作的制度探索创新。此外,我国各地方政府早期的对外经济交流合作的"三来一补"相关制度、商会对外交流合作的相关制度,以及后来各个地方政府推动成立的地方公共外交协会制度等,也都符合这样的形成路径。党的十八大以来,党中央更加强调"外交为民"的理念,地方政府作为能够更好了解人民群众制度供给需求的制度创新主体,具

---

① 杨瑞龙、杨其静:《阶梯式的渐进制度变迁模型——再论地方政府在我国制度变迁中的作用》,《经济研究》2000 年第 31 期,第 24~31 页。

有不可替代的优势。

二是地方政府具有将中央政府的强制性制度变迁进行适应性再创新的功能。诱致性制度变迁是由个人和团体自发形成一致并组织实施的,各个相关主体行动方向和目标一致,阻碍小且执行效果比较好,但存在规范化制度化水平不高、强制力弱的弱点;强制性制度变迁往往由中央政府以强制性规范的方式推动,具有较高的制度化水平,但强制性制度变迁往往不以相关主体的达成一致为基础,可能受到的阻碍较多,自觉实施制度的动力较弱,推行的成本也较高。[1] 地方政府是中央政府与地方微观主体之间的联系中介[2],地方政府在贯彻实施中央政府强制性制度变迁过程中能够根据地方的特点和需求在中央政府允许的空间内进行再创新,适度调整地方团体和个人在制度变迁过程中的成本和收益,使强制性制度变迁向诱致性制度变迁转化或具有诱致性制度变迁的特点,完成一种适应性再创新的过程。2015 年中央发布《推动共建丝绸之路经济带和 21 世纪海上丝绸之路的愿景与行动》之后,各个省区市地方政府都出台了对接中央"一带一路"的具体方案,这些方案最大的特点就是根据各个地方的特点与现实情况进行制度创新安排。例如:广西提出加快推进中马"两国双园"国际合作新模式,并对产业园的管理体制进行探索创新,推动中国—中南半岛经济走廊合作机制建设等;山东省提出要打造东亚海洋经济合作平台机制,加快国际产能合作;湖南省提出要推进与俄罗斯伏尔加河沿岸联邦区和东北亚地区地方政府合作,争取外国政府在湖南设立领事机构等。

三是地方政府推动制度创新具有试验性。制度创新具有风险性,其未来收益的不确定性导致在全国大范围内推行某种单一制度具有较大的风险,且我国各个地方差异巨大,中央政府直接推行新的制度安排可能会在不同的地方出现相反的效果。我国在改革开放过程中形成了"地方局部试点—根据实践情况调整—成熟经验向全国推广复制"的制度创新模式,这种在中央的框架安排下首先在部分地方进行制度创新、再进行复制推广的方式有效降低了制度创新的风险。在对外经济合作领域有许

---

① 　R.科斯、A.阿尔钦、D.诺思:《财产权利与制度变迁——产权学派与新制度学派译文集》,上海三联书店、上海人民出版社 1994 年版,第 22 页,第 384 页。

② 　郭小聪:《中国地方政府制度创新的理论:作用与地位》,《政治学研究》2000 年第 1 期,第 67～73 页。

多试点的例子,如自由贸易试验区、全国服务贸易创新试点等。外交外事领域制度创新可以借鉴对外经济合作的方式,如开展地方对外交往创新试点等,适度给予地方在对外交往低级政治领域更多自主权,激发地方政府的主动性和创造性。

# 第二节　中国特色地方政府对外交往的整体框架

地方政府对外交往内生于特定的政治经济制度环境中,中国的地方政府对外交往产生、萌芽、发展于中国特色社会主义的政治经济制度环境中,经过几十年的发展,其基础制度环境、前提条件、经济基础、核心理念和发展方向等方面均具备了中国特色,初步形成了中国特色的地方政府对外交往的整体框架。

## 一、中国特色社会主义制度是中国特色地方政府对外交往发展的基础制度环境

西方学术界关于地方政府对外交往的研究大多建立在特定的西方政治制度环境和西方资本主义语境下。西方学术界最早对地方政府对外交往的关注源自 20 世纪 60 年代加拿大魁北克的"平静革命"(Quiet Revolution)[1]以及美国总统尼克松提出的"新联邦主义"(New Federalism)[2],一直到 20 世纪 90 年代初,对地方政府对外交往展开研究的大多数仍然是美国和加拿大的学者,其中大多又是扩大联邦成员自治权的鼓吹者。1992 年,《马斯特里赫特条约》签订,欧盟正式成立,1994 年,在欧盟框架内设立了地区委员会,欧盟各国的地方政府获得了在国际舞台上开展活动的机会,加上欧洲一些地方拥有自身独特的文化遗产和语言,如西班牙的加泰罗尼亚、比利时

---

①　1960 年加拿大魁北克自由党领导人 Jean Lessage 当选魁北克省总理,他在经济、政治及社会等方面实行了一系列的民族和民主改革,取得了更大的自治权,但最终未脱离加拿大联邦。

②　1969 年 8 月,美国总统尼克松正式提出"新联邦主义",这是美国内政方针的重大改变,尼克松认为,美国联邦政府效率低下、官僚机构庞大、反应迟钝并引起人民对政府的信任危机,主张把一部分权力、资金、责任从华盛顿中央政府流向美国各州。

的弗兰德斯等,这些地区也希望更多地参与到国际事务中,在这样的背景下,欧洲学者也开始关注地方政府对外交往的研究,涌现出一批欧洲国家地方政府对外交往案例的研究文献,可见西方学术界关于地方政府对外交往的研究与西方国家的政治发展是紧密联系的,是为了满足西方政治发展的需要。

自 20 世纪 80 年代地方政府对外交往理论产生和发展以来,就一直与西方国家联邦制紧密联系在一起。研究地方政府对外交往的西方学者将联邦制纳入西方资本主义民主制度范畴内,如平行外交理论的概念的提出者之一伊夫·杜恰切克(Ivo Duchacek)认为,联邦制是多元民主与两套政府并行垂直管理结合的产物,西方式的民主是联邦制的前提条件。[①] 西方主流观点有着这样的认识:如果没有所谓的民主权力分享,就不可能有真正的联邦制,西方资本主义民主制度是地方政府对外交往的关键前提条件。[②] 根据这一逻辑,西方学者甚至认为在所谓的非民主社会中不存在真正的地方政府对外交往现象。西方学者的大量地方政府对外交往的研究是作为"联邦制"研究的副产品出现的,而不是将地方政府对外交往作为一个一般性的现象进行研究。[③] 因此,西方地方政府对外交往理论研究是建立在西方资本主义所谓民主制度基础上的。笔者认为,地方政府对外交往是发生在国际、国家和地方层面的一系列变化的产物,具有地方分权特点的单一制国家同样存在地方政府对外交往。中国地方政府对外交往的丰富实践也从事实上证明了这一点,中国不仅存在地方政府对外交往,而且是具有中国特色的、非常出色和精彩的地方政府对外交往,在中国总体外交中起到了重要的作用,成为国家总体外交中的有机组成部分。

中国走出了一条成功的中国特色社会主义的政治发展道路,建立起了中国特色社会主义的政治体制。与西方资本主义政治制度截然不同,我国的一切国家权力属于人民,我国的根本政治制度是人民代表大会制;我国的基本经济制度是以公有制为

---

① Ivo D. Duchacek, Perforated Sovereignties: Towards a Typology of New Actors in International Relations, In: Michelmann, Hans J., Panayotis Soldatos (eds.), *Federalism and International Relations: The Role of Subnational Units*, Oxford: Clarendon Press, 1990, pp.1-33.

② Kincaid J., Constituent Diplomacy in Federal Polities and the Nation-State: Conflict and Co-Operation, In: Michelmann H., Soldatos P., (eds.), *Federalism and International Relations: The Role of Subnational Units*, Oxford: Oxford University Press, 1990, p.64.

③ Kuznetsov A, *Theory and Practice of Paradiplomacy: Subnational Governments in International Affairs*, New York: Routledge, 2015, p.63.

主体,多种所有制共同发展。中国自古以来就是一个统一的多民族的中央集权制国家,自秦始皇统一中国以来,我国各民族不断融合发展,各民族之间经济联系和文化交流非常密切,各民族共同创造了中国的历史和文化,统一一直是中国历史发展的主旋律。中国根据自身的国情,选择了中国共产党领导的民主集中的单一制。党的二十大进一步提出了中国式现代化理论,强调要创造人类文明新形态。中国的地方政府对外交往正是植根于上述的中国特色社会主义的政治经济制度,建立在中国共产党领导的民主集中制基础之上,其产生、萌芽、发展的每一个过程、每一个方面都离不开中国特色社会主义的制度环境。正如外交部长王毅所说:"中国外交的特色,植根于中国坚持的社会主义理念。"①

## 二、中国特色社会主义中央—地方关系是中国特色地方政府对外交往的前提条件

地方具备一定领域内的对外交往权力是地方政府对外交往开展的前提条件。如前所述,西方地方政府对外交往理论是基于其联邦制度的发展变化而产生和发展的,20 世纪 60 年代末到 90 年代后期,西方国家出现了一波中央政府向地方下放权力的浪潮,如美国尼克松政府和里根政府先后推行的"新联邦主义"等,西方国家央地权力结构的变化在全球化背景下推动了地方政府对外交往的开展和相关理论研究的发展,西方国家以美国为代表,形成了一种"竞争性合作"的央地关系,其特征是中央政府(联邦政府)与地方政府(联邦成员)以相对平等的地位在法律框架下协商解决问题。资本主义的核心理念是个体主义,其治理理念强调竞争与对抗,"对抗性是资本主义与生俱来的本质"②,因此西方国家的政治体制下,地方政府往往与中央政府存在利益不一致甚至冲突的情况,西方资本主义的多党制也往往导致地方政府与执政的中央政府分属不同党派,代表不同的利益集团,导致地方政府与中央政府的矛盾进一步加深,甚至出现国家分裂的趋势。加拿大魁北克"平静革命"后期,工会及民族主义激进势力得以增强并演进至失控态势,勒萨热政府已无力控制局面,民族联盟再次

---

① 参见外交部长王毅 2013 年 6 月 27 日在第二届世界和平论坛午餐会上的演讲。

② 特里·伊格尔顿:《马克思为什么是对的》,李杨、任文科、郑义译,新星出版社 2011 年版,第 67 页。

上台后,魁北克"平静革命"开始走上分离主义道路。[①]

新中国成立以来,我国的中央—地方关系始终处于复杂和灵活的调整之中,目标是充分发挥中央与地方两方面的积极性,其根植于中国共产党人辩证唯物主义的世界观和方法论。[②] 改革开放以来,我国经历了一个中央向的地方政府分权的过程,这个过程也包括了对外关系领域稳定的分权。[③] 作为单一制国家,我国地方政府仍然获得了较大力度的分权。中国是中国共产党领导的社会主义国家,实行中国特色社会主义的民主集中制。习近平总书记在庆祝中国共产党成立 100 周年大会上的讲话指出:"中国共产党始终代表最广大人民根本利益,与人民休戚与共、生死相依,没有任何自己特殊的利益,从来不代表任何利益集团、任何权势团体、任何特权阶层的利益。"[④]中央政府和地方政府都是由中国共产党领导的,都代表着最广大人民的根本利益,二者是局部利益和整体利益的关系,具有基本利益和长远利益的一致性和协调性。中国特色社会主义道路强调把社会整体利益置于首位,以团结合作的方式推进社会发展。这样的政治基础也使得中国的中央—地方政府关系与西方资本主义国家存在根本区别,改革开放 40 多年来,我国已经逐步形成了具有中国特色的中央与地方关系结构,中国地方政府对外交往正是具备了这样的前提条件才蓬勃发展起来。

## 三、中国特色社会主义基本经济制度是中国特色地方政府对外交往的经济基础

我国坚持社会主义制度与市场经济的结合,实施的是社会主义市场经济制度,党的二十大报告指出:"坚持和完善社会主义基本经济制度,毫不动摇巩固和发展公有制经济,毫不动摇鼓励、支持、引导非公有制经济发展,充分发挥市场在资源配置中的

---

① 董仲瑜:《浅议加拿大魁北克的"平静革命"》,《天津师范大学学报(社会科学版)》2004 年第 4 期,第 37~40 页。

② 苏力:《当代中国的中央与地方分权——重读毛泽东论十大关系第五节》,《中国社会科学》2004 年第 2 期,第 42~55 页。

③ 苏长和:《中国地方政府与次区域合作:动力、行为及机制》,《世界经济与政治》2010 年第 5 期,第 4~24 页。

④ 习近平:《在庆祝中国共产党成立 100 周年大会上的讲话》,2021 年 7 月 1 日,http://jhsjk.people.cn/article/32146278? isindex=1,引用日期:2021 年 7 月 11 日。

决定性作用,更好发挥政府作用。"①,"更好地发挥政府的作用"是中国特色社会主义市场经济区别于资本主义市场经济的本质特征之一。中国特色社会主义市场经济是在中国共产党领导下运行的,中国共产党领导的中央政府和地方政府均要从社会的整体利益出发,其政府职能还包括作为中国特色社会主义性质的政府所特有的职能,政府对经济的主导与引领能力要大大强于资本主义政府。

经济领域的合作是地方政府对外交往的核心领域。经过改革开放 40 多年的发展,我国地方省、市的经济实力大大增强,广东省、江苏省、山东省生产总值均超过 1 万亿美元,超过许多国家的 GDP 总量,可以排入世界前 15 大经济体②,我国地方政府对外交往具备了很强的经济基础。另外,我国的地方政府对经济的主导与引领能力也远远强于西方国家的地方政府。与西方资本主义制度相比,社会主义市场经济制度下我国地方政府对地方经济发展、地方对外经贸合作具有更强的主导和引领能力,能够更好地把地方的短期利益和长期利益相结合,协调和平衡多种利益,高效率地推动和引导地方经济对外交往合作,进而带动合作双方或多方经济社会的发展。

## 四、构建人类命运共同体是中国特色地方政府对外交往的核心理念

党的十八大明确提出"要倡导人类命运共同体意识,在追求本国利益时兼顾他国合理关切"③,2015 年 9 月,习近平在纽约联合国发表讲话指出:"当今世界,各国相互依存、休戚与共。我们要继承和弘扬联合国宪章的宗旨和原则,构建以合作共赢为核心的新型国际关系,打造人类命运共同体。"西方发达国家主导的全球发展秩序缺乏公平公正,完全以西方的价值观和资本主义发展模式作为目标和框架,不承认各个国家和民族发展道路和发展模式的多样性,限制了发展中国家的主观能动性,导致全球

① 习近平:《高举中国特色社会主义伟大旗帜为全面建设社会主义现代化国家而团结奋斗——在中国共产党第二十次全国代表大会上的报告》,2022 年 10 月 25 日,http://www.gov.cn/xinwen/2022G10/25/content_5721685.htm,引用日期:2022 年 12 月 29 日。

② 数据来源于中国国家统计局网站,http://data.stats.gov.cn/search.htm;世界银行数据库网站,https://data.worldbank.org.cn/。

③ 人民网:《坚定不移沿着中国特色社会主义道路前进,为全面建成小康社会而奋斗》,2012 年 11 月 8 日,http://cpc.people.com.cn/n/2012/1118/c64094-19612151.html,引用日期:2019 年 5 月 15 日。

发展失衡不断加剧,两极分化日益严重。构建人类命运共同体理念则呼吁各国人民同心协力,建设持久和平、普遍安全、共同繁荣、开放包容、清洁美丽的世界。人类命运共同体是以习近平同志为核心的党中央着眼当代中国发展的新要求,深刻思考人类发展的前途命运,经过艰辛探索后取得的重大理论成果创新。人类命运共同体思想和理念已经成为推进中国特色大国外交的一面旗帜,也必然成为中国地方政府对外交往的核心理念,中国特色地方政府对外交往正是从地方层面贯彻人类命运共同体理念的重要实践。构建人类命运共同体的理念要求我国地方政府对外交往坚持共商共享共建,着眼于文明的全球和整体性。我国地方政府对外交往作为中国特色大国外交的有机组成部分,将从地方角度与全球各地方、区域等共同促进贸易和投资自由化便利化,推动地方经济、文化、社会的相互合作与相互促进,朝着更加开放、包容、普惠、平衡、共赢的方向发展。

## 五、共建"一带一路"是中国特色地方政府对外交往的重要发展方向

共建"一带一路"旨在促进经济要素有序自由流动、资源高效配置和市场深度融合,推动沿线各国实现经济政策协调,开展更大范围、更高水平、更深层次的区域合作,共同打造开放、包容、均衡、普惠的区域经济合作架构,坚持开放合作、和谐包容、市场运作和互利共赢,[1]以政策沟通、设施联通、贸易畅通、资金融通、民心相通为主要内容,这是我国提出的第一个世界性方案,已经得到了国际社会的广泛赞誉和支持,共建"一带一路"倡议及其核心理念已写入联合国、二十国集团、亚太经合组织以及其他区域组织等有关文件中。党的十九大报告中提出,中国开放的大门不会关闭,只会越开越大。要以"一带一路"建设为重点,坚持引进来和走出去并重,遵循共商共建共享原则,加强创新能力开放合作,形成陆海内外联动、东西双向互济的开放格局。[2] 党的二十大报告指出:"共建'一带一路'成为深受欢迎的国际公共产品和国际

---

① 国家发展改革委、外交部、商务部:《推动共建丝绸之路经济带和21世纪海上丝绸之路的愿景与行动》,《人民日报》2015年3月29日,第4版。

② 习近平:《决胜全面建成小康社会夺取新时代中国特色社会主义伟大胜利——在中国共产党第十九次全国代表大会上的报告》,新华网,2017年10月27日,http://www.xinhuanet.com/2017-10/27/c_1121867529.htm,引用日期:2020年5月18日。

合作平台。”①共建“一带一路”为中国特色地方政府对外交往的发展打开了广阔的发展空间，为地方政府对外交往深入开展和创新注入了强大的动力。2015年3月，国家发展改革委、外交部、商务部联合发布了“一带一路”倡议的纲领性文件《推动共建丝绸之路经济带和21世纪海上丝绸之路的愿景与行动》，文件中专门将“中国各地方开放态势”单独列为一章，特别提出：“推进‘一带一路’建设，中国将充分发挥国内各地区比较优势，实行更加积极主动的开放战略”，②并在该章中对全国15个省份、26个城市（地区）以及港澳台地区“一带一路”的合作方向与重点均进行了宏观规划。随后，全国31个省份地方政府均结合自身实际情况制定出台与中央“一带一路”建设对接的方案，“一带一路”是中央吸引地方政府参与最成功的一个对外合作的倡议。③

## 第三节　共建“一带一路”与我国地方政府对外交往

“一带一路”是促进共同发展、实现共同繁荣的合作共赢之路，是增进理解信任、加强全方位交流的和平友谊之路。④ 共建“一带一路”为我国地方政府对外交往的发展提供了重要机遇、开拓了更大的空间，地方政府对外交往也为共建“一带一路”提供了重要的基础支撑，丰富了“一带一路”国际合作的层次。

---

① 习近平：《高举中国特色社会主义伟大旗帜为全面建设社会主义现代化国家而团结奋斗——在中国共产党第二十次全国代表大会上的报告》，2022年10月25日，http://www.gov.cn/xinwen/2022G10/25/content_5721685.htm，引用日期：2022年12月29日。

② 国家发展改革委、外交部、商务部《推动共建丝绸之路经济带和21世纪海上丝绸之路的愿景与行动》，《人民日报》2015年3月29日，第4版。

③ 宋国友：《“一带一路”战略构想与中国经济外交新发展》，《国际观察》2015年第4期，第22～34页。

④ 国家发改委等：《推动共建丝绸之路经济带和21世纪海上丝绸之路的愿景与行动》，中华人民共和国中央人民政府网，2015年3月28日，http://www.gov.cn/xinwen/2015-03/28/content_2839723.htm，引用日期：2021-06-07。

# 一、共建"一带一路"是我国地方政府对外交往的顶层设计

## （一）共建"一带一路"对我国地方政府对外交往进行布局

共建"一带一路"的提出也带有推动我国国内地方尤其是中西部地方加快对外开放、提升开放型经济水平的意图，早期的"一带一路"相关工作主要由国家发改委西部司牵头。"一带一路"离不开我国地方政府层面的贯彻和落实。中央"一带一路"的相关规划一开始就将地方政府参与纳入其中，2014 年，国家发改委和外交部专门联合召开了推进丝绸之路经济带和海上丝绸之路建设座谈会，邀请涉及丝绸之路经济带和海上丝绸之路的陕西、甘肃、青海、宁夏、新疆和重庆、四川、云南、广西等西部 9 省区市地方政府领导，以及江苏、浙江、广东、福建、海南等东部 5 省地方政府发展改革委主要领导参加，共同商讨"一带一路"实施方案，听取地方及有关部门的意见建议。① 2015 年中央出台的共建"一带一路"纲领性文件《推动共建丝绸之路经济带和21 世纪海上丝绸之路的愿景与行动》专门对我国国内地方政府参与"一带一路"进行了顶层设计，单独设立了"中国各地方开放态势"作为一个章节，指出："推进'一带一路'建设，中国将充分发挥国内各地区比较优势，实行更加积极主动的开放战略，加强东中西互动合作，全面提升开放型经济水平"，提出支持新疆打造丝绸之路经济带"核心区"、支持福建建设 21 世纪丝绸之路"核心区"，并对西北东北地区、西南地区、沿海和港澳台地区和内陆地区做出了比较系统的安排和指引：西北地区要深化与中亚、南亚、西亚等国家交流合作、东北地区主要加强与俄罗斯远东地区陆海联运合作；西南地区主要是面向南亚、东南亚，加强与东盟国家合作；沿海和港澳台地区要加强沿海城市港口建设，发挥海外侨胞以及香港、澳门特别行政区独特优势作用，形成参与和引领国际合作竞争新优势；内陆地区要打造"中欧班列"品牌，推动长江中上游地区和俄罗斯伏尔加河沿岸联邦区合作等。

---

① 中华人民共和国国家发展和改革委员会网：《国家发展改革委与外交部联合召开推进丝绸之路经济带和海上丝绸之路建设座谈会》，2013 年 12 月 16 日，https://www.ndrc.gov.cn/xwdt/xwfb/201312/t20131216_956256.html，引用日期：2020 年 9 月 3 日。

此外,"一带一路"建设提出了"六廊六路多国多港"。六大经济走廊就是要通过相关区域内各个国家各个地方的基础设施联通、贸易畅通来加强交流合作,推动经济走廊内发达的地方发挥经济聚集和辐射带动作用,连接带动其他地方共同发展,形成以地方为节点、互联互通的走廊状经济发展区域。可见,经济走廊本身就是一个地方政府交流合作的概念,地方政府参与交流合作在其中至关重要。"多港"主要是指要围绕 21 世纪海上丝绸之路构建若干海上支点港口并加强这些港口的互联互通与交流合作,实际上也是一个地方港口城市之间交流合作的概念。

《推动共建丝绸之路经济带和 21 世纪海上丝绸之路的愿景与行动》出台之后,在中央的部署和支持下,全国各个地方政府纷纷规划对接方案。到 2015 年底,全国 31 个省区市和新疆生产建设兵团"一带一路"建设实施方案衔接工作已基本完成,"一带一路"被写入 31 个地方省区市的政府工作报告。积极参与、深度融入、主动谋划、力争有为成为各地方省区市对"一带一路"的共同态度。[①] 各地方政府根据中央精神并结合自己地方的发展特点和比较优势,有针对性地提出了本地方在参与推进"一带一路"建设中的地方定位,在对接和服务中央大局的同时也致力于促进地方经济社会发展。例如:福建提出要打造海上丝绸之路互联互通的重要枢纽、经贸合作的前沿平台、体制机制创新的先行区域和人文交流的重要纽带;新疆提出以能源、交通、通信等三大通道为主线,以大型油气生产加工和储备、大型煤炭煤电煤化工、大型风电和光伏发电等三大基地为支撑,以交通枢纽、商贸物流、金融、文化科教、医疗服务五大中心为重点构建全方位对外开放新格局;山东提出要促进沿海城市和港口紧密互联、沿六大国际经济合作走廊布局园区和项目。[②]

## (二)共建"一带一路"为我国地方政府对外交往发展提供理念支撑

当今逆全球化浪潮兴起,单边主义和保护主义抬头,全球发展赤字、和平赤字、治理赤字和信任赤字问题长期得不到解决。在这样的背景下,共建"一带一路"为国际

---

① 中国网:《"一带一路":写入 31 省份政府工作报告》,2015 年 2 月 10 日,http://sd.china.com.cn/a/2015/shouyelunbotupian_0210/60851_2.html,引用日期:2020 年 9 月 6 日。

② 中国政府网:《统筹协调有序推进——"一带一路"建设地方实施方案衔接工作成效初显》,2015 年 11 月 19 日,http://www.gov.cn/xinwen/2015-11/19/content_5014493.htm,引用日期:2020 年 9 月 3 日。

社会提供了意义重大而深远的新理念。[1] 共建"一带一路"的纲领性文件《推动共建丝绸之路经济带和 21 世纪海上丝绸之路的愿景与行动》提出要"秉持和平合作、开放包容、互学互鉴、互利共赢的理念",坚持"共商、共建、共享"和"开放合作、和谐包容、市场运作、互利共赢"的原则。[2] 习近平在第二届"一带一路"国际合作高峰论坛上又提出了"坚持开放、绿色、廉洁理念"和"努力实现高标准、惠民生、可持续目标",强调"要坚持以人民为中心的发展思想,聚焦消除贫困、增加就业、改善民生,让共建"一带一路"成果更好惠及全体人民,为当地经济社会发展作出实实在在的贡献"。[3] 共建"一带一路"致力于共同建设和平之路、繁荣之路、开放之路、绿色之路、创新之路、文明之路,让更多民众共享美好生活,丰富了我国地方政府对外交往发展的内涵,进一步明确了地方政府对外交往发展的目标导向:

一是和平合作、开放包容。与西方国家主导的国际合作不同,"一带一路"不以意识形态、社会制度、经济发展水平等作为参与合作的先决条件,各个国家根据自身不同的社会历史、经济政治特点开展合作,不搞封闭排他的小集团小圈子。与主权国家相比,地方政府作为国际合作的主体具有天然的开放性,也更具有灵活的包容性,我国的地方政府对外交往也将进一步秉持和平合作、开放包容的精神理念,发挥自身优势特点,开展各类对外交流合作创新。

二是互学互鉴、互利共赢。共建"一带一路"发扬古代丝绸之路精神并赋予其新的内涵,致力于在人类不同文明之间架设互学互鉴的桥梁,倡导多元文明共存和文明和谐观。在加强不同文明互学互鉴的基础上,中国愿同世界各国人民共同发展共同进步,开展友好合作,实现互利共赢。中国的东南沿海地方一直是中国对外开放合作的前沿和重要窗口,中国的地方政府在长期的经济社会发展中也积累了大量的发展经验和社会治理经验,地方政府对外交往除了维护国家利益、服务国家总体外交、实现地方经济社会发展之外,还需要参与到全球性的环境保护、卫生医疗、跨国犯罪、恐

---

① 于洪君:《"一带一路"为世界贡献新理念》,《人民日报》2019 年 10 月 22 日,第 13 版。

② 新华网:《推动共建丝绸之路经济带和 21 世纪海上丝绸之路的愿景与行动》,2015 年 3 月 28 日,http://www.xinhuanet.com/world/2015-03/28/c_1114793986.htm,引用日期:2019 年 12 月 21 日。

③ 中共中央党校网:《习近平在第二届"一带一路"国际合作高峰论坛开幕式上的主旨演讲》,2019 年 4 月 26 日,https://www.ccps.gov.cn/xtt/201904/t20190426_131284.shtml,引用日期:2019 年 12 月 21 日。

怖主义等治理协调问题中去,互学互鉴、互利共赢的理念将进一步为我国地方政府对外交往发展指引方向。

三是以人民为中心的理念。共建"一带一路"的根本目的就是要惠及各国人民,提高更多人民的福祉。地方政府是更加贴近人民的重要合作主体,我国地方政府在消除贫困、解决就业、保障民生等方面积累了很多宝贵的经验,在共建"一带一路"合作的框架下,我国地方政府对外交往也需要更多关注民生与发展问题。

### (三)共建"一带一路"的精神契合地方政府对外交往的特点

共建"一带一路"的提出具有深刻而复杂的国际背景,主要包括美国等西方国家对中国加强遏制,全球治理陷入困境,中国综合实力逐步增强等,基于中国和平崛起的理念,共建"一带一路"核心主要在于包括基础设施建设、交通能源、贸易投资、文化交流等在内的经济合作,本质上是一种经济外交战略的顶层设计。[1]共建"一带一路"致力于加强发展中国家的经济合作,倡导建立合作共赢的新型国际关系。共建"一带一路"倡议不是地缘政治工具,而是务实合作平台;不是对外援助计划,而是共商共建共享的联动发展倡议。[2] 此外,"一带一路"倡议也不是要另起炉灶、推倒重来,而是要实现战略对接、优势互补。[3] "一带一路"倡议以经济合作为核心、和谐包容、非替代性非对抗性的精神实质与地方政府对外交往的特点十分契合。地方政府对外交往具有地方性,主要方向在于经济、文化、教育、环保等"低级政治"议程,极少涉及安全、政治领域,经济交流合作一直是地方政府对外交往的核心领域。改革开放以来,我国地方政府在中央的支持下,积极开展对外交流合作,融入全球市场和产业链,在实现我国对外开放战略、促进地方经济社会发展方面起到了重要的作用。共建"一带一路"非常适合开展地方政府对外交往,也需要通过地方政府对外交往更好地实现经济外交的目标。

---

① 黄益平:《中国经济外交新战略下的"一带一路"》,《国际经济评论》2015 年第 1 期,第 48～53 页。

② 新华网:《共同开创金砖合作第二个"金色十年"——在金砖国家工商论坛开幕式上的讲话》,2017 年 9 月 3 日,http://www.xinhuanet.com/world/2017-09/03/c_1121596326.htm,引用日期:2020 年 9 月 3 日。

③ 新华网:《习近平在"一带一路"国际合作高峰论坛开幕式上的演讲》,2017 年 5 月 14 日,http://www.xinhuanet.com/2017-05/14/c_1120969677.htm,引用日期:2020 年 9 月 3 日。

## （四）共建"一带一路"能够激发地方政府对外交往的动力与活力

共建"一带一路"从外部和内部两个方面能够激发地方政府对外交往的动力与活力：一方面自上而下地将"一带一路"作为中央政策提出，由地方进行对接，从服务国家总体外交战略大局出发，地方政府需要积极配合中央部署，将中央精神在地方层面贯彻落实。融入"一带一路"建设的工作也被列入各个地方省市区政府的绩效考核，作为地方政府官员的业绩评价标准之一，这些都自上而下地为地方政府对外交往注入新的动力。另一方面，地方政府作为相对独立的利益主体，其对外交往的内在动力来源于通过对外交流合作推动地方经济社会发展，同时也在于提升自身在国家对外开放战略中的地位。当前我国的地方经济社会发展已经深深融入全球网络，外向型经济仍然是拉动经济增长的重要方式，不少省区市面临经济产业的转型升级，地方发展离不开积极的对外交流合作，加强地方政府对外交往尤其是经济领域的对外交流合作是促进地方发展利益的重要手段。此外，中央的政策资源、项目资源等是地方发展的重要因素，各个地方政府都非常积极地争取中央资源的倾斜。"一带一路"是中国面向世界提出的一个宏大规划，其框架下将产生大量对外开放的政策资源、合作项目资源、基础设施投资资源等，这些资源成为各个地方政府竞相争取的对象，而获取中央资源需要地方政府能够在中央"一带一路"框架下在对外交流合作领域进行适当的创新并取得较好成绩。这种"中央资源向地方政府创新倾斜"已经成为一种独特的中国特色模式，有效地激发了地方政府对外交往的动力与活力。"一带一路"正是契合了地方的发展要求，得到了全国各个地方政府的积极响应。[①]

## （五）共建"一带一路"为地方政府对外交往拓展更大空间

共建"一带一路"是中国向世界提出的中国方案，彰显了中国智慧。我国中央政府从政策沟通、设施联通、贸易畅通、资金融通和民心相通五个方面积极加强与共建国家的交流合作，为地方政府对外交往打开了更大的空间。在政策沟通领域，截至2023年7月，我国已经与152个国家、32个国际组织签署了200多份共建"一带一

---

① 宋国友：《"一带一路"战略构想与中国经济外交新发展》，《国际观察》2015年第4期，第26页。

路"合作文件,其中不少文件都有地方政府直接参与。[①] 在开展"一带一路"建设的进程中,中央政府为调动地方的积极性,利用中央渠道、采用各种方式,为国内各地方政府对外交往搭建平台。例如,2019 年第二届"一带一路"国际合作高峰论坛首次举办了地方合作分论坛,由中国人民对外友好协会与北京市政府联合主办,有来自 40 多个不同国家的省(州)长、市长及其代表,以及相关国际组织、企业代表和专家学者参与,会议现场签署了 14 项中外地方合作协议。[②] 此外,中央还采取地方承办高级别国际会议、主场外交活动、"外交搭台、地方唱戏"推介等活动为地方政府对外交往搭建平台。

在设施联通领域,中央加大了与共建"一带一路"国家的互联互通基础设施投入,在广西、云南、新疆等布局了一批基础设施建设项目,为地方政府对外交往奠定良好的基础。2016 年中央推进"一带一路"建设工作领导小组办公室印发《中欧班列建设发展规划(2016—2020 年)》,确定了内陆货源地节点城市、主要铁路枢纽节点城市、沿海重要港口节点城市以及沿边陆路口岸节点城市等,协调地方中欧班列发展,对中欧班列建设发展进行顶层设计,更好推动地方政府参与"一带一路"互联互通[③]。

在贸易畅通领域,中央依托地方政府接近基层一线的区位与信息优势,推动政府职能创新,推动直接投资审批权下放。[④] 在地方布局一批自贸试验区,主动探索对外开放机制体制创新。鼓励支持地方政府组织企业建设"一带一路"沿线海外经贸合作区,给予一定的经费补贴。

在资金融通领域,我国不断推动"一带一路"金融互联互通,中央国有银行加快在"一带一路"沿线国家布局,截至 2023 年 6 月底,共有 13 家中资银行在 50 个共建国家设立了 145 家一级机构[⑤],为地方企业"走出去"开展经贸合作创造更便利的条件。

---

① 中国政府网:《我国已与 152 个国家、32 个国际组织签署共建"一带一路"合作文件》,2023 年 8 月 24 日,https://www.gov.cn/lianbo/bumen/202308/content_6899977.htm,引用日期:2024 年 4 月 8 日。

② 王琪:《第二届"一带一路"国际合作高峰论坛地方合作分论坛成功举办》,《友声》2019 年第 2 期,第 49 页。

③ 中华人民共和国国家发展和改革委员会网:《中欧班列建设发展规划发布明确三大布局七大任务》,2016 年 10 月 12 日,https://www.ndrc.gov.cn/fzggw/jgsj/kfs/sjdt/201610/t20161012_1086129.html,引用日期:2020 年 12 月 1 日。

④ 陈翔、韦红:《"一带一路"建设视野下的中国地方外交》,《国际观察》2016 年第 6 期,第 31~43 页。

⑤ 中华人民共和国国务院新闻办公室网站:《共建"一带一路":构建人类命运共同体的重大实践》白皮书,2023 年 10 月 10 日,http://www.scio.gov.cn/zfbps/zfbps_2279/202310/t20231010_773682.html,引用日期:2024 年 4 月 8 日。

此外,中央政府设立的相关基金作为母基金带动了地方政府"一带一路"建设相关基金的设立,也推动了地方政府对外经济合作的发展。

在民心相通领域,截至 2023 年 6 月底,中国已与 144 个共建国家签署文化和旅游领域合作文件,与 45 个共建国家和地区签署高等教育学历学位互认协议。中国设立了"丝绸之路"中国政府奖学金,中国地方省份也面向共建国家设立了奖学金。60余个共建国家的城市同中国多个城市结成 1000 余对友好城市。[①] 中国与许多共建国家签署免签或简化签证手续的相关协定,建立包括地方在内的"二轨"对话机制等,均为地方政府在"一带一路"框架下开展对外交往活动提供了更加便利的条件并拓展了更大空间。

## 二、地方政府对外交往合作在共建"一带一路"中具有独特优势

近年来,共建"一带一路"面临不少复杂的挑战:一是目前共建"一带一路"主要以国家主导的大型项目为主,对当地民生发展的一些具体问题关注不足,脱贫、环保、农业、卫生、文化教育等合作较少,容易成为一些国家国内政治矛盾中指责的目标,给"一带一路"建设实施带来风险;二是某些西方势力不遗余力抹黑中国、抹黑"一带一路",出现不少"一带一路"被泛政治化的现象,"中国威胁论"仍然有一定市场;三是"一带一路"建设的精谨细腻实施需要更多中观和微观层面的国际合作,目前在这些领域仍缺乏能够起主导作用的行为体。一方面,地方政府模棱两可的性质使其在对外交往中具有独特作用。地方政府在对外交往中可以依托其准"政府"的地位来提升其对外交往的权威性,同时又避免了中央政府在国际事务中的种种限制,具有更加灵活的操作空间。另一方面,地方政府在国内又可以凭借其接触基层的渠道优势,为地方企业、商业团体以及智库开展国际交流创造非正式但具有良好合作弹性的交流平台。重视和发挥地方政府对外交往的独特作用有助于更好应对共建"一带一路"面临的挑战。

---

① 中华人民共和国国务院新闻办公室网站:《共建"一带一路":构建人类命运共同体的重大实践》白皮书,2023 年 10 月 10 日,http://www.scio.gov.cn/zfbps/zfbps_2279/202310/t20231010_773682.html,引用日期:2024 年 4 月 8 日。

### （一）地方政府对外交往是促进民心相通的重要桥梁

首先，地方政府在执行国际合作"软项目"领域具有独特优势。共建"一带一路"需要更加深入地关切沿线地方的民生问题，在推进大型基础设施建设的同时，应加强脱贫、环保、农业、卫生、文化教育等"软项目"配套，这些"软项目"具有受惠人群多、见效快、投资金额小的特点，往往可以给当地普通百姓带来看得见、摸得着的利益，能够获得当地民众的支持和理解，对共建"一带一路"在当地形成良好的舆论氛围、反击西方势力的攻击抹黑能够起到一定的作用，是应对"中国威胁论"的重要手段。从我国"软项目"的实施主体来看，中央政府和央企的相对优势在大型项目方面，而在"软项目"实施上存在效率不高的问题；中国的民间组织机构发展还不成熟，项目运作能力明显不足；地方中小企业"走出去"的能力也相对缺乏；而地方政府作为国际合作"软项目"执行主体具有独特的优势：一是我国地方政府具有丰富的地方民生治理经验。"一带一路"国际合作的"软项目"往往与地方社会经济生活紧密相关，需要对地方治理有一定的经验，而这方面恰恰是地方政府相对于中央政府部门的优势所在。改革开放以来，中国地方政府在自身的经济社会发展中积累了大量的相关经验，具备很强的治理能力，能够提高项目合作效率。二是地方政府能够契合"软项目"自身的特点。各类"软项目"在具体实施过程中存在单个项目金额小、工作细碎而且需要长期持续进行的特点，这样的工作显然不适合中央政府部门去执行，而民间机构能力有限也难以实施，地方政府决策环节相对简单、执行力强，正是最适合的实施主体。三是地方政府作为实施主体有利于带动相关的市场化运作。从全球的经验来看，地方政府具有"半官方、半民间"的特征，相对于中央部门，地方政府往往是地方私人企业的利益代表，其对外项目合作往往能够吸引地方企业参与，并带动与项目相关的其他领域的市场化民间交流合作，能够在中观和微观层面加强"一带一路"经济融合，对加强民心相通起到重要作用。

### （二）地方政府是"一带一路"经贸合作走深走实的重要创新主体

地方政府是"一带一路"经贸合作走深走实的重要创新主体。在 2019 年第二届"一带一路"国际合作高峰论坛上，习近平提出："希望同各方一道，绘制精谨细腻的

'工笔画',让共建'一带一路'走深走实。"[1]这意味着共建"一带一路"应当不仅仅聚焦于少数大型项目,而应转向更加微观领域的具体合作,在地方层面、中小企业层面、民生层面全面深入开展。目前我国向共建"一带一路"国家"走出去"的主要是大型央企,而共建国家大多经济总量小,大多数企业都是中小企业,双方企业规模不对等,合作难以真正全面开展。吸引投资、促进贸易、旅游推介等经贸交流合作一直是地方政府对外交往的重点领域,作为地方企业的利益代表,地方政府对外交往合作能够更好地带动中小企业的"走出去",丰富"一带一路"国际合作的层次。此外,"一带一路"作为一种新型的国际合作方案,在各个领域尤其是在中观和微观领域需要进行不断探索创新,我国地方政府在改革开放以来进行了大量制度创新,相对于中央政府而言更加灵活,更具有创新动力,加强地方政府对外交往将有助于"一带一路"基层合作模式的创新发展。

### (三)地方政府对外交往可以更好推进"一带一路"第三方市场合作

第三方市场合作可以作为相关国家进行国际产能协调的新模式,充分利用各自在全球价值链中的比较优势,是实现三方共赢的重要路径。值得注意的是,第三方市场合作不仅需要中央政府层面的政策对接和战略合作,还需要搭建地方政府、跨国企业以及商业团体等其他层面的沟通交流机制,从而为第三方市场具体合作项目的信息共享、问题磋商以及矛盾协调等开展精准对接。[2] 例如在中日第三方市场合作进程中,中国吉林省政府与日本鸟取县就第三方市场合作中的 ADAS·EV(自动驾驶辅助技术设备)项目达成了合作备忘录,[3]两国地方政府依托对外交往的灵活性,能够从微观层面直接参与和推动第三方市场的项目合作。

---

① 中国政府网:《高质量共建"一带一路"——在第二届"一带一路"国际合作高峰论坛圆桌峰会上的开幕辞》,2019 年 4 月 27 日,http://www.gov.cn/xinwen/2019-04/27/content_5386840.htm,引用日期:2021 年 2 月 17 日。

② 吴崇伯、丁梦:《中日在越南的第三方市场合作》,《现代日本经济》2020 年第 5 期,第 13~23 页。

③ 中华人民共和国商务部网站:《第一届中日第三方市场合作论坛在北京举行》,2018 年 10 月 27 日,http://www.mofcom.gov.cn/article/ae/ai/201810/20181002800324.shtml,引用日期:2021 年 3 月 29 日。

## （四）地方政府在"一带一路"框架下的对外交往有利于"双循环"的畅通与衔接

党的十九届五中全会通过了《中共中央关于制定国民经济和社会发展第十四个五年规划和二〇三五年远景目标的建议》，提出"加快构建以国内大循环为主体、国内国际双循环相互促进的新发展格局"。[①] 党的二十大进一步强调：要"增强国内大循环内生动力和可靠性，提升国际循环质量和水平"。[②] 构建"双循环"的新发展格局是党中央在国内外环境发生显著变化大背景下的重大战略部署。"双循环"需要国内国际循环的相互促进，不仅需要中央政府的相关政策，还需要地方政府在贯彻实施中央政策过程中能够根据地方的特点和需求在中央允许的空间内进行再创新，这种在中央的框架下先在部分地方进行制度创新、再进行复制推广的方式有效降低了"双循环"制度创新的风险。我国地方政府在中央的部署下设立了自由贸易试验区、"一带一路"国际合作示范区、服务贸易创新试点等对外经济合作的创新平台，依托这些平台，地方政府对外交往在新发展格局中承担着衔接国内循环与国际循环重要支点的作用。

## 三、"一带一路"背景下我国地方政府对外交往合作面临的新形势

我国地方政府在"一带一路"框架下开展了多种多样的对外交往实践，取得了不少成果。但是，近年来随着中美关系变化、国际格局大调整、国内发展方式转变，"一带一路"框架下我国地方政府对外交往合作也面临着国际国内的新形势。

### （一）国际新形势

近年来，美国对中国的崛起充满了战略焦虑，美国两党和精英阶层一致认为中国

---

① 中华人民共和国国家发展与改革委员会官网：《中共中央关于制定国民经济和社会发展第十四个五年规划和二〇三五年远景目标的建议》，2020 年 11 月 30 日，https://www.ndrc.gov.cn/fggz/fgdj/zydj/202011/t20201130_1251646.htm，引用日期：2021 年 3 月 25 日。

② 习近平：《高举中国特色社会主义伟大旗帜 为全面建设社会主义现代化国家而团结奋斗——在中国共产党第二十次全国代表大会上的报告》，2022 年 10 月 25 日，http://www.gov.cn/xinwen/2022G10/25/content_5721685.htm，引用日期：2022 年 12 月 29 日。

将严重威胁美国霸权并可能加速美国的衰落,在这种思路下,美国的冷战思维开始回潮,美国积极拉拢欧洲、日本等国家,前所未有地在高科技、贸易、"一带一路"、地缘政治等领域加强了对中国的围堵。2021 年 6 月,在 G7 峰会上,美国总统拜登联合其他七国集团领导人发起了一项全球基础设施倡议,即所谓"重建美好未来世界"倡议(Build Back Better World,B3W),就是试图打造一个数千亿美元的基础设施建设计划,以替代中国的"一带一路"倡议,加强与中国战略竞争。美方指出,"重建美好未来世界"倡议是"一个反映我们的价值观、标准和经营方式的积极替代方案(A positive alternative that reflects our values,our standards and our way of doing business)",是"价值驱动、透明和可持续(values-driven,transparent and sustainable)"的,"我们将通过更高质量的选择来击败'一带一路'倡议,对反映我们共同价值观的模式充满自信。"在美国加强围堵的形势下,我国"一带一路"地方政府对外交往的空间被极力压缩,在美国等国家的舆论围攻、抹黑打击下,一些国家收紧了本国地方政府对外签署协议的权限,甚至撕毁了一些地方政府已经签署的"一带一路"相关的协议。2020 年 2 月,美国前国务卿蓬佩奥在全美州长协会冬季会议上指出,不能忽视中国的行动和战略意图。"中国政府一直在有条不紊地分析美国的体制,他们评估我们脆弱的地方,并试图利用美国制度的开放性在联邦、州等各个层面占据上风",蓬佩奥声称,亲中团体正在美国多个州或公开或秘密地活动,试图对美国公民和议员施加影响。蓬佩奥还在讲话中提醒美国各州州长与中国做生意时要谨慎应对。[①] 2020 年 10 月,蓬佩奥发表声明,停止执行中美在 2011 年签署的《关于建立中美省州长论坛以促进地方合作的谅解备忘录》,并声称中国人民对外友好协会"影响美国各州和地方领导人"。[②] 另外,澳大利亚联邦政府通过法案取消州政府与中国签署的"一带一路"协议事件也值得我们警惕。地方政府层面在"一带一路"框架下的交流合作有助于增进各个层面合作的黏合度,消除相关国家的疑虑和偏见,但是在当前形势下,地方政府交流合作并不一定能在短期内带来明显的效果,如果对方将我国地方政府对外交往视

---

① 搜狐网:《蓬佩奥警告美国州长:"中国渗透"可能正发生在你们的州里!》,2020 年 2 月 20 日,https://www.sohu.com/a/392776552_737818,引用日期:2020 年 8 月 5 日。

② 人民网:《中国人民对外友好协会对美国国务卿蓬佩奥终止〈关于建立中美省州长论坛以促进地方合作的谅解备忘录〉做出回应》,2020 年 10 月 31 日,https://wap.peopleapp.com/article/6020649/5935634,引用日期:2010 年 3 月 1 日。

为某种地缘政治工具,那么越是成功的地方政府合作,就越可能会引起一些反华势力的反弹。地方政府层面在"一带一路"框架下的交流合作需要有一个长期的准备与规划。从长期看,"一带一路"所秉持的开放包容、互利共赢理念必然会为相关国家接受并获得更多支持。

 案例

### 澳大利亚联邦政府通过法案取消州政府与中国签署的"一带一路"协议

维多利亚州是澳大利亚传统经济大州,也是教育之州和文化之都,其首府墨尔本是澳大利亚第二大城市。近年来,维多利亚州同中方合作发展迅速。中国是维多利亚第一大贸易伙伴和重要投资来源地、第一大海外留学生和国际旅游收入来源国。

2017年3月,时任中国国家发改委主任何立峰在悉尼会见了澳大利亚维多利亚州州长丹尼尔·安德鲁斯,就开展中国国家发改委与维州在基础设施领域政府和社会资本合作(PPP)制度建设和实践合作进行了交流。双方共同签署了《中华人民共和国国家发展和改革委员会与澳大利亚维多利亚州政府关于开展基础设施领域政府和社会资本合作制度建设和实践合作的谅解备忘录》[①];2018年5月,双方在墨尔本签署了《中国国家发展与改革委员会与澳大利亚维多利亚州政府关于共同推进丝绸之路经济带和21世纪海上丝绸之路建设的谅解备忘录》;2019年10月,中国国家发改委副主任宁吉喆会见澳大利亚维多利亚州州长安德鲁斯,双方签署了《中华人民共和国国家发展和改革委员会与澳大利亚维多利亚州政府关于共同推进"一带一路"建设框架协议》[②]。这是中方与澳大利亚各州区政府签署的首个"一带一路"合作协议。

维多利亚州作为澳大利亚地方政府与中国签署"一带一路"合作协议在澳大利亚联邦政府存在不同的看法。澳大利亚总理莫里森表示对维州政府在完全没有与联邦政府进行任何协商的情况下就签署协议"感到震惊",澳大利亚贸易部长西蒙伯明翰

---

① 中国政府网:《国家发展改革委主任会见澳大利亚维多利亚州州长》,2017年3月28日,http://www.gov.cn/xinwen/2017-03/28/content_5181552.htm,引用日期:2020年8月5日。

② 中国国家发改委网:《宁吉喆副主任会见澳大利亚维多利亚州州长安德鲁斯》,2019年4月26日,https://www.ndrc.gov.cn/fzggw/wld/njz/lddt/201904/t20190426_1167444.html,引用日期:2020年8月5日。

则表示对维多利亚州与中国的"一带一路"交易表示欢迎。澳大利亚地方政府与中国签署"一带一路"合作协议受到来自反华势力的压力,澳大利亚西澳州政府迫于压力未能与中国签署"一带一路"合作协议,但是与中国华为签署了价值约2亿元的合同。① 2020年5月,时任美国国务卿蓬佩奥在接受采访时表示,澳大利亚维多利亚州与中国签署"一带一路"协议,"可能影响美国通信安全",协议"会危及美国与澳大利亚的'五眼联盟'情报共享伙伴关系",美方可能因此与澳大利亚"切断联系"。②

2020年8月,澳总理莫里森以"国家利益"为名动议出台新法案,限制澳大利亚地方政府同外国的合作。根据新法案,联邦政府将采取行动,审查和阻止那些被认为不符合"国家利益"的外国投资。澳大利亚新的外交关系法案将为部长立法机制,即澳大利亚外交部长代表联邦,评估和管理外交事宜及效果,可审查外国政府与澳大利亚6个州、2个领地以及地方政府和学校业已签署及新签署的所有协议。同时,澳大利亚联邦政府还将对州和领地政府、地方议会、公立大学和外国政府之间的任何交易拥有否决权,涵盖多个领域,如基建、贸易合作、旅游、文化交流、科技、卫生和教育,甚至还包括大学研究机构之间的合作。此项法案明显是针对中国。2021年4月,澳大利亚外交部长宣布,澳大利亚维多利亚州与中国此前签署的"一带一路"协议已被该国联邦政府取消,澳方声称这一协议不符合澳大利亚的外交政策。

通过此事件可以看到,莫里森政府已经完全改变了澳大利亚一贯持有的平衡外交政策,正在针对中国加强对地方政府对外权限的控制,扩张联邦权力并在对华问题上强调地缘政治和所谓"外部安全",挑战澳大利亚的自治传统。

面临新的挑战的同时,"一带一路"背景下我国地方政府对外交往也迎来一些新的机遇。近年来,美国贫富两极分化、政治衰败,其固有的政治结构性问题进一步凸显,特朗普执政时期推行"美国利益至上"的单边主义导致美国的地方利益分化更加严重,新冠疫情蔓延也进一步加剧了美国的社会撕裂。特朗普政府退出《巴黎协定》,

---

① 新浪网:《澳大利亚一州果断加入"一带一路",澳总理惊讶了》,2018年11月6日,http://mil.news.sina.com.cn/2018-11-06/doc-ihnknmqx6407336.shtml,引用日期:2020年8月5日。

② 观察者网:《因维多利亚州签署"一带一路",美国威胁与澳大利亚"断联"》,2020年5月24日,https://baijiahao.baidu.com/s?id=16675647022698281177&wfr=spider&for=pc,引用日期:2020年8月5日。

拒绝承担相应的国际责任,引发美国多个州的不满,美国一些州政府开展了一些相对独立的对外交往活动。例如,美国加州与中国商务部、科技部以及一些地方省份签订了气候协议和清洁技术协议,2019年,加州—中国气候研究院成立,中国清华大学气候变化与可持续发展研究院与新成立的加州气候研究院签署合作备忘录,正式开启战略合作。[①] 特朗普政府在新冠疫情防控上应对不力,也引起美国各州不满,联邦政府与各州政府在疫情防控物资分配、经济重启过程、疫情防控措施等多方面存在分歧,许多州政府得不到联邦政府的足够支持,只能自行寻找渠道购买医疗物资,采取各种措施防控疫情,新冠疫情进一步推升了美国各州的自主意识,一些州政府并不愿意追随联邦政府遏制中国的政策。

总之,在中国崛起、共建"一带一路"持续推进的大趋势下,不少国家内部在对待中国的问题上日益分裂,敌视中国的势力与支持中国的力量对抗更加明显,这样的背景和环境给我国地方政府对外交往,尤其是以外国地方政府为对象的交往合作带来了重要的机遇。

### (二)国内新形势

共建"一带一路"是我国对外领域政策的重大创新,在推进实施过程中,中央政府和地方政府都面临着不少新情况和新问题,这就需要在"一带一路"框架下加强中央与地方的沟通协调,对中央而言,需要更加重视地方政府对外交往,积极为地方提供平台、开拓空间;地方政府则要积极服务国家总体外交大局,发挥基层主体优势,在落实中央战略过程中开展再创新,为国家总体战略提供支撑。一方面,地方政府对外交往合作应特别强调将服务国家总体外交大局放在首位,避免因过度关注地方小利益而损害全局利益。在国家总体外交大局与地方利益存在不一致时,应坚决以大局为重。在我国目前的国情下,尤其需要中央出面对国家总体外交与地方利益进行协调;另一方面,也需要充分调动地方政府对外交往的积极性与主动性,发挥其决策灵活、贴近基层的优势,更好地在一些具体工作中提高效率,解决问题。

---

① 中国新闻网:《美加州州长力挺巴黎协定 已与中国多省签订清洁能源协议》,2017年6月7日,https://news.china.com/finance/11155042/20170607/30671857.html,引用日期:2020年9月24日。

### 中新苏州工业园和苏州高新技术开发区的协调

苏州市于 1990 年建设了苏州高新技术开发区,首期开发面积为 25 平方公里。1992 年 11 月,苏州高新技术开发区被国务院批准为国家级高新技术产业开发区,1994 年,其规划面积扩大到 52.06 平方公里。中新苏州工业园是中国与新加坡两国国家间合作的重要项目,1994 年 2 月,中新两国领导人在北京签署协议决定建设中新苏州工业园,国务院下发《关于开发建设苏州工业园区有关问题的批复》(国函〔1994〕9 号),由江苏省苏州市同新加坡有关方面合作开发建设苏州工业园区。苏州形成了苏州高新技术开发区和中新苏州工业园两个投资区的局面,二者之间在招商引资等领域存在竞争,而苏州政府从地方利益出发更多的是保障苏州高新技术开发区的发展,这种做法影响了中新苏州工业园的发展,新加坡方面也对此表示不满。相比较而言,中新苏州工业园显然是国家总体对外工作的大局,它不仅关系着中国与新加坡两国关系的稳定,也关系着这种引进国外先进社会经济制度和管理经验的合作模式在全国产生的示范效应。后来中央高度关注中新苏州工业园的发展,及时采取了协调措施,调整了相关人员,增加了中新苏州工业园的中方财团股份比例,保障了中新苏州工业园的发展。[①]从这个案例可以看出,地方政府对外交往合作中可能存在着一些相对狭隘的地方利益倾向,以及一些地方利益与国家外交大局不一致的情况,但是只要中央及时协调,就能够将地方利益更好地"嵌入"国家总体外交大局中,实现中央与地方利益的一致。

### 中国·越南(深圳—海防)经贸合作区

2008 年,中国与越南两国签署了关于建设中国·越南(深圳—海防)经贸合作区的协议。广东省政府与越南外交部建立了省部级联合协调机制推进项目的进展,深

---

① 李敏:《中国地方政府政府外事管理研究——以地方外办为例》,济南出版社 2012 年版,第 237 页。

圳市政府成立了深圳市境外合作区工作领导小组,代表深圳市政府与海防市指导合作区开发建设,合作区具体投资开发运营的企业由中央直属企业负责。中国·越南(深圳—海防)经贸合作区位于越南海防市安阳县境内,距首都河内85公里,占地面积800公顷,开发建筑面积超过230公顷。经过4年的开发建设,经贸合作区2012年正式开始运营。<sup>①</sup> 2014年5月,越南发生了针对中资企业和中国在越南工作人员的打砸抢烧的严重暴力事件,不少中资企业受到了打砸,经贸合作区也受到了冲击,遭受了一定损失。受事件影响,中国·越南(深圳—海防)经贸合作区于当年关闭。随后越南局势很快趋于稳定,越南经济也进入一个高速增长的阶段,中资企业后续经营得到了保障。海防作为越南的重要吸引外资区域,2015年以后地价上涨很快,更多的中资企业到海防投资进一步带动了当地的经济发展。然而,中国·越南(深圳—海防)经贸合作区的具体投资运营方为中央直属企业,由于战略调整等原因未能继续开启经贸合作区运营,导致园区长时间荒废,引起越南方面的不满。深圳市政府方面非常重视经贸合作区问题,积极寻求解决办法<sup>②</sup>,并派团队专程赴越南海防考察,后来终于通过深圳市国资委向中央直属企业收购股权的方式获得了园区的经营开发权。在深圳市政府的积极推动下,2016年12月,中国·越南(深圳—海防)经济贸易合作区重新全面开园、开工庆典暨首批入园企业签约仪式在越南海防举行,深圳市副市长和中国驻越南大使出席并致辞,表示要将经贸合作区打造为"一带一路"倡议下中越合作的标志性项目。合作区重新全面开工后,建设速度很快,目前已经完成三期建设,累计投资额达到1.7亿美元,完成了污水处理厂、水电通信管网、园区道路、变电站等全面配套设施建设。已成功引进卧龙电气、欧陆通电子、华懋新材料、豪恩声学、三花智控、微大洋电机、普联技术等30多家高科技企业入驻合作区,投资金额超过3亿美元。建成厂房出租率达100%,在建厂房也已全部签订租约,越南海防市各级政府对园区快速而高质量的建设表示赞赏。<sup>③</sup> 在这个案例中,深圳市地方政府在对外工作中充分体现了其灵活决策的优势,发挥了主动性和创造性,积极创新解决了问题。

---

① 《中国·越南(深圳—海防)经贸合作区启动》,《深圳商报》2012年11月30日第2版。
② 笔者曾参与深圳市政府相关对策研究。
③ 深圳市工信局调研材料。

# 第四节　构建中国特色地方政府对外交往制度体系的对策

目前,我国外交部设有外事管理司,其职责主要是协调地方政府、国务院各部门以及中央企业的外事事务。各省市均设有外事委、外事办,中国地方政府对外交往也在共建"一带一路"领域进行着丰富多彩的实践。但总体来看,我国中央政府与地方政府在涉外事务领域的权责还需要进一步厘清,地方政府对外交往的积极性和主动性还需要进一步发挥,中央对地方政府对外交往的支持和指导还需要进一步加强,因此,在共建"一带一路"背景下构建中国特色地方政府对外交往系统的机制安排,构建中国特色的地方政府对外交往制度体系就显得尤为重要。

## 一、加强全国地方政府对外交往顶层设计

### (一)从中央层面考虑制定全国地方政府对外交往的总体发展战略规划

改革开放以来,我国地方政府根据中央精神和地方经济社会发展特点,已经开展了一系列针对性强、适合地方发展特点的对外交往工作,形成了丰富的实践经验和成果。党的十八大以来,中央提出的"一带一路"方案进一步拓展了地方政府对外交往的空间并对地方对外交往合作的方向和重点进行了部署,全国各个地方政府大多有重点对接的国家或者地区,初步形成了全国地方政府对外交往的整体安排。但从总体看,我国地方政府对外交往仍未得到足够的重视,地方政府对外交往在国家总体外交中的重要作用尚未得到充分发挥,需要从中央层面统筹规划"一带一路"框架下地方政府对外交往的顶层设计,出台全国地方政府对外交往的总体发展战略规划,为地方政府对外交往发展提供宏观指引。全国地方政府对外交往的总体发展战略规划应注意以下几个方面:一是地方政府对外交往应坚持"韬光养晦、服务大局"的原则。在

国家总体外交积极推进共建"一带一路"、参与引领全球治理体系变革、开创中国特色大国外交新局面的同时,地方政府对外交往更多的是做好基层对外交流合作,为中央对外工作大局做好基础服务,配合国家总体外交,避免过度宣传。二是总体规划可以进一步明确各省级和部分市级地方政府重点开展对外交往合作的国家和地方区域,通过中央协调安排避免地方政府对外交往出现恶性竞争问题;同时对美国等重点国家可以深入研究其各个州地方的情况特点,将每个州安排作为我国不同地方政府重点进行交往合作的目标对象,探索建立一套地方—地方的对外交往合作框架。三是规划应为地方政府对外交往保留一定的创新空间。外交的内涵与外延不断丰富和拓展,可从"大外交"的观念出发,重视地方政府作为制度创新主体的作用,激发其在对外工作中的积极性与创造性,同时也强调通过规范性文件来明确地方政府对外交往的边界。

## (二)充分考虑将地方政府对外交往纳入国家双边和多边关系框架

从近年来的国际政治经济发展情况看,地方政府越来越多地参与到国际事务中,并成为一种明显的趋势。尽管在国际关系中,国家仍然居于绝对的主导地位,但是在国家的总体外交中,地方因素的影响越来越大,地方政府对外交往的作用正不断加强。从美国、日本、印度等国家外交的发展经验看,地方政府对外交往正逐步受到重视并被纳入一国的总体外交框架。近年来,我国在中美关系、中国—中东欧关系将地方政府合作纳入其中,丰富了双多边外交关系的层次,充实了交流合作的内容,对国家总体外交形成了良好的补充作用。未来可从以下几个方面进一步加强:一是在国家总体外交和对外工作政策中充分考虑和重视地方政府对外交往的作用,在双边和多边外交关系框架中丰富地方政府对外交往合作的内容,给予地方政府更多参与中央外交的机会和平台;二是在一些与地方利益密切的对外政策制定中,可充分征求和考虑地方的相关意见,加强中央和地方在对外政策领域中的事务协调;三是进一步完善和改进我国"中央为地方开拓空间,地方为中央提供支撑"的央地协调的对外工作模式,探索地方政府交往对国家总体外交的"补充"作用,推动全国地方政府对外交往主动及时配合国家总体外交形势的变化。

## (三)出台宏观规范性、指导性文件厘清并适度扩大地方政府对外交往的职权范围

当前我国地方政府对外交往仍存在职权范围模糊的问题,不利于我国地方政府对外交往合作的长期发展提升,可结合我国特点并借鉴国际经验,出台一批地方政府对外交往和参与国际合作的宏观规范性、指导性文件,厘清职责,在国家总体外交框架内适度扩大对地方政府对外交往分权,提高地方政府积极性和主动性,同时建设完善沟通协调机制,在国家外交大局中充分发挥地方作用。可主要从以下几个方面展开:一是将一些非主权的、低级别政治领域的对外交往事务委托给地方政府(主要是省级政府和较大的市级地方政府)负责,以分担中央对外事务工作的压力,使中央能够集中精力处理对外事务领域的核心问题。规范性文件可对必须由中央审批或者向中央汇报的相关事务明确罗列,以服务中央大局为前提,在不违背中央大原则和国家总体外交精神的基础上鼓励地方积极开展各种形式的对外交往,指导性文件可从经济、文化、科技等多个领域加强对地方政府对外交流合作的指导和支持。二是适度扩大地方政府对外交往的职权范围。在对外交流合作项目审批、地方政府对外援助、对外文化交流、非主权和低级政治领域的对外协议签署等方面适度扩大地方政府对外交流合作权限,鼓励地方政府对外交往积极创新。在推进过程中,可以先进行局部地区的试点试验,评估效果并积累经验后选择较为成熟的模式在全国范围推广[1]。三是在坚持外交大权在党中央和党对外事工作全面领导的基础上,进一步完善中央与地方外事领域的双向沟通协调机制,如可由外交部外事管理司牵头定期开展与省一级地方外事委外事办进行沟通协调,外交部及相关单位可定期派驻人员到各地方省级外事委外事办任职,或者建立外交部及相关单位与省一级外事委外事办的人员交流机制;同时完善中央各部委与各省区市之间在对外工作领域的纵向沟通协调机制,完善地方政府在对外工作领域的信息共享机制。

## (四)探索设立大区域"对外机构办公室"等机构

2018年,习近平总书记在中央外事工作委员会第一次会议上提出要在中央外事

---

[1]　关于试点的具体对策建议见后文。

工作委员会集中统一领导下,统筹做好地方外事工作,从全局高度集中调度、合理配置各地资源,有目标、有步骤推动相关工作。这进一步确立和明晰了地方外事工作的定位和目标,为新时代我国地方政府对外交往提供了广阔的空间和巨大的平台。[①]目前我国各省、自治区、直辖市涉外事务主要由地方政府外事办(同时作为地方党委外事工作委员会办公室)负责,地方政府外事办作为地方政府组成部门,由地方党委政府直接领导,外交部仅进行政策指导。这样的制度安排能够较好地发挥地方积极性,便于地方政府内部协调,但是也使得中央对地方对外工作的统筹力度不足,国家总体外交与地方政府对外交往的协调不够。近年来,美国越来越重视地方对外事务,采用国务院向全美各个地方派驻机构和人员的做法来管控和协调地方对外事务。我国可以借鉴美国的经验,探索中央向地方派驻对外工作机构,主要可从以下两个方面入手:一是探索由外交部设立大区域"对外机构办公室"等机构。可根据中国的外国领事馆区域划分,探索由外交部设立大区域"对外机构办公室"等机构,作为指导统筹地方政府对外交往的综合协调平台,通过跨省(区)市的平台来强化中央的综合统筹,打破条块分割;同时建立"对外机构办公室"等机构与地方外事办的协调机制,分片负责与有关国家驻华总领馆联络,指导和协调各省市与外国官方的重大政治、安全和经济等交往,促进地方政府对外交往合作。[②] 二是加强地方政府外事部门与外交部、中联部等中央对外工作部门的纵向联系和地方政府外事部门之间的横向联系。可探索增加纵向和横向的联系机制,由外交部外事管理司牵头积极对接各个地方外事部门,对地方政府对外交往加强领导。

## 二、提升地方政府外事部门地位,统筹加强地方政府对外交往

当前我国地方政府对外交往的部门主要是各省(区)市人民政府外事办公室,同时地方政府发改、商务、工信、文化、园区管委会、教育等部门也都不同程度地参与各

---

① 任远喆:《掀开中国外事体制机制改革的新篇章》,2018 年 5 月 23 日,https://theory.gmw.cn/2018-05/23/content_28934523.htm,引用日期:2021 年 1 月 9 日。

② 清华大学当代国际关系研究院外交改革课题组:《拓展地方交流,促进中美大国关系》,《国际政治科学》2015 年第 2 期,第 93~117 页。

种涉外事务。总体来看,目前我国地方政府对外交往还存在一些不足:

一是地方政府外事部门领导协调作用发挥不够。2018 年 3 月,中共中央印发了《深化党和国家机构改革方案》,将中央外事工作领导小组改为中央外事工作委员会,之后各省(区)市都成立了由党政一把手担任主任的地方党委外事工作委员会,办公室一般仍为各省(区)市人民政府外事办公室。但是地方党委外事工作委员会主要职能在于地方党政领导对重大涉外事务的领导协调,其日常办事机构仍然设在政府外事办公室,而当前对外事务权力不断横向分散,经济、文化、教育、科技等领域的对外交流合作活动大多归口管理,外事办相关职能由外经委、商务厅(局)、宣传部、科技厅(局)等单位承担,地方政府外事办作为地方外事归口管理部门所剩下的职权和职能已相当有限。地方政府外事办相对于同级的单位部门地位弱化,难以系统谋划、协调、整合地方政府对外交往,对外事工作缺乏系统有力的领导,导致地方政府对外交往的全局性、系统性不够。

二是对地方外事办的职能定位需要进一步深化。部分地方领导在对对地方外事办的工作性质认识上不到位,如将地方外事办主要作为接待、联络工作的部门,或者过于强调地方外事的经济合作方面,认为地方外事办工作的主要目标是招商引资,甚至对外事工作评定的标准主要看引进了多少资金和项目,这在一定程度上对地方外事办发挥其应有的作用产生了不利影响。

三是地方政府对外交往工作各类限制较多,程序繁杂。目前地方外事工作授权限制较多,文化、科技、教育等中央部委均有很多涉外事务政策和规章制度,这些政策和规章制度往往来源于上一级部门的程序性规定,大量烦琐的程序性规定限制了地方政府对外交往的工作范围,使得地方政府对外交往的空间相对狭窄,对外交流合作成本较高,如地方外事办无权签订文艺交流协议,申请办理文艺团体出国演出从申请报告办理护照到申办签证,整个程序至少需要 2～3 个月的时间。[①]

四是地方政府对外交往在带动民间交往方面还存在不足。地方政府对外交往应发挥的一个重要作用是带动民间对外交流,但目前地方政府外事工作仍存在强调政府对外交往而对民间外交重视不足的问题,地方相关部门与民间、企业的信息沟通不

---

① 根据厦门市外事办调研材料整理。

够充分,利用行业协会商会等经济组织,通过民间渠道促进以企业为主体的国际经贸合作的意识还不够。

五是地方外事部门人才较为匮乏。当前对外工作形势变化快,涉外事务增长迅速而且更加复杂,急需一支高素质、对外交外事具有深入理解、善于应对和处理各种复杂局面的地方外事干部队伍。然而当前地方政府外事部门精通熟悉国际规则、善于管理的复合型人才非常缺乏,外事人才培训力量也较为薄弱。

六是地方政府"大外事"的框架未能形成。目前地方各个相关部门还存在部门利益阻碍现象,部门之间分割影响制约了外事资源的充分利用,部门之间的信息交流沟通不够。地方政府外事部门纵向和横向的交流与合作也还需要加强,地方政府外事与外交部、全国友协、中联部等上级有关部门的纵向联系以及全国各省市地方政府外事机构的横向交流较少,大多地方政府外事部门是利用全国开会的机会进行短暂的交流,缺乏信息共享机制。[①] 针对上述问题,可以从以下一些方面入手来提升地方政府外事部门地位,加强地方政府的对外交往能力。

## (一)对地方政府外事部门进行整体提升

2018年5月,中央外事工作委员会召开第一次会议,审议通过了《中央外事工作委员会工作规则》等文件,揭开了中国外事体制机制改革的新篇章。[②] 此次改革将中央外事工作领导小组升格为委员会,体现了党中央加强对外工作决策议事协调机构的高度重视。中央外事工作委员会由国家主席和总理分别担任主任和副主任,意味着外事工作在国家总体战略中的地位进一步提升。但事实上目前地方政府外事部门的地位仍未得到明显提升,地方外事办往往在地方政府组成部门序列中排名末位,这与国务院组成部门序列中外交部位列首位形成了鲜明反差。在当前对外工作的重要性不断提高、外事工作在国家总体战略中的地位进一步提升的形势下,也应贯彻中央精神对地方外事进行体制机制改革,尤其是地方外事部门地位弱化、领导协调能力不

---

① 李敏:《中国地方政府政府外事管理研究——以地方外办为例》,济南出版社2012年版,第239页。

② 新华网:《习近平主持召开中央外事工作委员会第一次会议》,2018年5月15日,http://www.xinhuanet.com/2018-05/15/c_1122836914.htm,引用日期:2020年8月26日。

足的问题应当引起重视。可从以下几个方面对地方政府外事部门进行整体提升:一是提升地方政府外事办公室的地位。可考虑由地方党政领导副职与外事办主任"双领导",提升地方外事办的地位,进一步明确政府外事办同时作为地方外事委员会办公室的地位。二是加强对地方外事办的资源投入。适当增加地方外事办的人员编制,增加经费投入,增加其内部的机构处室设置,加大力度吸引优秀人才。省一级外事办和有条件的市级外事办可增设规划研究部门或根据地方对外交往的特点重点设置相关部门。三是适当扩大地方外事办的权限,减少对外交往过程中一些过于烦琐的审批流程,将一些相关的对外工作的审批权下放到地方外事办。四是加强地方政府对外交往政策性智库的建设。云南、广西学术界及相关研究机构、宁波海上丝绸之路研究院、厦门 21 世纪海上丝绸之路研究中心等智库在地方政府对外交往合作中发挥了重要作用,其经验值得全国其他地方借鉴。各个省(区)市地方均有一些宝贵的高校资源,地方政府可依托本地高校资源,由地方外事机构指导建设地方政府对外交往的政策性智库建设,以地方专门性智库弥补地方外事部门研究力量的不足。地方政府对外交往政策性智库的研究可针对地方政府重点对口交流国家,且应细化深化对外国地方(州、邦、省、市)的研究。

### (二)明确地方政府外事部门的定位

地方政府外事与中央对外工作同样面临横向分散化的问题,地方外事办的职能逐步向各个专业部门分散,地方商务部门、文化部门、科技部门、教育部门等都参与到涉外事务中,地方外事办传统的职权和职能范围缩小,在这种情况下,地方外事办应转变工作的重点,进一步明确自身的定位。外交部长王毅在全国地方外办主任会议上曾指出,新形势下地方外事工作要做好"三个服务"工作,即服务党和国家中心任务、服务总体外交战略部署、服务地方发展现实需求。[①] 基于王毅部长提出的"三个服务",结合地方外事部门工作特点和性质,在新形势下地方政府外事部门主要应明确三个方面的定位:

---

① 外交部官网:《王毅部长出席 2015 年全国地方外办主任会议并作外交外事工作报告》,2015 年12 月 29 日,https://www.fmprc.gov.cn/web/wjbz_673089/xghd_673097/t1328495.shtml,引用日期:2020 年 8 月 26 日。

一是作为地方政府与中央政府的中介。地方政府外事部门是中央外交主管部门的业务对口部门,是最适合的沟通地方与中央的机构。一方面,目前地方政府所承担的中央对外工作任务日益增多,只有专职外事部门才具有某些特定的管辖能力和权力,将中央对外政策的精神和任务向地方传达并贯彻落实,并确保地方政府对外交往服务国家总体外交大局,不违背中央对外政策;另一方面,地方在对外工作方面对中央的一些诉求也可由外事部门对口向上沟通,争取中央的支持,加强在中央指导下的地方对外交往创新。

二是作为地方政府对外交往的平台。全球化深入发展,外事分散化专业化趋势明显,专业职能部门的对外交往能力也在不断提高,在对外交往的领域地方外事部门向专业职能部门让渡事务权力是一种必然趋势,地方政府对外交往也不可能由一个部门垄断,地方外事部门需要与专业职能部门相互合作、共同促进,并建立起一种协调合作的关系。对此,地方外事部门可以定位为"平台"型部门,外事部门为专业职能部门搭建对外交往的平台,外事部门"搭台",专业职能部门"唱戏",同时外事部门维护和保证整体地方政府对外交往的合法性,发挥主导协调的作用,保证不偏离国家对外政策的总体目标,促进专业职能部门利用外事平台更好开展对外交往合作。

三是作为对外交往战略谋划的中枢。地方外事部门应成为地方政府对外交往来的谋划者和主导者。地方政府的外事部门接受中央政府外交部门的业务指导,相对于其他部门能够更好地从整体上把握地方政府对外交往的方向、目标与战略规划。地方外事部门可利用自身特有的工作资源优势,加强研究谋划的职能,其工作重点应逐步转移到战略性谋划方面,在地方政府对外交往中发挥战略性作用,为地方政府领导提供决策参考。

## 三、加强"一带一路"地方对外交流合作半官方机构体系建设

对外交往领域的半官方机构是介于政府机构和民间机构之间的行为体,既具有政府机构的正当性和政策支持,又具有非政府机构的灵活性。半官方机构可以分别负责专门和专业的领域,形成一整套机构体系,在促进地方政府对外交往中发挥重要作用。我国国际交流合作的相关机构在改革开放以来也得到了快速发展,但是在推

动和支持地方政府对外交往方面仍需要完善:一是缺乏全国性、专门性的地方政府对外交往的牵头组织。中国人民对外友好协会目前是我国地方政府对外交往的重要机构,但中国人民对外友好协会的任务和职责范围较广,除了组织协调我国地方政府对外交往合作之外,还承担其他民间外交、公共外交的任务,并非专门负责协调组织地方政府对外交往工作。[①] 1992 年中国人民对外友好协会发起成立了中国国际城市友好联合会,但其在推动地方政府对外交往领域发挥的作用还需要进一步加强,影响力有待进一步提升。二是目前我国对外工作相关的半官方机构存在投入不足等问题。目前我国半官方机构经费来源主要有社会捐助、自身收入和政府资助,其中主要是政府资助,而政府资助投入难以满足当前需要,投入不足也导致这些相关的半官方机构人员有限,相关机构往往难以有足够的资源去支持地方政府对外交往工作。三是未能形成完整的机构体系。当前我国在文化教育交流、中小企业国际合作、对外技术援助等专门领域的全国性的对外交流半官方机构较为缺乏,难以形成较为完整的体系。总之,共建"一带一路"背景下我国开展地方政府对外交往需要高效的中间组织体系,在当前可以重点建设半官方机构体系。对此可加大投入力度,有针对性地在"一带一路"各个合作领域建设支持指导地方政府对外交往的半官方机构,尤其可重点建设体现"软实力"的专业性半官方机构,通过与地方政府紧密合作,为"一带一路"基础设施建设等"硬"项目进行配套。

## (一)建设全国性的地方政府参与"一带一路"对外交流合作的牵头机构

日本自治体国际化协会是世界上运作得非常成功的半官方机构,它是日本推动各地方国际化合作的一般财团法人机构,是日本地方政府对外交往的牵头组织,在日本全国所有的都道府县和政令指定城市都设立了自治体国际化协会,日本自治体国际化协会在纽约、伦敦、巴黎、新加坡、首尔、悉尼及北京这世界七大主要城市中设有海外事务所,主要致力于协助日本各地方政府开展海外经济活动,协助开展"多文化共生型"城市的建设,加强搜集和提供地方政府所需信息,将海外事务所打造成为对

---

[①]　中国人民对外友好协会官方网站:《协会简介》,https://www.cpaffc.org.cn/index/xiehui/xiehui_list/cate/2/lang/1.html,引用日期:2020 年 12 月 18 日。

地方政府真正有所帮助的海外据点等。① 我国可借鉴日本经验,依托现有的中国国际城市友好联合会,将其建设成为有较大影响力和较大能级的、全国性的地方政府"一带一路"对外交流合作的牵头机构。中国国际城市友好联合会作为中国人民对外友好协会的姊妹组织,是具有独立法人资格的全国性非营利社会团体,目前共有包括中国 31 个省、自治区和直辖市在内的 400 多个会员城市,主要任务是推动中外城市及地方政府缔结友好城市关系。具体可从以下几个方面加强建设:一是加强中央部门对中国国际城市友好联合会的政策指导。可以推动外交部、中联部等中央部门退休领导或相关人员担任中国国际城市友好联合会领导,加强联合会与中央对外工作部门、地方外事部门之间的人才交流互动,同时可加强政策、经费等方面的支持和投入,深化联合会对国家外交政策的贯彻。二是加强完善中国国际城市友好联合会在全球的网络布局。可支持联合会在重点国家重点城市布局一些办事处,作为我国地方政府对外交往在海外的联络点,为我国地方政府对外交往提供各种信息、发布并介绍海外交流合作伙伴,承办地方政府与国外互访、交流和培训活动。三是为我国各地方政府策划实施各类国际交流合作项目,并给予人力培训、合作项目、专家学者国际交流的资金支持。

### (二)建设和加强全国性的"一带一路"专业化半官方机构

当前我国地方政府参与共建"一带一路"合作还需要在技术援助、中小企业国际化、环境保护、卫生医疗、文化教育等方面的专业化的半官方机构,并以此构建较为完善的半官方对外合作机构体系。一是可对现有的专业化机构进行梳理筛选,对中国中小企业国际合作协会等一些发展较好的机构加强支持,扩大规模,推动这些专门性机构加强与地方政府合作,在各个专业领域支持地方政府对外交往合作;二是可重点支持在民生、脱贫、治理、卫生医疗等专业领域的半官方机构建设,推动地方政府与这些机构合作开展"一带一路"的"软"项目合作。这些合作项目一般投资小、周期短、见效快、影响好,比较适合地方政府作为主导参与。

---

① 日本自治体国际化协会网:About CLAIR,http://www.clair.or.jp/e/clair/sosikizu.html,引用日期:2020 年 12 月 15 日。

## 四、加强"一带一路"框架下的地方政府对外交往合作

共建"一带一路"提出至今已经有 8 年,取得了显著的成就,目前也已经逐步进入新的阶段。2019 年,习近平在第二届"一带一路"国际合作高峰论坛上提出:"希望同各方一道,绘制精谨细腻的'工笔画',让共建'一带一路'走深走实。"[①]第二届"一带一路"国际合作高峰论坛首次举办地方合作分论坛。共建"一带一路"进入高质量发展阶段,不仅仅应聚焦于少数大型项目,重点应转向更加微观领域的具体合作,在地方层面、中小企业层面、民生层面全面深入开展。共建"一带一路"合作需要多层次化和立体化,地方政府对外交往合作能够更好地丰富"一带一路"国际合作的层次。

### (一)探索实施一批"一带一路"地方政府对外交往试点

改革开放以来,我国摸索出了"地方局部试点—根据实践情况调整—成熟经验向全国推广复制"的成功模式,这种模式在经济领域取得了很好的效果,可以探索将这种模式应用于对外工作领域的制度创新。在当前"一带一路"建设持续推进的背景下,我国很多地方政府对外交往合作领域的创新经验值得复制推广,可探索实施一批"一带一路"地方政府对外交往试点。一是可采取地方申报、中央批准的方式选择一批代表性强、有特色有创新的地方作为试点,试点地区以省级和副省级地方为主,如上海、广州、宁波、厦门等地方外事工作有特色的城市或者福建、云南、广西等"一带一路"国内相关的主要省区,由中央出台相关的试点指导方案,地方制订对接计划,推动地方在"一带一路"对外交流合作上探索创新,形成一批可推广复制的经验和做法;二是对试点地方给予一定的自主权扩大政策,如在境外访问、部分对外合作事项审批权下放、外国人入境免签等相关政策方面进行支持,同时给予一定的专项中央经费支持,鼓励地方政府开展制度创新、探索对外交往合作的新模式;三是探索在试点地区开展地方外事体制机制创新,如探索由省(市)委常委担任外事办主任,提升外事相关

---

[①]　中国政府网:《高质量共建"一带一路"——在第二届"一带一路"国际合作高峰论坛圆桌峰会上的开幕词》,2019 年 4 月 27 日,http://www.gov.cn/xinwen/2019-04/27/content_5386840.htm,引用日期:2021 年 2 月 17 日。

部门的地位,由中央派驻外交外事专员指导工作,加强对地方对外交往领域的人力物力等资源投入;四是结合中央外交大局需要,对试点地方承办中央级别的国际会议或其他相关活动,借助中央对外渠道推介地方相关平台等给予一定的倾斜。

### (二)加强完善一批"一带一路"地方政府交流合作机制

未来可进一步加强完善"一带一路"框架下的地方政府交流合作机制,推动"一带一路"国际合作向全方位、多层次方向发展。一是整合提升当前"一带一路"地方政府参与国际合作的相关机制。"一带一路"倡议提出以来,我国地方政府积极开展国际交流合作,也参与建设了一些合作机制。例如,2017 年杭州市政府与中国人民对外友好协会在世界城地组织(UCLG)亚太区框架下牵头成立了"一带一路"地方合作委员会(BRLC),旨在增强推动地方政府在城市治理、互学互鉴、数字经济等方面加强合作。"一带一路"地方合作委员会秘书处将作为常设机构永久落户杭州,将设"经贸互通"、"网上丝路"、"文教互联"、"城市共治"和"乡村共建"等 5 个工作组,此外还有中国(郑州)国际旅游城市市长论坛、广州国际城市创新大会等。中央可对这些"一带一路"地方合作机制进行支持,选择发展前景好、效果明显的合作机制进行重点提升,利用中央对外工作部门渠道扩大其影响力,更好发挥地方政府在"一带一路"国际合作中的作用。二是可从全国层面对地方政府"一带一路"合作机制进行统筹安排。目前来看,我国的地方政府与美国、日本相比较,对外合作机制建设还相对不足,"一带一路"框架下地方社会治理、农业发展、环境保护、卫生医疗等专业领域的对外合作机制和相关平台、组织还较为薄弱,与发展中国家建立的地方政府合作机制还需要进一步加强,省州一级的对话合作机制较少。可从全国层面对地方政府对外合作机制的建设进行统筹,推动地方政府对口与"一带一路"相关国家开展合作并建立相关机制,同时加强专业化合作机制建设和省州级别的对话合作机制建设。三是探索"一带一路"重点合作国家双边省州级地方政府合作模式。共建"一带一路"提出了"六廊六路多国多港"的建设框架,其中"多国"主要是针对一些态度积极、合作较好的国家作为重点,可在一些先期合作的重点支点国家合作中构建一套双边省州级地方政府合作模式,利用我国省(区)级地方经济实力强、交流合作领域广的优势,在国家双边"一带一路"合作的总体框架下开展地方的经济、文化、民生、科技等领域的合作,充实双边关系,丰富合作层次。四是探索建立"一带一路"地方发展合作基金。"一带一路"地方发展合作需要有大量的资金支持,可以在依托已有的丝路基金、亚洲基础设施投资基金等,由中国国家国际发展合作署指导,建设"一带一路"地方发展合作基金。可根据"一带一路"地方发展合作的重点议题设立一些具体项目,向各类国际组织开放申请,同时可开展项目实习生计划,培养资助一批有志于"一带一路"地方合作的青年人才。

### (三)研究推出一批地方政府对外合作事项

一是研究推出一批央地合作对外交流项目。当前全国各个地方都有参与"一带一路"合作的动力和积极性,但是由于地方经济发展水平、对外开放水平等各方面的差异,一些内陆地方在参与"一带一路"和对外交往方面显得较为落后。可在充分调研基础上推出一批央地合作对外交流项目,重点支持内陆地区省份或城市,充分挖掘内陆城市的对外交流合作潜力,拓宽内陆地方对外交往渠道,促进地方对外开放和经济社会发展。二是研究推出一批地方政府主导的对外援助项目。我国目前对外援助主要是由商务部为主进行管理,各个省(区)市地方政府的商务部门负责对外援助相关的归口管理,可发挥地方政府在社会治理、脱贫、农业发展等领域的优势,进一步加强地方政府在援外志愿者、援外医疗队和一些小型民生援外项目中的主导作用。三是推动地方政府参与领事保护。我国各省级地方政府都具有海外安全保护相关的协调机制,省级外事办都设立了专门负责领事保护的相关处室,制定了海外安全保护的应急预案等。目前,随着我国对外开放不断深化,领事保护的服务对象数量庞大,外交部和驻外使领馆在领事保护工作方面面临巨大压力,地方政府在参与领事保护工作方面具有一定独特的优势,如更加熟悉海外特定群体的情况、地方外事侨务部门与海外同乡会、华侨联谊会等联系紧密等。可进一步由中央来对地方政府参与领事保护进行制度化和规范化,制定地方政府参与领事保护的相应规范、实施标准和工作流程,加强中央对地方政府领事保护工作的指导,同时要求地方政府加强海外公民和海外企业购买相关商业保险的意识,在此基础上推动地方政府参与领事保护,弥补中央部门在领事保护领域的不足。

# 第六章　结论

近年来,世界政治经济与国际关系发生了以及正在发生重大转变,尤其是中美关系发生重大转向,20 世纪 90 年代初以来世界各国"趋同"的发展态势正在逐步向"竞争"乃至"对抗"的大格局转变,国际关系的紧张度和脆弱性正在加强。在此背景下,世界出现了"再国家化"的潮流,即全球化推动的国家权力扩散和权力削弱出现了逆向回溯,许多国家不约而同地再次加强了国家集权,将下放给地方政府的权力收回。这种"再国家化"的潮流发展方向仍有待观察,但全球化仍是历史的大趋势,是世界发展势不可当的正确方向。

全球化的深入推动了国际关系行为体的多元化,地方政府对外交往正在世界各国迅速发展并成为一种趋势。地方政府既不是国际关系中的主权国家行为体,又不是完全的民间行为体,这种独特性为地方政府在国际关系中发挥重要作用并推动国际关系格局演变与重塑提供了更多可能性。本书重点提出了以下几个结论:

一是世界范围地方政府对外交往发展经历了从"偶然自发阶段—常态化阶段—制度化阶段"的过程。从发展趋势看,地方政府对外交往从常态化到制度化发展是当今世界的主流。尽管很少引人注目,地方政府对外交往和参与国际事务正在世界各国迅速发展,谨慎地改变着传统的外交惯例和外交政策机制。全球化下地方政府对外交往和介入国际事务已经是明确的事实和一种必然趋势。世界主要国家地方政府对外交往都逐步向制度化迈进,这是应对全球化时代国际关系结构性转变和全球外交复杂局面的一种国家调适,也是一个自下而上再自上而下的制度变迁和制度创新的过程。

二是应从制度优势和制度创新角度去看待我国的地方政府对外交往。十九届四中全会提出了我国国家治理体系和治理能力现代化的重要命题,作为中国特色社会主义国家,我们更加需要以一种积极和开放的态度来看待地方政府对外交往,推动制度创新,加快制度化进程,并将其纳入我国外交体系当中并发挥其独特作用,主动塑造具有竞争力的制度,形成地方政府对外交往领域的中国特色社会主义制度优势。首先,中国特色地方政府对外交往是中国特色社会主义制度优势的体现,这种优势来源于中国共产党对国家总体外交的领导、中国特色的央地关系等;其次,地方政府可以作为中国特色外交外事制度创新的重要主体,地方政府是连接中央的制度供给意愿和微观主体制度需求的重要中介,对我国对外领域制度创新的作用至关重要。

三是地方政府对交往可以在"一带一路"和国家总体外交中发挥其独特作用。百年未有之大变局背景下,我国面临着改革开放以来最复杂艰难的国际环境,共建"一带一路"和我国对外事务运行环境均面临诸多变化与挑战,地方政府对外交往为中国推进"一带一路"国际合作和构建中国特色大国外交体系提供了新的视角。把地方政府对外交往纳入国家总体外交框架中,将其作为基层创新主体,有助于我国在日益复杂的国际环境下推进"一带一路"国际合作。

未来可以从以下几个方面开展进一步的研究:一是从国家总体双边和多边外交的战略视角对地方政府对外交往进行研究,对中美关系、中欧关系、中日关系、中国—东盟关系等国家间双边和多边关系框架下的地方政府对外交往进行分析;二是从"一带一路"国际合作的多层次架构角度对地方政府对外交往进行研究,探讨"一带一路"相关国家地方政府参与"一带一路"国际合作的情况与特点,从而寻求"一带一路"国际合作在参与主体多元化方面的推动措施;三是从规范的视角对我国地方政府对外交往展开研究,探索对地方政府对外交往的权利范围进行法律法规和政策的空间规范,对中央与地方在外交外事领域的职权划分进行更具体的应用对策研究。

# 参考文献

## 中文文献

[1]R.科斯、A.阿尔钦、D.诺思:《财产权利与制度变迁——产权学派与新制度学派译文集》,上海三联书店、上海人民出版社1994年版。

[2]陈迪宇:《云南与"大湄公河次区域经济合作机制"》,《国际观察》2008年第6期。

[3]陈维:《中日韩城市外交——动力、模式与前景》,《国际展望》2016年第1期。

[4]陈翔、韦红:《"一带一路"建设视野下的中国地方外交》,《国际观察》2016年第6期。

[5]陈志敏:《次国家政府与对外事务》,长征出版社2001年版。

[6]程蕴:《试论战后日本公共外交运作模式的演变》,《日本学刊》2020年第2期。

[7]崔绍忠、刘曙光:《论中央政府和地方政府的经济外交职能及其关系》,《外交评论》2012年第3期。

[8]丹尼尔·J.伊拉扎:《联邦主义探索》,彭利平译,上海三联书店2004年版。

[9]德鲁克:《变动世界的经营者》,林克译,东方出版社2010年版。

[10]邓小平:《邓小平文选》(第3卷),人民出版社1993年版。

[11]丁诺舟:《日本"振兴地方"策略与中日产业合作机遇》,《现代日本经济》2019年第3期。

[12]丁兆中:《战后日本文化外交战略的发展趋势》,《日本学刊》2006年第1期。

[13]董仲瑜:《浅议加拿大魁北克的"平静革命"》,《天津师范大学学报(社会科学版)》,2004年第4期。

[14]范逢春:《多重逻辑下的制度变迁:十八大以来我国地方治理创新的审视与展望》,《上海行政学院学报》2017年第2期。

[15]封丽霞:《集权与分权:变动中的历史经验——以新中国成立以来的中央与地方关系处理为例》,《学术研究》2011年第4期。

[16]高尚涛等:《国际关系中的城市行为体》,世界知识出版社2010年版。

[17]龚娜:《新日本国际协力机构与日本国家软实力》,《日本研究》2012年第4期。

[18]龚春辉、胡良光、朱晓枫等:《构筑立体"朋友圈"迸发开放新活力》,《南方日报》2018年12月27日。

[19]郭定平:《制度改革与意外后果:日本发展模式转型的政治学分析》,《复旦学报(社会科学版)》,2009年第6期。

[20]郭小聪:《中国地方政府制度创新的理论:作用与地位》,《政治学研究》,2000年第1期。

[21]韩奇:《市场化转型中的中央权威再造——基于中国中央—地方关系的考察》,《科学社会主义》2021年第1期。

[22]贺刚:《叙述、参与实践与地方政府的对外合作——以广西参与泛北部湾经济合作为例》,《教学与研究》2015年第4期。

[23]何军明:《中国特色地方政府对外交往的理论与实践》,《厦门理工学院学报》2020年第6期。

[24]何军明:《中国特色地方政府对外交往的理论与实践:以厦门为例》,《厦门特区党校学报》2021年第1期。

[25]何军明、丁梦:《日本地方政府对外交往的实践及启示——基于"一带一路"的视角》,《日本学刊》2021年第3期。

[26]何军明:《"一带一路"背景下地方政府对外经济交往:理论、概念与特点》,《长春理工大学学报》2021年第2期。

[27]侯文富:《"东芝事件"及其影响刍议》,《日本学刊》2000年第1期。

[28]胡志丁、骆华松等:《次区域合作及其发展的成因——一个跨学科视角的分析》,《世界地理研究》2010 年第 6 期。

[29]黄海涛:《中新合作中城市次国家行为体的地位与作用——以中新广州"知识城"为例》,《东南亚研究》,2020 年第 3 期。

[30]黄相怀:《当代中国中央与地方关系模式述评》,《中共中央党校学报》,2013 年第 1 期。

[31]黄益平:《中国经济外交新战略下的"一带一路"》,《国际经济评论》2015 年第 1 期。

[32]黄玉霞:《云南对外开放的全景透视——评〈末梢变前沿——云南面向西南开放纪实〉》,《南亚东南亚研究》2019 年第 4 期。

[33]李海东:《美国联邦制运转紊乱导致疫情泛滥》,《人民论坛》2020 年第 17 期。

[34]李敏:《中国地方政府政府外事管理研究——以地方外办为例》,济南出版社 2012 年版。

[35]李小林:《城市外交:理论与实践》,社会科学文献出版社 2016 年版。

[36]李秀芳:《次国家行为体参与区域合作的实践逻辑解析——以云南参与大湄公河次区域合作为例》,《印度洋经济体研究》2020 年第 3 期。

[37]李琳:《中国地方政府对外行为研究》,吉林大学 2022 年硕士学位论文。

[38]廉德瑰:《日本公共外交的特点》,《日本学刊》2011 年第 1 期。

[39]刘波、杨鸿柳:《2019 年中国城市外交报告:全方位、多层次、宽领域的新格局》,《公共外交季刊》2020 年第 1 期。

[40]刘庚寅:《为了友谊的和平——民间外交亲历记》,世界知识出版社 2006 年版。

[41]卢现祥:《新制度经济学》,武汉大学出版社 2004 年版。

[42]祁怀高:《21 世纪中国地方政府在中韩关系中的作用》,《当代韩国》2012 年第 1 期。

[43]祁怀高:《中国地方政府对中韩建交的影响—以山东省的作用为例》,《当代韩国》2010 年第 4 期。

[44]清华大学当代国际关系研究院外交改革课题组:《拓展地方交流,促进中美大国关系》,《国际政治科学》2015年第2期。

[45]丘杉、梁育民、刘伟:《携手蓝海——国际视野下广东与东盟的战略合作》,人民出版社2010年版。

[46]饶戈平:《国际条约在香港的适用问题研究》,中国民主法制出版社2010年版。

[47]任佳、李丽:《末梢变前沿——云南面向西南开放纪实》,云南人民出版社2017年版。

[48]任远喆:《次国家政府外交的发展及其在中国跨境区域合作中的实践》,《国际观察》2017年第3期。

[49]任远喆:《掀开中国外事体制机制改革的新篇章》,光明网,2018年5月23日,https://theory.gmw.cn/2018-05/23/content_28934523.htm,引用日期:2021年1月9日。

[50]任志成、巫强、崔欣欣:《财政分权、地方政府竞争与省级出口增长》,《财贸经济》2015年第7期。

[51]宋国友:《"一带一路"战略构想与中国经济外交新发展》,《国际观察》2015年第4期。

[52]苏力:《当代中国的中央与地方分权—重读毛泽东论十大关系第五节》,《中国社会科学》2004年第2期。

[53]苏长和:《中国地方政府与次区域合作:动力、行为及机制》,《世界经济与政治》2010年第5期。

[54]孙永福、王粤:《图们江开放开发纪实》,社会科学文献出版社2007年版。

[55]孙哲、李巍:《美国贸易代表办公室与美国国际贸易政策》,《美国研究》2007年第1期。

[56]推进"一带一路"建设工作领导小组办公室:《共建"一带一路"倡议:进展、贡献与展望》,《经济日报》2019年4月22日第1版。

[57]王敏正:《大湄公河次区域合作情况及云南的地位和作用》,《珠江经济》2006年第8期。

[58]王琪:《第二届"一带一路"国际合作高峰论坛地方合作分论坛成功举办》,《友声》2019年第2期。

[59]王胜今、赵儒煜:《关于长吉图开发开放先导区建设与发展的战略思考》,《光明日报》2010年1月25日第7版。

[60]王勇:《地方因素对美国外交的影响》,外交学院2009年博士论文。

[61王子昌:《地方外交的结构性分析:以广东与印度尼西亚经贸为例》,《东南亚研究》2009年第2期。

[62]吴崇伯、丁梦:《中日在越南的第三方市场合作》,《现代日本经济》2020年第5期。

[63]五百旗头真:《战后日本外交史:1945—2010》,吴万虹译,世界知识出版社,2013年版。

[64]武萌、张利军:《公共外交与二战后日本国家文化软实力构建——战略管理与战术选择》,《当代世界与社会主义》2011年第6期。

[65]吴泽林:《欧盟地方政府参与欧洲一体化探析》,《江南社会学院学报》2016年第3期。

[66]肖滨:《从联邦化的双向进路与两面运作看西方联邦制》,《中山大学学报(社会科学版)》2005年第4期。

[67]谢超:《联邦制度与国内和平:浅析印度政府如何应对锡克教武装分离主义》,《南亚研究》2016年第4期。

[68]徐刚:《中国与中东欧国家地方合作:历程、现状与政策建议》,《欧亚经济》2019年第3期。

[69]徐勇、高秉雄:《地方政府学》,高等教育出版社2019年版。

[70]杨东亮、王科惠:《"新常态"下大图们江次区域合作新机制研究》,《东北师大学报(哲学社会科学版)》2016年第4期。

[71]杨瑞龙、杨其静:《阶梯式的渐进制度变迁模型——再论地方政府在我国制度变迁中的作用》,《经济研究》2000年第31期。

[72]杨瑞龙:《我国制度变迁方式转换的三阶段论——兼论地方政府的制度创新行为》,《经济研究》1998年第1期。

[73]杨小云:《论新中国建立以来中国共产党处理中央与地方关系的历史经验》,《政治学研究》2001年第2期。

[74]杨毅:《中国外交决策中的地方政府——以广西推动"泛北部湾区域经济合作"为例》,《理论月刊》2016年第5期。

[75]杨勇:《中国外交中的地方因素》,《国际观察》2007年第4期。

[76]杨长湧:《推动沿边开放实现兴边富民》,《人民日报》2018年10月29日第22版。

[77]叶桂平:《次国家行为体的对外关系研究——以澳门特别行政区为例》,《世界经济与政治》2013年第2期。

[78]礒崎初仁、金井利之、伊藤正次:《日本地方自治》,张青松译,社会科学文献出版社2010年版。

[79]于洪君:《"一带一路"为世界贡献新理念》,《人民日报》2019年10月22日第13版。

[80]云南省地方志编纂委员会:《云南省志——外事志》,云南人民出版社1996年版。

[81]殷军杰、程言清、高聪:《打造地方参与"16+1"合作的宁波样板——以宁波"16+1"经贸合作示范区建设为例》,《浙江经济》2019年第2期。

[82]张鹏:《中国对外关系展开中的地方参与研究》,上海世纪出版集团2015年版。

[83]张小欣:《海外华侨华人与广东改革开放40年》,中山大学出版社2018年版。

[84]张兴祥、庄雅娟:《两阶段制度变迁模式与地方政府制度创新》,《经济学动态》2017年第10期。

[85]张耀钟:《日本对非公共外交的多维解构:以JICA为中心》,《世界经济与政治论坛》2016年第2期。

[86]赵可金:《当代中国外交制度的转型与定位》,时事出版社2012年版。

[87]赵可金:《非传统外交:外交社会化及其后果》,《世界经济与政治》2013年第2期。

[88]赵可金:《非传统外交导论》,北京大学出版社 2015 年版。

[89]赵可金:《经济外交的兴起:内涵、机制与趋势》,《教学与研究》2011 年第 1 期。

[90]赵可金:《嵌入式外交:对中国城市外交的一种理论解释》,《世界经济与政治》2014 年第 11 期。

[91]赵可金:《中国边疆开发与周边政治经济学——以内蒙古呼伦贝尔沿边开发及其对蒙俄开放为例》,《当代亚太》2019 年第 6 期。

[92]赵可金:《中华人民共和国外交制度变迁的理论阐释》,复旦大学 2005 年博士学位论文。

[93]赵卫华、金东黎:《云南省在构建与周边国家新型外交关系中的角色和作用》,《云南行政学院学报》2014 年第 6 期。

[94]赵雪芳:《我国地方外事管理模式创新研究》,青岛大学 2008 年硕士学位论文。

[95]郑永年:《中国的"行为联邦制":中央—地方关系的变革与动力》,东方出版社 2013 年版。

[96]周黎安:《中国地方官员的晋升锦标赛模式研究》,《经济研究》2007 年第 7 期。

[97]周永生:《经济外交》,中国青年出版社 2004 年版。

[98]朱立群:《外交环境变化与中国外交能力建设》,《国际问题研究》2013 年第 2 期。

[99]朱旭峰、吴冠生:《中国特色的央地关系:演变与特点》,《治理研究》2018 年第 2 期。

[100]祝之君、杨祈慧:《升级版中国—中东欧国家博览会全新启航》,《国际商报》2019 年 6 月 6 日。

## 英文文献

[1]Adrienne T. Edisis, *Global Activities by U.S. States: Findings of a Survey of State Government International Activities*, Washington, DC: Elliott School

of International Affairs，The George Washington University.

［2］Aishwarya Natarajan，Democratization of Foreign Policy：India's Experience with Paradiplomacy，*Law and Development Review*，Vol.12，Issue 3，2019.

［3］Amitabh Srivastava，Big business houses queue up to establish industries in Bihar，June 16，2012，https：//www. indiatoday. in/magazine/nation/story/20120625-bihar-nitish-kumar-big-business-houses-queue-up-to-establish-industries-758796-2012-06-16，引用日期：2020 年 11 月 3 日。

［4］Anand Kumar，Impact of West Bengal Politics on India – Bangladesh Relations，*Strategic Analysis*，Vol.37，Issue 3，2013.

［5］Andre Lecours and Luis Moreno，Paradiplomacy and Stateless Nations：A Reference to the Basque Country，in A.G. Gagnon，M. Guibernau，and F. Rocher (eds.)，*The Conditions of Diversity in Multinational Democracies*，Montreal：The Institute for Research on Public Policy，2003.

［6］Andrew Marshall，Mathew Horsman，*After the Nation-State：Citizens，Tribalism and the New World Disorder*，London：Harper Collins Publishers，1995.

［7］Andrew Wyatt，Paradiplomacy of India's Chief Ministers，India Review，Vol.16，Issue 1，2017.

［8］Beyle Thad L.，The Governor as Innovator in the Federal System，*The Journal of Federalism*，Vol.18，Issue 3，1988.

［9］Brain Hocking，*Foreign Relations and Federal States*，London：Leicester University Press，1993.

［10］Bywalec G.，*Paradiplomacy in India as Exemplified by the State of Gujarat*，*Paradiplomacy in Asia*，Wydawnictwo Uniwersytetu Łódzkiego，2018.

［11］C. Raja Mohan，Across the Radcliffe Line：Reconnecting the Punjab，Indian Express，October 1，2012，https：//indianexpress.com/article/opinion/columns/across-the-radcliffe-line-reconnecting-the-punjab/，引用日期：2020 年 11 月 5 日。

［12］Chopra F.，Relations with its Neighbours Challenge India's Federal System，*The Journal Federations*，2002.

[13]Dossani, Rafiq, Srinidhi Vijaykumar, Indian Federalism and the Conduct of Foreign Policy in Border States: State Participation and Central Accommodation Since 1990, Asia-Pacific Research Center, *Stanford Working Papers*, 2005.

[14]Earl H. Fry, The United States of America, In: Hans J. Michelmann, Panayotis Soldatos(eds.), *Federalism and International Relations: The Role of Subnational Units*, Oxford: Clarendon Press.

[15]East Asia Forum, The two Punjabs: one step more toward closer cooperation? November 14, 2012, https://www. eastasiaforum. org/2012/11/14/the-two-punjabs-one-step-more-toward-closer-cooperation/,引用日期:2020 年 10 月 16 日。

[16]Edward M. Feasel, *Japan's Aid: Lessons for Economic Growth, Development and Political Economy*, New York: Routledge, 2015.

[17]Felix Chin, *Political and Economic Developments in Asia*, New York: Nova Science Publishers, 2011.

[18]Financial Express, Kerala is on the Cusp of Change: CM Oommen Chandy, March 3, 2015, https://www. financialexpress. com/opinion/kerala-is-on-the-cusp-of-change-cm-oommen-chandy/49649/,引用日期:2020 年 9 月 2 日。

[19]Gary Marks, Liesbet Hooghe, Kermit Blank, European Integration from the 1980s: State-Centric v. Multi-level Governance, *Journal of Common Market Studies*, Vol.34, No.3, 1996.

[20] Gray, Clive, *Government Beyond the Centre*. London: Palgrave, 1994; Purnendra J., *Japan's Subnational Governments in International Affairs*. New York: Routledge, 2005.

[21]Harold Nicolson, *The Evolution of Diplomatic Method*, Leicester: University of Leicester, 2001.

[22]Henkin Louis, Foreign Affairs and the Constitution, New York: *Forign Affairs*, Vol. 66, No. 2, 1987.

[23]Henkin Louis, *Foreign Affairs and the United States Constitution (Second Edition)*, Oxford: Clarendon Press, 1996.

［24］Hindustan Times，Oh Teesta! The river which gives Bangladesh heart-burns，June 6，2015，https://www.hindustantimes.com/india/oh-teesta-the-river-which-gives-bangladesh-heartburns/story-mehLzuY0iFvcU9bjpXQ8FI.html，引用日期：2020 年 10 月 20 日。

［25］Hook G D，Gilson J，Hughes C W，et al，*Japan's International Relations：Politics，Economics and Security*，London：Routledge，2011.

［26］Ivo D. Duchacek，Perforated Sovereignties：Towards a Typology of New Actors in International Relations，In：Michelmann，Hans J.，Panayotis Soldatos (eds.)，*Federalism and International Relations：The Role of Subnational Units*，Oxford：Clarendon Press，1990.

［27］Jacob H.，Putting the Periphery at the Center：Indian States' Role in Foreign Policy，*Carnegie Endowment for International Peace*，2016.

［28］Jessica T. Mathews，Power shift，*Foreign Affairs*，Vol.76，No.1，1997.

［29］John Larkin，States Spark Foreign Relations of Their Own，*PA Times*，1992.

［30］John. Kincaid，The International Competence of US States and Their Local Governments，*Regional ＆ Federal Studies*，Vol.9，Issue 1，1999.

［31］Kamibeppu，Takao，*History of Japanese Policies in Education Aid to Developing Countries*，1950s—1990s：*The Role of the Subgovernmental*，New York：Routledge，2002.

［32］Kenichi Ohmae，*The End of the National State：the Rise of Regional Economies*，New York：The Free Press，1995.

［33］Kincaid J.，Constituent Diplomacy in Federal Polities and the Nation-State：Conflict and Co-Operation，In：Michelmann H.and Soldatos P.，(eds.)，*Federalism and International Relations：The Role of Subnational Units*，Oxford：Oxford University Press，1990.

［34］Koppel，Bruce and Robert Orr Jr. Power and Policy in Japan's Foreign aid. In：Bruce Koppel and Robert Orr (eds)，Japan's Foreign Aid：Power and Policy in a New Era. Boulder：Westview Press，1993.

[35]Kuznetsov A.，Theory and Practice of Paradiplomacy：Subnational Governments in International Affairs，New York：Routledge，2014.

[36]Kuznetsov S. Alexander，*Theory and Practice of Paradiplomacy：Subnational Governments in International Affairs*，New York：Routledge，2015.

[37]Michael Smith，Richard Little，Michael Shackleton，*Perspectives on World Politics*，London：Croom Helm，1981，pp.25-115；Kenneth N. Waltz，*Theory of International Politics*，*Reading*，Massachusetts：Addison-Wesley Publishing Company，1979.

[38]Michael Tatham，Mads Thau，The More the Merrier：Accounting for Regional Paradiplomats in Brussels，*European Union Politics*，Vol.15，Issue 2，2014.

[39]Michelmann H.，Foreign Relations in Federal Countries，Montreal：McGill-Queen's Press-MQUP，2009 .

[40]Ministry of External Affairs（MEA），Annual Report 2015 - 2016，New Delhi，India：MEA，2016.

[41]Ministry of Foreign Affairs of Japan，Council on ODA Reforms for the 21st Century Final Report，January 1998，https：//www.mofa.go.jp/policy/oda/reform/report21.html，引用日期：2020 年 11 月 23 日。

[42]Ministry of Foreign Affairs of Japan. Diplomatic Bluebook，1987.

[43]Muramatsu Michio，Farrukh Iqbal. Understanding Japanese Intergovernmental Relations：Perspectives，Models，and Salient Characteristics，In：Muramatsu Michio，Farrukh Iqbal，Ikuo Kume（eds），*Local Government Development in Post-war Japan*. Oxford：Oxford University Press，2001.

[44]National Governors' Association Committee on International Trade and Foreign Relations，Export Development and Foreign Investment：The Role of the States and Its Linkage to Federal Action，Washington D.C.：National Governors' Association，1981.

[45]North，D. C.，Institutions，Institutional Change and Economic Perform-

ance，Cambridge：Cambridge University Press，1990.

［46］Panayotis Soldatos，E. Fry，Cascading Subnational Paradiplomacy in an Interdependent and Transnational World，In：Douglas M. Brown，Earl H. Fry (eds.)，*States and Provinces in the International Political Economy*，Berkeley：Institute of Governmental Studies Press，1993 .

［47］Panayotis Soldatos，*An Explanatory Framework for the Study of Federated States as a Foreign-Policy Actors*，In：Hans J. Michelmann，Panayotis Soldatos (eds.)，*Federalism and International Relation：The Role of Subnational Units*，Oxford：Clarendon Press，1990.

［48］Paul E. Frank，*Global Governors：The Foreign Affairs Activities Among the 50 American States*，PhD Dissertation，Boston University，1998.

［49］PMINDIA，Text of PM's inaugural address at Delhi Economics Conclave，November 6，2015，https：//www. pmindia. gov. in/en/news_updates/text-of-prime-ministers-inaugural-address-at-delhi-economics-conclave/，引用日期：2020 年 10 月 23 日。

［50］Purnendra J.，Japan's Local Governance at the Crossroads：The Third Wave of Reform，*Pacific Economic Papers*，No.306，2000.

［51］Purnendra J.，Local Political Leadership in Japan：A harbinger of Systemic Change in Japanese Politics? *Policy and Society*，Vol.23，Issue 1，2004.

［52］Purnendra J.，*Japan's Subnational Governments in International Affairs*，New York：Routledge，2005.

［53］Qian Yingyi，Cheng gang Xu，Why China's Economic Reforms Differ：the M-FormHierarchy and Entry Expansion of the Non-State Sector，*Centre for Economic Performance Discussion Paper*，No.154，1993.

［54］Rajesh Kumar Chahal，India-Bangladesh River Water Disputes：A Critical Analysis of Teesta Water，Political Discourse，Vol.4，Issue 1，2018.

［55］Rogier van der Pluijm and Jan Melissen，*City Diplomacy：The Expanding Role of Cities in International Politics*，Clingendael Diplomacy Papers，No.10.

[56]Rosenau James N.,*Distant Proximities*,*Dynamics beyond Globalization*,Princeton:Princeton University Press,2003.

[57]Rosenau James N.,*Global Change and Theoretical Challenges*:*Toward a Post-international Politics for* 1990,Maryland:Lexington Books,1989.

[58]Ron Scherer,New York World Order,The Christian Science Monitor. March 18,1996.

[59]Rosenau James N.,Patterned Chaos in Global Life:Structure and Process in the Two Worlds of World Politics,*International Political Science Review*,Vol.9,Issue 4,1988.

[60]Samuel L. McMillan,FDI Attraction in the States:An Analysis of Governors' Power,Trade Missions,and States' International Offices,http://www. allacadeinic. conV/meta/p inla apa research citation/1/5/3/3/1/pages 153313/ pl53313.ll.php,引用日期:2020-2-13。

[61]Samuel L. McMillan,Subnational Foreign Policy Actors:How and Why Governors Participate in US foreign Policy,*Foreign Policy Analysis*,Vol.4,Issue 3,2008.

[62]Samuel L. McMillan,*The Involvement of State Governments in US Foreign Relations*,New York:Palgrave Macmillan,2012.

[63]Saraiva J.,From Centralist Federalism to the Cooperative Federalists Paradigm:Brazil's International Relations and Foreign Trade Policy,*Integration and Trade*,Vol.8,No.21,2004.

[64]Soviet Delegation Flies to U.N. from Brussels,*The New York Times*,September 20,1983.

[65]Soviet Diplomats Take a Commercial Flight to Attend U.N. Session,*The Washington Post*,September 20,1983. A11.

[66]Sridharan K.,Federalism and Foreign Relations:The Nascent Role of the Indian States,*Asian Studies Review*,Vol.27,Issue 4,2003.

[67]Stefy Joseph V.,*Constituent Diplomacy and Indian Federalism*:*A Study*

*on West Bengal as a Factor in India-Bangladesh Relations*，Pondicherry University，2016.

［68］Steiner，Kurt，*Local Government in Japan*，Stanford：Stanford University Press，1965.

［69］Stephen L. Hupp，Historical Statistics of the United States，*Electronic Resources Review*，Vol.1 No.12.

［70］Susan Strange，*The Retreat of the State：The Diffusion of Power in the World Economy*，Cambridge：Cambridge University Press，1996.

［71］Tanvi Ratna，Paradiplomacy：A New Way for Indian Foreign Policy? November 10，2013，https://thediplomat. com/2013/11/paradiplomacy-a-new-way-for-indian-foreign-policy/，引用日期：2020 年 11 月 2 日。

［72］The Economic Times，Narendra Modi Bats for Bold Foreign Policy With States' Involvement，October 18，2013，https：//economictimes. indiatimes. com/news/politics-and-nation/narendra-modi-bats-for-bold-foreign-policy-with-states-involvement/articleshow/24352374.cms?from＝mdr，引用日期：2020 年 10 月 12 日。

［73］Toshihiro Menju，International Policies of Local Governments，In：Furukawa Shun'ichi，Toshihiro Menju（eds），*Japan's Road to Pluralism：Transforming Local Communities in the Global Era*，Tokyo and New York：Japan Center for International Exchange，2003.

［74］Vigevani T，The Legal and Institutional Framework for the International Management of Subnational Government Players in Brazil，*Integration and Trade*，Vol. 8，No. 21，2004.

［75］Weingast，Barry R.，Second Generation Fiscal Federalism：The Implications of Fiscal Incentives，*Journal of Urban Economics*，Vol.65，Issue 3，2009.

［76］Wyatt A，Paradiplomacy of India's Chief Ministers，*India Review*，Vol.16，Issue1，2017.

［77］Zheng Yongnian，*De Facto Federalism in China：Reforms and Dynamics of Central-Local Relations*，Singapore：World Scientific Publishing Company，2007.

## 日文文献

[1]「地方自治体の外交活動に関する理論的考察」、『環日本海研究』第 10 号、2004 年、109-112 頁。

[2]「現代地方自治体外交の歴史的役割と位置づけ—ヨーロッパと日本における比較研究」、『東京経大学会誌経済学』第 233 号、2003 年。

[3]JETRO、ジェトロの取り組み, https://www.jetro.go.jp/jetro/activities/, 引用日期:2020 年 8 月 20 日。

[4]JETRO、地方創生への貢献, https://www.jetro.go.jp/jetro/activities/region.html, 引用日期:2020 年 10 月 18 日。

[5]JETRO. ジェトロについて, https://www.jetro.go.jp/jetro/, 引用日期:2020 年 11 月 15 日。

[6]阿部康久「昭和初期の東京とその周辺地域における中国人労働者の排除と集住地区の衰退」、『地理学評論』第 73(9) 号、2000 年 9 月。

[7]富野暉一郎「地方自治体の外交について」、『環日本海論叢』第 6 号、1994 年 12 月。

[8]吉田均、「地方自治体の外交活動に関する理論的考察:国民参加型協力の新たな展開に向けて」、『国際開発学研究』第 2 号、2003 年 12 月。

[9]凌星光「地方自治体の対アジア平和交流」、『平和研究』第 17 号、1992 年、24-33 頁。

[10]茂木創「食料品製造業の外資企業参入 : 倉賀野・新町ベルト地帯の産業集積」、『年報』第 35 号、2015 年。

[11]末吉興一「地方自治体が日本外交にもたらすものとは」、『外交フォーラム』第 20(11) 号、2007 年 11 月。

[12]木村正信「不完全労働市場における対内直接投資とその優遇政策の効果」、『年報』第 35 号、2015 年。

[13]如富野暉一郎「地方自治体の外交について」、『環日本海論叢』第 6 号、1994

年 12 月。

[14]森本哲郎『現代日本の政治と政策』法律文化社、2006 年。

[15]石田淳「國際政治理論の現在（下）―対外政策の国内要因分析の復権」、『国際問題』第 448 号、1997 年。

[16]田中均『外交の力』日本經濟新聞出版社、2009 年。

[17]外務省『ODA 白書』、東京佐伯印刷、2018 年。

[18]西川潤「開発協力における地方自治体の役割」、『平和研究』第 17 号、1992 年。

[19]藥師寺克行『外務省―外交力強化への道』岩波新書、2003 年。

# 后 记

　　课题组在开展课题研究过程中采用实地走访、小型会议、视频访谈等方式进行了大量调研,在调研过程中得到了外交部外管司、全国友协、云南省外事办、云南省社科院、吉林省外事办、广东省外事办、福建省发改委、福建省商务厅、江苏省商务厅、宁波市外事办、宁波海丝研究院、福州市外事办、厦门市金砖办、厦门市外事办、厦门市社科联等单位的支持,这些部门单位的领导和工作人员高度重视,对课题组热情接待,细致认真地回答相关问题,提供了许多有价值的文献材料,对课题研究提供了莫大的帮助。此外,清华大学、中国社科院、外交学院、中央党校等专家学者对课题研究也多次提出宝贵意见和建议。在这里向各调研部门单位领导和工作人员、各位专家学者表示感谢,文中若有疏漏和不足,概由笔者负责。